THÉORIES
1890-1910

THÉORIES

1890-1910

Du Symbolisme et de Gauguin vers un nouvel ordre classique

TROISIÈME ÉDITION

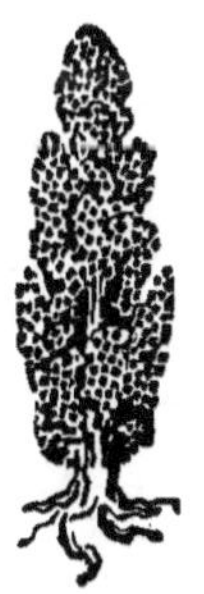

BIBLIOTHÈQUE DE *L'OCCIDENT*
17, rue Éblé, Paris
M CM XIII

Il a été tiré de cet ouvrage cinquante
exemplaires sur papier vergé d'Arches
numérotés à la presse de 1 à 50.

A PAUL SÉRUSIER

PRÉFACE

Je rassemble ici, pour la commodité de quelques amis, des feuilles éparses dans des revues, des journaux, des catalogues, dont plusieurs sont introuvables.

Les premières de ces feuilles ont été écrites il y a plus de vingt ans, en 1890 à la demande de Lugné-Poé pour Art et Critique, *sous le titre bizarre de* Définition du Néo-traditionnisme, *et ce fut un manifeste du Symbolisme. Les dernières ont paru en 1910 à l'Occident, sous le titre :* De Gauguin et de Van Gogh au Classicisme. *Ainsi ce recueil montrera les origines, les raisons et l'enchaînement d'une évolution d'art parallèle à ce grand mouvement doctrinal qui entraîne vers un ordre nouveau la culture et les énergies françaises.*

Il importe peu qu'on y trouve l'expression gauche, partiale et parfois contradictoire des idées et des expériences qui ont successivement déterminé cette évolution. Ce livre est une confession et un plaidoyer. Je voudrais qu'on sût quelles difficultés, quels pièges rencontre un artiste qui, dans l'absence des traditions de métier, est contraint de s'orienter seul parmi les fausses doctrines et les paradoxes, et de chercher par la seule raison et l'étude des Maîtres les moyens d'ordonner son effort.

C'est Paul Sérusier qui a éveillé en moi le sens des théories. Notre amitié date de nos premiers entretiens sur la métaphysique et l'art, en 1888, à l'Académie Julian. Il apporta cette même année à l'atelier la bonne nouvelle des idées de Gauguin. Puis il fonda les diners des Nabis, ainsi nommés parce que l'état d'enthousiasme leur devait être habituel. Les Nabis, les prophètes, c'étaient avec nous deux, nos camarades Pierre Bonnard, H. G. Ibels, René Piot, Paul Ranson, K.-X. Roussel, Édouard Vuillard...[1] Là s'élaborait, en de bruyants propos de table, la substance des premières théories qui ont engendré toutes celles qui sont ici réunies. C'est donc à Paul Sérusier que je dédie ce livre, en souvenir de Gauguin, des Nabis, du Symbolisme et de notre jeunesse.

MAURICE DENIS.

---

1. Aux *Nabis* de la première heure, il conviendrait d'ajouter les noms de ceux qui se joignirent un peu plus tard à notre groupe : les peintres Rippl-Ronai, Rasetti, Jan Verkade, le sculpteur Georges Lacombe; et plus tard encore, Vallotton et Maillol. Mais ce livre n'est l'histoire que de nos idées.

DÉFINITION DU NÉO-TRADITIONNISME[1]

I

Se rappeler qu'un tableau — avant d'être un cheval de bataille, une femme nue, ou une quelconque anecdote — est essentiellement une surface plane recouverte de couleurs en un certain ordre assemblées.

II

Je cherche une définition *peintre* de ce simple mot « nature » qui étiquette et résume la théorie d'art la plus généralement acceptée de cette fin de siècle.

Probablement : le total des sensations optiques? Mais, sans parler des perturbations naturelles de l'œil moderne, qui ne sait la puissance des habitudes cérébrales sur la vision? J'ai connu des jeunes gens qui se livraient à une gymnastique des nerfs optiques, fatigante, pour voir les trompe-l'œil dans *le Pauvre Pêcheur* : et ils y arrivaient, je le sais. M. Signac vous prouvera par l'impeccable science que ses perceptions chromatiques sont de toute nécessité. Et M. Bouguereau, si ses corrections d'atelier sont sincères, est intimement persuadé qu'il copie la « nature ».

III

Allez au Musée, et considérez chaque toile à part, en vous

1. *Art et critique*, 23 et 30 août 1890. Je n'avais pas vingt ans. J'étais élève de l'École des Beaux-Arts depuis le mois de juillet 1888. Cet article fut signé Pierre-Louis, pseudonyme que j'abandonnai à la demande de M. Pierre Louys, le futur auteur d'*Aphrodite*.

isolant des autres : chacune vous donnera sinon une illusion complète, du moins un aspect prétendu vrai de nature. Vous verrez dans chaque tableau ce que vous aurez voulu y voir.

Or s'il arrive qu'on voie, par effort de volonté, la « nature » dans des tableaux, la réciproque est vraie. C'est une tendance inéluctable chez les peintres, de ramener les aspects perçus dans la réalité, aux aspects de peinture déjà vus.

Impossible de déterminer tout ce qui peut modifier la vision moderne, mais il n'est pas douteux que la tourmente d'intellectualité, par où passent la plupart des jeunes artistes, n'arrive à créer de très réelles anomalies optiques. On voit très bien tels gris violets, quand on a cherché longtemps s'ils sont, ou non, violets.

L'admiration irraisonnée des tableaux anciens où l'on cherche, puisqu'il faut les admirer, des rendus consciencieux de « nature » a certainement déformé l'œil des maîtres de l'École.

De l'admiration des tableaux modernes, qu'on étudie dans le même esprit, et par engouement, proviennent d'autres perturbations. A-t-on remarqué que cette indéfinissable « nature » se modifie perpétuellement, qu'elle n'est pas la même au salon de 90 qu'aux salons d'il y a trente ans, et qu'il y a une « nature » à la mode — fantaisie changeante comme robes et chapeaux ?

IV

Ainsi se forme chez l'artiste moderne, par choix et synthèse, une certaine habitude éclectique et exclusive, d'interpréter les sensations optiques — qui devient le criterium naturaliste, l'ipséité du peintre, ce que les littérateurs, plus tard, appellent le tempérament. C'est un mode d'hallucination où l'Esthétique n'a rien à voir, puisque la raison s'y fie, et ne contrôle pas.

V

Lorsqu'on dit que la Nature est belle, plus belle que toutes les peintures, en supposant qu'on reste dans les conditions du jugement esthétique, on veut dire : que ses impressions de nature, à soi, sont meilleures que celles des autres. ce qu'il faut bien admettre. Mais veut-on comparer la plénitude hypothétique, et rêvée ! de l'effet original, et la notation de cet effet par telle ou telle conscience ? Ici se présente la grosse question du tempérament : « L'art, c'est la nature vue à travers un tempérament. »

Définition très juste parce qu'elle est très vague, et qui laisse incertain le point important : le criterium des tempéraments. La peinture de M. Bouguereau, c'est la nature vue à travers un tempérament. M. Raffaëlli est un extraordinaire observateur, — mais sensible aux belles formes et aux belles couleurs. croyez-vous ? Où commence, où finit le tempérament « peintre » ?

Il y a une science, le sait-on ? qui s'occupe de ces choses : l'Esthétique, qui se précise et s'assied, grâce aux recherches pratiques des Charles Henry, à la psychologie des Spencer et des Bain.

Avant d'extérioriser ses sensations telles quelles, il faudrait en déterminer la valeur, au point de vue de la beauté.

VI

Je ne sais pourquoi les peintres ont si mal compris l'épithète « naturaliste » appliquée dans un sens seulement philosophique, à la Renaissance.

J'avoue que *les Prédelles* de l'Angelico qui est au Louvre, l'*Homme en rouge* de Ghirlandaio et nombre d'autres œuvres de Primitifs, me rappellent plus précisément la « nature » que Giorgione, Raphaël, le Vinci. C'est une autre manière de voir. — ce sont des fantaisies différentes.

VII

Et puis tout change dans nos sensations, objet et sujet. Il faut être bien bon élève pour retrouver deux jours de suite le même modèle sur la table. Il y a la vie, l'intensité de coloration, la lumière, la mobilité, l'air, une foule de choses qu'on ne rend pas. J'arrive ici aux thèmes connus, très vrais d'ailleurs. et d'une évidence !

VIII

Je reconnais enfin qu'il y a beaucoup de chances pour que le consentement universel, en ceci comme en d'autres insolubles questions. ait quelque valeur. — que la photographie renseigne sur le plus ou moins de réalité d'une forme, et qu'un moulage sur nature est aussi « nature que possible ».

Je dirai donc de ces sortes d'œuvres et de celles qui tendent à s'en rapprocher, qu'elles sont « nature ». — J'appellerai « nature » le trompe-l'œil de la foule, comme ces raisins du peintre antique, becquetés des oiseaux, et les panoramas de M. Detaille, — où l'on doute. ô l'esthétique émotion, si tel caisson de premier plan est réel ou sur toile.

IX

« Soyez sincère : il suffit d'être sincère pour bien peindre. Soyez naïf. Faire bêtement ce qu'on voit. »

Les bons appareils infaillibles, de rigoureuse exactitude. qu'on a voulu fabriquer dans les académies !

X

Ceux qui ont fréquenté l'atelier Bouguereau. n'ont point reçu d'autre enseignement, comme ce jour où le maître prononça : « Le Dessin, c'est les emmanchements. »

En son pauvre cerveau s'était fixée comme une chose extraordinaire et désirable. la complexité anatomique des emmanchements ! Le dessin. c'est les emmanchements. Les braves gens qui trouvent que ça ressemble à Ingres ! Je ne m'étonnerais pas de cette arrière-pensée qu'il est en progrès sur Ingres. En naturalisme, certes oui ! il photographie.

Ils en sont tous là les très petits peintres qui sont les maitres d'aujourd'hui. De l'effervescence romantique, de la fréquentation des Musées italiens, de l'obligatoire admiration des Maîtres, ils ont gardé le souvenir imprécis, à jamais incompréhensible pour la déformation de leur esthétique, de quelques motifs des Maîtres. Delacroix disait qu'il passerait volontiers son temps à accorder des chemins de croix de bazar (comme ils sont très nombreux dans nos églises, hélas!). MM. tel et tel de l'Institut, s'occupent à désaccorder les toiles de la Renaissance. Et il reste assez de la splendeur qu'ils dépriment pour susciter l'inintelligente admiration des masses, instinctive vers cette beauté.

XI

Les facteurs de la réputation de Meissonier :

a) Cette déformation des intimes compositions hollandaises.

b) L'esprit littéraire, abondamment (le faciès de Napoléon, qui nous est grotesque, avoisine le sublime pour la majorité).

Très spirituelles, des têtes d'expression : le joueur naïf, le rusé, l'insouciant, l'ironique.

c) Surtout l'habileté de l'exécution, qui fait clamer, sans réserve : « C'est fort ».

O cette désolante vulgarisation de l'art, le facile dilettantisme! ils jouissent d'employer des termes techniques, ils se persuadent à la fin, qu'ils jugent !

XII

Or, les élèves de ces Maîtres arrivent au naturalisme pur : c'est la fin : il n'y a plus rien au delà, on ne peut plus descendre, et certainement nous remontons.

Dagnan, qui est parti de *la Noce chez le photographe,* de l'autre *Noce de campagne,* des *Enfants qu'on vaccine,* — arrive à la *Vierge,* au *Pardon,* et à cette étude de Bretonnes qui fut il y a deux ans aux Mirlitons, encore au pastel inaperçu du salon du Champ de Mars. Visiblement, Dagnan, qui est un peintre, retourne à la tradition.

XIII

A l'un des jeunes néo-traditionnistes, alors à l'École, à propos d'une femme très blanche qu'il avait peinte, où la lumière se jouait en frissons d'arc-en-ciel, — et c'était cette couleur qui l'intéressait, il l'avait cherchée toute une semaine, — un maître moderne disait, que « c'était pas nature, vous ne coucheriez pas avec cette femme-là ! »

Que de choses à dire, de ce point de vue, sur la moralité de l'œuvre d'art ! comparer les symboles des Phéniciens et des Indous, et les photographies pornographiques : — les nus de Chavannes, de Michel-Ange, les scènes passionnelles de Rodin, — avec quoi ? avec les œuvres analytiques, leur trompe-l'œil, luxure amusante aux yeux des jeunes gens candides et des libertins vieux : toutes les Piscines, toutes les Tentations, toutes les Andromèdes, tous les Modèles, toutes les Études de la « jeune Académie » en ces quinze derniers salons !

XIV

Mais remarquez-vous ce pressentiment d'un retour aux belles choses, chez les impressionnistes ? Manet est de la grande filière, cela se sait. Ils en viennent tous, leurs imitateurs, à des recherches de coins de nature plus spécialement colorés : les effets de soleil, les lanternes dans la nuit, l'orientalisme, les aurores boréales.

Et ils gâtent la saveur de leur sensation primitive, uniquement faite de cette couleur spéciale, par leur dédain de la composition, et leur souci de faire nature ! surtout l'agaçante manie, incrustée en nous, de modeler.

XV

« L'art, c'est quand ça tourne », autre définition d'un égaré.

N'est-ce pas de Paul Gauguin, cette ingénieuse et inédite histoire du modelé ?

A l'origine, l'arabesque pure, aussi peu trompe-l'œil que possible ; un mur est vide : le remplir avec des taches symétriques de forme, harmonieuses de couleur (vitraux, peintures égyptiennes, mosaïques byzantines, kakémonos).

Vient le bas-relief peint (les métopes des temples grecs, l'église du Moyen-Age).

Puis l'essai de trompe-l'œil ornemental de l'antiquité est repris par le xv⁰ siècle, remplaçant le bas-relief peint par la peinture au modelé de bas-relief, ce qui conserve d'ailleurs l'idée première de décoration (les Primitifs, se rappeler dans quelles conditions Michel-Ange, statuaire, a décoré la voûte de la Sixtine).

Perfectionnement de ce modelé : modelé de ronde bosse ; cela mène des premières Académies des Carraches à notre décadence. L'Art c'est quand ça tourne.

XVI

On sait que la sculpture française des premiers siècles (type du portail de Vézelay), dérive des enluminures byzantines, point des reliefs. Ce qui fait comprendre l'emploi des plis des toges et vêtements larges pour de simples arabesques, à remplir les vides, — plis dessinés suivant une fantaisie de haut goût et gravés dans la pierre, sans correspondre à une possibilité de draper une robe en la même figure. Paul Sérusier expliquait cette recherche par les Athéné archaïques, les Tanagra, les Victoires du temple de Niké Apteros, toute la statuaire grecque, tout le Moyen-Age, toute la Renaissance. Il ajoutait que ce même souci de remplir les vides, insipides à l'œil normal, qui avait inventé dans les vêtements les plis invraisemblables, sur la chair, en peinture, avait produit le modelé. Il citait un bambino de Raphaël : « rondeurs alternes-internes, constituant un espace vide d'une énorme capacité — pour remplir, un doux modelé soutenant la forme ».

O la multitude des grands ciels vides, avec l'insignifiante mer grise ! Et la ligne d'horizon d'un imperceptible détail où les critiques littéraires ont vu tant de choses ! — et qu'on peut ramener à : « de lignes parallèles sur champ atone ». Songez aux formes blanc doré sur bleu de la Renaissance (nuages chez Véronèse. Séraphins de l'Angelico). Songez aux prestigieux lointains de cobalt ou d'émeraude !

XVII

En passant devant un marchand de photographies. Des choses du XVIIIᵉ siècle, des esquisses de Boucher et sous-Boucher, meubles. tapisseries, architecture.

Or à quelles formules esthétiques se peuvent réduire nos maisons et notre peinture, la rue Pierre-Charron. ou telle du Parc-Monceau, les tableaux de J.-P. Laurens, Delort et Friant, les statues de tous les squares, et les invraisemblables accouplements de styles exotiques et de tous les siècles?

Taraval est un grand homme : cela se tenait dans le mur avec le dessin des lambris, les colorations des tentures, la forme des meubles. Cela n'était pas très élevé, très élevé, mais rythmique au moins !

Où placerez-vous l'*Agrippine* de M. Rixens, le *Saint-Denis* de M. Bonnat? et c'est la masse qui est inquiétante, la grande masse des exposants de tous les Salons. Songez aux médiocres admirables du XVIIIᵉ siècle, aux portraits ignorés de nos arrière-grands-pères, au moindre provincial trumeau de salon bourgeois chez nos ancêtres !

XVIII

Ce temps est littéraire jusqu'aux moelles : raffinant sur des minuties. avide de complexités. Croyez-vous que Botticelli ait voulu dans son *Printemps* ce que nous tous y avons vu, de délicatesse maladive. de préciosité sentimentale? Alors, travaillez avec cette malice. cette arrière-pensée, vous arriverez à quelles formules !

Dans toutes les décadences. les arts plastiques s'effeuillent en affectations littéraires. et en négations naturalistes.

XIX

C'est trop demander que demander le calme à nos esprits.
Les gens de la Renaissance laissaient jaillir leurs œuvres,
infiniment profondes et esthétiques, de l'abondance de leur
nature. Un Michel-Ange ne se soufflait pas comme un Bernin
ou un Annibal Carrache, pour faire grand. Ses sensations,
passant par l'intelligence très sûre qu'il avait de l'Art, devenaient cela toutes seules. C'est l'effort qui a perdu les Romantiques.

XX

De l'état d'âme de l'artiste, vient inconsciemment, ou
presque, tout le Sentiment de l'œuvre d'art : « Celui qui veut
peindre les choses du Christ doit vivre avec le Christ, » disait
Fra Angelico. C'est un truisme.

Analysons : l'Hémicycle de Chavannes à la Sorbonne, qui
nécessite pour le vulgaire une explication écrite, est-il littéraire ? Certes, non : car cette explication est fausse : les exami-
nateurs de Baccalauréat peuvent savoir que telle belle forme
d'éphèbe qui s'alanguit vers un semblant d'eau, symbolise la
jeunesse studieuse. C'est une belle forme, esthètes ! n'est-ce
pas ? Et la profondeur de notre émotion vient de la suffisance
de ces lignes et de ces couleurs à s'expliquer elles-mêmes,
comme seulement belles et divines de beauté.

Dans les *Ménages sans enfants* : la légende seule m'intéresse
(on vous donnera 25 fr. 50 pour commencer) : car le ridicule
d'un rendu minutieux de sales têtes et de grotesques ameuble-
ments me repousse, et du même malaise, je vous assure, que
les petits fusils de M. Detaille ou les bracelets de M. Toul-
mouche.

Effort chez Raffaëlli, jeu limpide et normal de facultés chez
Chavannes.

Et continuez. La mesquinerie du trompe-l'œil, cherché ou
atteint, ne contribuerait-elle pas à l'effet désagréable que je
dénomme « littéraire » ?

Je suppose exécuté par M. Friant, le *Calvaire*, de Paul Gauguin[1]. Cela deviendrait du F. Coppée. C'est que notre impression supérieure d'ordre moral, en face du Calvaire ou du bas-relief *Soyez Amoureuses*, ne saurait provenir du motif ou des motifs de nature représentés, mais de la représentation elle-même, formes et colorations.

De la toile elle-même, surface plane enduite de couleurs, jaillit l'émotion, amère ou consolante, « littéraire », comme disent les peintres, sans qu'il soit besoin d'interposer le souvenir d'une autre sensation ancienne (comme celle du motif de nature utilisé).

Un Christ byzantin est symbole : le Jésus des peintres modernes, fût-il coiffé du plus exact kiffyed, n'est que littéraire. Dans l'un c'est la forme qui est expressive, dans l'autre c'est la nature imitée qui veut l'être.

Et comme je disais que toute représentation peut être trouvée nature, toute œuvre belle peut susciter les hautes émotions, les complètes, l'Extase des Alexandrins.

Même une simple recherche de lignes, comme la *Femme en rouge* d'Anquetin (au Champ de Mars), a une valeur sentimentale.

Même la frise du Parthénon, même, et surtout, une grande sonate de Beethoven !

XXI

Quand la plastique lutte de près avec l'écriture, dans le livre, apparaissent les énormités. Je rêve d'anciens missels aux encadrements rythmiques, des lettres fastueuses de graduels, des premières gravures sur bois — qui correspondent en somme, à notre complexité littéraire par des préciosités et des délicatesses.

Mais l'illustration, c'est la décoration d'un livre ! au lieu : 1° du placage de carrés noirs d'aspect photographique sur le blanc ou sur l'écriture : 2° de découpures naturalistes, au hasard dans le texte ; 3° d'autres découpures sans aucune recherche, de pures habiletés de main, parfois (oh !) à prétexte japonais.

1. Chez MM. Boussod et Valadon (1890).

Trouver cette décoration sans servitude du texte, sans exacte correspondance de sujet avec l'écriture ; mais plutôt une broderie d'arabesques sur les pages, un accompagnement de lignes expressives.

Dans les dessins de Maurice Denis pour *Sagesse*, de Verlaine, on peut constater l'intensité d'expression des dessins de formes et de taches — et au contraire la faiblesse de ceux où l'esprit littéraire introduit des éléments disparates.

XXII

Et voici la seule forme d'Art, la vraie. Quand on a éliminé les partis-pris injustifiables et les préjugés illogiques, le champ reste libre aux imaginations des peintres, aux esthètes des belles apparences.

Le néo-traditionnisme ne peut s'attarder aux psychologies savantes et fébriles, aux sentimentalités littéraires, appelant la légende, toutes choses qui ne sont point de son domaine émotionnel.

Il arrive aux synthèses définitives. En la beauté de l'œuvre, tout est contenu.

XXIII

Les malheureux qui se tuaient à chercher une originalité dans leur cervelle asservie, des sujets nouveaux ou des visions nouvelles ! se refusant aux sensations bonnes qu'ils éprouvaient, parce qu'on les avait habitués à nier la beauté, parce qu'ils interposaient leur souci du trompe-l'œil entre l'émotion et l'œuvre !

Qu'est-ce qui distingue entre eux les peintres modernes ? C'est souvent la vision (comme je l'ai expliqué plus haut) : plus souvent le procédé, le sujet plus souvent encore.

Quelles imaginations identiques ! Ils suivent tous la même mode. Et si l'un s'avise de révéler une fantaisie nouvelle, — au lieu de modifier, oh ! très peu, comme il convient, l'éclairage ou le modelé de l'autre, — le beau scandale ! Rappelez-vous seulement la *Femme Jaune* de Besnard.

XXIV

L'Art est la sanctification de la nature, de cette nature de tout le monde, qui se contente de vivre ! Le grand art, qu'on appelle décoratif, des Indous, des Assyriens, des Égyptiens, des Grecs, l'art du Moyen-Age et de la Renaissance, et les œuvres décidément supérieures de l'Art moderne, qu'est-ce ? sinon le travestissement des sensations vulgaires — des objets naturels, — en icones sacrées, hermétiques, imposantes.

La simplicité hiératique des Bouddhas ? des moines transformés par le sens esthétique d'une race religieuse. Comparez encore le lion dans la nature, aux lions de Khorsabad ; lequel exige la génuflexion ? Le Doryphore, le Diadumène, l'Achille, la Vénus de Milo, la Samothrace, c'est en vérité la rédemption de la forme humaine. Faut-il parler des Saints et Saintes du Moyen-Age ? Faut-il citer les Prophètes de Michel-Ange, et les Femmes de Vinci ?

J'ai vu l'italien Pignatelli dont Rodin a tiré Jean-Baptiste ; et c'est au lieu du modèle banal, l'apparition de la Voix qui marche, le bronze vénérable. Et l'homme que Puvis érigea en Pauvre pêcheur, éternellement triste, qu'était-ce ?

Triomphe universel de l'imagination des esthètes sur les efforts de bête imitation, triomphe de l'émotion du Beau sur le mensonge naturaliste.

XXV

Avez-vous remarqué ce que gagne le portrait à cette recherche de haute tapisserie ? Il y a un peintre de belle imagination, malgré ses timides allures, qui rêve du même rêve des pastels de fantaisie musicale, et des portraits. N'aimez-vous pas, en la cohue d'un Salon, vous abstraire devant un Fantin Latour ?

A cette époque de décadents, qui sont des primitifs — je l'espère — en cette laborieuse préparation de quelque chose, ceux de nous qui retardent sont encore les plus complets.

Je revois *la Joconde* ; ô volupté de cette si heureuse convention qui a chassé la vie, la vie factice et agaçante de figure de cire, qu'ils cherchent les autres ! et l'éclairage, et l'air ! Les arabesques bleues, du fond, prestigieux accompagnement d'un rythme envahissant et caresseur, du motif orangé, comme la séduction des violons dans l'ouverture de Tannhaüser !

O Rixens, ô Bonnat !

LE SALON DU CHAMP-DE-MARS
L'EXPOSITION DE RENOIR[1]

(1892)

Il n'est pas dans notre pensée de décrire ni d'apprécier les
œuvres d'art exposées au Salon du Champ-de-Mars : c'est une
besogne assez inutile dont nous n'osons nous charger.

Dirions-nous, par exemple, que Puvis de Chavannes, Whistler, Carrière, sont d'admirables maîtres ! Personne ne le nie.
Nous aimons mieux faire cette remarque, qu'on les voudrait
voir en des milieux plus discrets et plus calmes ; et que s'il y
a de très belles toiles, elles sont fort mal entourées. En particulier, la jeune école impressionniste ou luministe nous semble abuser, pour exprimer la lumière, d'une série de tons plutôt vulgaires, les mêmes qu'emploie depuis fort longtemps
M. Carolus Duran au coloriage de draperies d'une déplorable
intensité. Cette jeune école est terriblement bruyante : qu'elle
s'adresse à M. Whistler pour apprendre à manier les gris ; ou
bien qu'elle revienne à la mode déjà surannée de la couleur
crayeuse et qu'elle imite M. Puvis de Chavannes.

Aussi bien, s'il est vrai qu'on appelle « jeunes », les artistes
qui imitent les maîtres les plus récents[2], le Salon du Champ-
de-Mars est proprement le Salon des jeunes. Une foule de choses aimables y requièrent l'attention, des coins de tableaux,
parfois des tableaux tout entiers : mais on les a déjà vus. —
Comme ce très précieux Chavannes, un des meilleurs assurément, trois femmes dans un paysage terne, qui est signé d'un
autre nom. — Ici, les peintres se groupent aisément en écoles :
il y a l'école de Besnard, l'école de Carrière, l'école de Monet.

1. *Revue Blanche*, 25 juin 1892. Article signé Pierre L. Maud.
2. Cette définition est de M. Lucien Mühlfeld.

Ici, pas de théoriciens aux allures d'apôtres, mais des disciples patients et renseignés. Ailleurs, les bons critiques indulgents se disent l'un à l'autre ; ce sont des chercheurs, attendons le chef-d'œuvre. Ici, le chef-d'œuvre est fait : nous l'avons vu l'année dernière, nous l'avons vu chez Durand-Ruel, dans quelque galerie. Le chef-d'œuvre c'est Monet, Degas, Cézanne, Pissarro, Renoir : les vieux maîtres, inconnus du public des Vernissages, à qui l'on emprunte et leur art et leurs visions, sans même se soucier, tel un maladroit économe, de faire fructifier le bien du maître.

Tous ces pastiches grimacent, et fatiguent : c'est le même malaise qu'au théâtre, des scènes classiques mal interprétées. Et ce sont les bons peintres qui en souffrent. A peine devant le Carrière, avons-nous eu une émotion complète. Nous pressentions dans les fonds que nous voyions mal, des richesses de poésie ; et nous ne goûtions que la précision synthétique, l'arrangement rare, la noble tenue de l'ensemble. C'est, croyons-nous, « en avoir contemplé la fausse face, en avoir ouï le discord ».

Se plaindre du verre, après tout le monde, parce qu'il obstrue et reflète ? Mais le verre ne nuit jamais aux œuvres délicates lorsqu'elles sont placées dans un éclairage convenable : c'est le jour d'exposition qu'il faut bien décidément condamner. Le verre éloigne et dissimule : il renferme dans l'impénétrable la précieuse pensée du peintre qui toujours s'étonne d'être livrée à tous les regards. Les harmonies bruyantes et sans pudeur s'étalent volontiers à nu ; on n'imagine pas sous verre les portraits de Rubens : mais les Rembrandt, les Vinci, les Primitifs ? Concevez sans un verre, cette chose exquise entre toutes, la *Galathée* de Gustave Moreau : certes nous sommes plusieurs qui n'oserions la regarder.

Il est vrai que le verre de Carrière fait apercevoir, dans l'intimité de la Mère attendrie et souffrante, la toile moderne et mondaine de M. Béraud. Ce qui est regrettable, quoique nous n'ayons nul désir de maltraiter ce tableau si contesté, lequel a du moins le mérite de trahir des préoccupations chrétiennes et humanitaires, un état d'esprit qu'il faut respecter. Même nous n'y avons remarqué aucun détail inconvenant. Mais, outre que l'on s'est permis de suspecter l'intention du peintre, on n'a pas échappé en général à un malaise analogue à celui d'entendre prêcher l'Évangile en argot.

Un souffle de christianisme a passé parmi les peintres. Chacun d'eux a reçu la même influence, et l'a modifiée suivant ses habitudes de pensée et sa méthode : c'est la parabole des semailles. M. Blanche par exemple s'intéresse beaucoup plus au plastique et à la peinture qu'à l'expression littéraire. Il s'est rappelé vaguement les *Pèlerins d'Emmaüs* du Véronèse : une toile qui est un magnifique décor, plein de détails charmants, mais qui manque de mystère et d'intimité. Il n'a pas cru devoir conserver ce masque banal du Christ dont se servait avec une remarquable indifférence le maître coloriste : et nous le regrettons. C'est M. Anquetin qui est le Christ : (car un *Hôte* qui rompt le pain, qu'on le veuille ou non, c'est le Christ).

Toutefois les âmes religieuses n'ont pas lieu d'être choquées. Ce tableau de M. Blanche est une œuvre respectueuse, qu'on ne verra jamais d'ailleurs dans un lieu consacré au culte. Il faut avouer qu'en cette sorte de sujets (puisque ce sont ici les sujets qui nous intéressent), on ne saurait avoir ni trop de scrupules, ni trop de délicatesse. Imaginez qu'un jour le Vinci ait à nous juger, nous les peintres. Non pas l'Angelico, qui serait doux, ce me semble, et miséricordieux : il pardonnerait à cause d'un peu d'amour. Mais aux moindres fautes de goût le Vinci serait terrible. Nous avons toujours redouté dans nos promenades au Louvre son ironie (car l'ironie est proprement la réponse de la Divinité au blasphème). Et afin de susciter d'utiles examens de conscience, nous évoquons ici le long sourire dédaigneux de ses Saintes ou de ses Déesses, et leur mépris, leur incommensurable mépris pour nos œuvres hâtives et nos concepts médiocres.

C'est qu'au lieu d'exprimer par des compositions harmonieuses, et adéquates, la beauté du sentiment mystique, les peintres modernes s'ingénient à représenter des scènes de la vie, où des passions élevées soient en jeu, des attitudes méditatives, et des physionomies « idéales ». Les uns fréquentent les asiles d'hallucinés, et devant des extases artificiellement provoquées, prennent des notes, et retiennent l'écarquillement des yeux, le rictus de la face. Il en est d'autres qui voyagent, et qui rapportent de Terre-Sainte, des croquis exécutés sous l'œil des guides aux endroits historiques.

Petite chose, cependant, que l'exactitude des costumes et des paysages. Il n'est permis d'emprunter un sujet à l'Évangile, qu'autant que ce sujet est en nous, est une part de nous-même. En notre âme se doivent trouver les costumes vrais et les paysages authentiques. Transformés en nous sans effort, les spectacles du monde extérieur reparaissent sous de mystérieux aspects. Au sortir d'un esprit tendre, ils ont revêtu quelque tendresse, et les moyens d'art seront efficaces qui feront communier les âmes à cette tendresse. Ce seront les moyens les plus simples : croyez qu'il n'est pas besoin, pour perpétuer vos émotions, de dissimuler la matière employée, et de la pervertir en des apparences de trompe-l'œil ; croyez que la *matière* de l'œuvre d'art a la faculté d'émettre d'aussi puissantes suggestions que les aspects de la nature elle-même : il ne faut pas prétendre que les moyens d'expression de la nature et ceux de l'œuvre d'art se peuvent assimiler ; mais on peut toujours substituer ceux-ci à ceux-là : et c'est le travail du génie.

Comparez ce modèle costumé en Christ, cette femme en robe de Vierge, que tant de peintres reproduisent, — avec telle arabesque byzantine, onduleuse et souple pour signifier l'Amour et la Mère divine, rigide et heurtée pour symboliser le Sacrifice et le Christ en croix. N'est-ce pas l'œuvre d'art conçue en dehors de toute imitation contingente, qui est le plus expressive ?

Nous nous étonnons que des critiques renseignés, comme M. Georges Lecomte[1], se soient plu à confondre les tendances mystiques et *allégoriques*, c'est-à-dire la recherche de l'expression par le sujet, et les tendances *symbolistes*, c'est-à-dire la recherche de l'expression par l'œuvre d'art. Il n'y a pas à en douter, toute la querelle aboutit à cette distinction bien comprise. On ne peut reprocher à des peintres de prendre leurs motifs où ils veulent, d'exprimer plutôt des émotions religieuses que tout autre genre d'émotions. Et telle n'a jamais été, croyons-nous, la pensée de M. G. Lecomte. Mais on peut toujours déplorer les fautes contre l'esthétique, ou le bon goût.

---

1. Georges Lecomte : L'Art impressionniste. — *Revue de l'Évolution*, 15 mars 1892.

On peut regretter que des naturalistes de la veille, entraînés par une mode incontestable, se croient obligés de donner à leurs récentes études d'après nature un prétexte mystique. On peut trouver ridicule cet engoûment pour le sujet religieux après l'engoûment pour le sujet patriotique. Au fond, ceci est le précieux symptôme d'une réaction d'ordre moral que nous n'avons pas à définir ici. Mais il n'y faut pas voir la marque d'une évolution artistique.

Parce que M. Aman Jean se plaît aux sinuosités des banderolles ; parce que M. Burne Jones dessine des regards irréels : que M. Ary Renan évoque les promeneuses de son âme sur des grèves de désolation ; et que M. Puvis de Chavannes prête aux moindres attitudes une noblesse religieuse, — et nous nous abstenons de citer ces autres *idéistes* qui exposaient aux Rose-Croix, aux Indépendants, aux Peintres graveurs, ou chez Le Barc de Boutteville. — faut-il les qualifier de sectaires rétrogrades, et dire qu'ils se désintéressent de l'excellence des réalisations plastiques? Nul n'a compris mieux que ceux-là, la beauté d'une ligne ou d'une coloration. Et nous ne voyons pas qu'ils seraient en aucun sens plus peintres, s'ils empruntaient leurs motifs aux assemblées de village, aux boulevards, aux faubourgs.

Ou bien, c'est leur art de simplification, le hiératisme de leurs synthèses, qui est si neuf pourtant et si personnel, si intellectuel et ornemental, c'est leur art que l'on critique. Mais alors il faudrait logiquement préférer à Whistler, les portraits de Carolus Duran, ou quelque étude puérilement systématique de la décomposition de la lumière.

Nous avons écrit naguère, que la peinture de M. Raffaëlli était un peu bien littéraire : ce qui voulait dire qu'elle emprunte au sujet beaucoup de son expression. M. Raffaëlli est, en effet, un précieux chroniqueur; mais c'est aussi un artiste délicat. Trouvez un détail qui soit déplaisant ou inutile dans cette caricature sculptée d'un bonhomme assis. Et quels résultats que ces études de fleurs, d'un aspect si rare et si coloré. Je ne parle pas de la tenue des autres toiles que tout le monde admire.

Il y a quelques autres peintres dont nous eussions aimé dire un mot. mais notre esprit se tourne invinciblement vers une autre exposition infiniment plus suggestive d'émotions esthétiques, infiniment plus morale ainsi. C'est celle du maître Renoir[1], qui nous offre la pure satisfaction d'un groupement de ses œuvres dans les galeries Durand-Ruel : toute une vie de travail silencieux et sans emphase, une belle vie honnête de véritable peintre. Idéaliste? Naturaliste? Comme il vous plaira. Il a su se borner à traduire ses émotions à lui, toute la nature et tout le rêve avec des procédés à lui : il a composé avec les joies de ses yeux de merveilleux bouquets de femmes et de fleurs. Et comme il avait un grand cœur et une volonté droite, il n'a fait que de très belles choses. En attendant une occasion meilleure de dire sur cette œuvre toute notre pensée, nous nous contentons de recueillir cet exemple et cet enseignement.

1. Nous conseillons de lire la préface du catalogue de M. Arsène Alexandre, qui est un chef-d'œuvre de précision et de discrétion dans l'éloge.

A PROPOS DE L'EXPOSITION D'A. SÉGUIN[1]

Ceux qui ont suivi depuis l'origine, l'évolution de ces peintres, appelés successivement Cloisonnistes (Dujardin, *Revue indépendante*, 1886), Synthétistes (1889), Néo-traditionnistes (Pierre Louis, *Art et critique*, 1890), Idéistes (A. Aurier, *Mercure*, 1891), Symbolistes et Déformateurs (A. Germain), ceux-là trouveront un spécial intérêt à l'exposition de Séguin[2]. Ils auront plaisir à s'y rappeler certains aspects oubliés de l'Exposition du café Volpini, au Champ-de-Mars en 89 ; ils reverront d'heureuses formules de l'École de Pont-Aven.

Séguin est un des rares artistes qui ont conservé les procédés de ce temps-là. Il les a faits siens, je me hâte de le reconnaître, et surtout il a su les faire servir à des expressions bien personnelles. Avec plus de liberté que Filiger ou Bernard, il persiste à employer les lignes noires et les teintes plates : ce qui fut le Cloisonnisme. Mais il faut le louer d'une conception très pure et je dirai classique de la forme : j'aime ce modelé discret qu'il donne à ses figures non pour simuler le relief mais pour souligner la beauté des contours. Il a un sens très juste de la déformation, il sait obéir aux exigences de sa sensibilité comme aussi aux exigences du décor.

P. Gauguin, dans la très intéressante préface de son catalogue, dit de Séguin : que ses défauts ne sont pas encore assez nettement affirmés pour lui mériter le titre de maître. C'est exprimer justement qu'il n'apporte pas encore une volonté égale dans l'interprétation de ses sensations.

Or il ne faut pas se hâter de conclure. Aussi bien certaines

1. *La Plume*, 1ᵉʳ mars 1895.
2. Chez Le Barc de Boutteville.

gravures, des choses de Paris, d'un métier plus souple, annoncent une autre orientation du talent de Séguin.

Ce qui importe, c'est qu'il conserve ses qualités de peintre : il n'en faut pas douter, à le voir si fortement épris de la logique de son Art.

Qu'on se renseigne donc à l'Exposition de Séguin sur ce qu'ont voulu réaliser les peintres synthétistes ou symbolistes.

On ne le sait plus. De jeunes littérateurs, des collégiens savants, comme les appelle Gauguin, se sont mêlés de parler peinture. Ils ont brouillé toutes les notions ; ils invoquent les Lois de la nature et la Norme d'Harmonie. Ils reprocheront à Séguin de ne pas savoir dessiner. Ils ont contribué à faire verser dans la littérature, dans le trompe-l'œil idéaliste (un genre d'ailleurs vieillot), — le bel effort d'art de cette École de Pont-Aven, qui aura remué certes autant d'idées, influencé autant d'artistes que, naguère, l'École de Fontainebleau.

Qui se souvient du café Volpini dont je parlais tout à l'heure ? Il y avait là un groupement de très belles choses dont quelques-unes resteront. On a rarement revu, depuis, l'affirmation de procédés aussi simples, aussi primitifs, d'un parti-pris si évident d'ingénuité.

Aux expositions de Le Barc de Boutteville, dès la fin de 91, la teinte plate n'apparaissait plus avec cette rigueur : les formes n'étaient plus serties de lignes noires, l'emploi des couleurs pures n'était plus exclusif. Ce qui s'expliquait, j'imagine, par l'abstention à peu près complète de Bernard et de Gauguin : par l'évolution d'Anquetin vers le modelé ; par l'attitude de quelques nouveaux venus, aux recherches plus sentimentales, aux procédés plus raffinés.

Le public artiste qui n'a vu de l'Art symboliste, que les expositions depuis 91, en ignore les manifestations purement théoriques et spéculatives, celles du début. C'est ainsi que les nouveaux venus en littérature ignorent le fanatisme des petites revues défuntes, les inventions inouïes des premiers décadents.

Ce public sait à peine la part qui revient dans ce mouvement complexe, à l'impressionnisme de Paul Gauguin, à l'idéalisme d'Émile Bernard, au naturalisme de Louis Anquetin. Il connaît mal Vincent van Gogh et l'initiateur Cézanne. Il ne discerne pas l'influence parallèle d'affirmations mystiques comme les théories de Bernard, et de recherches scientifiques comme celles de Seurat.

C'est qu'on s'est habitué à chercher dans ces peintures des intentions poétiques, des expressions littéraires. Comme il faut déplorer les commentaires de certains critiques! L'art symboliste n'est pas cet art de névrose et de folie qu'on croit généralement. Il ne faut pas se lasser de dire en quel sens cet art est idéaliste, et en quel sens il ne l'est absolument pas.

On s'est mépris de la même façon, remarquons-le, au sujet de Puvis de Chavannes. Il apparaît comme un visionnaire pour avoir été le plus logique des peintres. Son art — qui est bien un peu l'art symboliste — est d'autant plus expressif qu'il est plus ornemental. C'est ainsi que les peintres du xve et du xvie siècles, ces Primitifs qui étaient en somme de grossiers décorateurs, ont fait entrer dans les formes les plus parfaites du décor, les plus poétiques concepts.

Il faut se reporter à l'époque des premiers travaux du Maître, au temps de Manet et des impressionnistes. On parlait alors beaucoup de la nature : le peintre n'avait qu'à copier, qu'à établir un double de la chose vue. Et Courbet, génie inconscient, proférait de légendaires bêtises.

Les peintres dont je parle pensaient, eux, qu'avant d'être une représentation de nature ou de rêve, un tableau était essentiellement *une surface plane recouverte de couleurs dans un certain ordre assemblées.* Ils étaient peintres avant tout. Ils préféraient l'expression par le décor, la forme, la couleur, la matière employée à l'expression par le sujet. Ce qu'ils exprimaient, c'était bien leur idéal, leur vision de la vie, leur émotion devant les choses ; mais ils ne l'exprimaient que par des moyens pittoresques. Ce fut leur vertu : ils transposaient leurs sensations en Beauté.

Dès lors ils pratiquaient — inconsciemment sans doute, et comme tous les Maîtres — ce que des analystes ont appelé depuis la *Déformation subjective* (vieille doctrine de *l'homo additus naturae*, la Nature vue à travers le tempérament) — en vue de plus de sincérité, et la *Déformation objective* pour conformer leurs imaginations aux éternelles lois du décor.

C'est en précisant ces idées par des recherches plus schématiques, que les jeunes d'il y a dix ans se préoccupèrent tout spécialement de définir les lois du décor et les lois de l'expression. Les uns, avec Bernard, les cherchèrent dans la tradition, les autres avec Seurat dans les sciences physiques et mathématiques.

Ce fut le Symbolisme.

Et comme il fallait que la réaction fût violente contre l'ambiance naturaliste, ces jeunes peintres entreprirent de tout recommencer. Ils pensèrent ramener l'Art à la simplesse de son début, alors que sa destination décorative était encore incontestée. Et leurs premiers essais furent empreints d'une extraordinaire gaucherie.

Ils se plaisaient à des scènes rustiques, des paysages, des natures mortes qui figuraient le plus simplement leurs méthodes, leur effort de synthèse. Ils créaient ainsi un nouveau style, je veux dire un ensemble logique de formules décoratives, dont on ne manqua pas de faire usage.

C'est de telles préoccupations d'art pur que je félicite surtout Armand Séguin, parce que ces préoccupations sont rares. A cause de lui, et de quelques autres bons ouvriers d'Art ; et malgré tant et tant d'imitations maladroites, inintelligentes, malsaines, je crois encore au Symbolisme : à cette théorie qui affirme l'expression possible des émotions et des pensées humaines par des correspondances esthétiques, par des équivalents en Beauté.

*
* *

Armand Séguin[1] est mort à Châteauneuf-du-Faon, le 30 décembre 1903. C'est un nouveau vide dans le groupe des jeunes
peintres qui suivirent les exemples et les enseignements de
Gauguin, disparu lui aussi dans le courant de la même année.
Séguin avait raconté ici même[2] des souvenirs très vivants sur
cette école de Pont-Aven dont il avait fait partie comme
l'un des plus dociles parmi les disciples du Maître. Lorsqu'il
exposa, en 1895, chez Le Barc de Boutteville, un certain nombre de ses œuvres — gravures à l'eau-forte très personnelles,
peintures et dessins synthétistes — Gauguin écrivit la préface
de son catalogue : je remarquai à ce propos dans la *Plume*,
que l'art de Séguin était une illustration didactique des théories
de Pont-Aven : le Synthétisme déjà vacillant à cette époque,
conservait dans ses tableaux un intérêt de technique, une rigueur traditionnelle. C'est pourquoi Gauguin disait de lui, dans
cette préface : Ses défauts ne sont pas encore assez accentués
pour qu'il soit considéré comme un maître — (je cite de souvenir).

Il a depuis fait plusieurs tableaux, dont une curieuse figure
de femme assise dans un paysage, et surtout une illustration
singulièrement intelligente et livresque de *Gaspard de la Nuit*
(édition Vollard). Il terminait un *Manfred* lorsque la mort l'a
surpris dans cette solitude bretonne, où l'amitié d'O'Conor,
de Paul Sérusier, de Chamaillard, venait seule distraire la
tristesse d'une vie de souffrances et de luttes. Il n'a pas eu le
temps, ni la force de manifester la délicatesse de son goût, son
ingéniosité, et tous les dons précieux que nous lui connaissions.

1. *L'Occident*, février 1904.
2. *L'Occident*, mars, avril et mai 1903.

PRÉFACE DE LA IXe EXPOSITION DES PEINTRES IMPRESSIONNISTES ET SYMBOLISTES [1]

Voici quatre ans à peine que quelques jeunes gens inconnus se sont avisés de montrer chez le si désintéressé et audacieux Le Barc de Boutteville, des toiles qu'on avait coutume alors dans le public, de blaguer impitoyablement. C'était, disait-on, l'École de Paul Gauguin. Il s'y mêlait des néo-impressionnistes, un peu moins mal compris déjà, et des impressionnistes de l'ancienne formule qu'un talent brillant et prodigue ne défendait pas contre les risées.

Eh bien, ces jeunes gens ont aujourd'hui la jolie petite joie, la bonne gloriole, — à leur âge, à 25 ans ! — de voir qu'on les observe de partout avec attention, avec sympathie ; que les faces rieuses se font de plus en plus rares à la vitrine de Le Barc ; que les amateurs prisent leurs ouvrages ; que les critiques les traitent comme de vieux maîtres peintres ; et qu'enfin de plus jeunes, et de plus vieux aussi, se mettent à les imiter.

J'apprends qu'on se désole, parmi ceux qui aiment ces peintres depuis toujours, de ce succès précipité.

1. Chez Le Barc de Boutteville en 1895.

Oui, ce succès ne va-t-il pas tourner la tête à ces jeunes hommes? Referaient-ils, toute leur vie, à l'exemple de plusieurs, les études pleines de promesses mais assez peu réalisées qui les ont fait connaître? Que deviendraient-ils? Ne sait-on pas ce que doivent à l'âpre lutte qu'ils ont soutenue contre l'indifférence et la malveillance des jurys, de la presse et des amateurs, — des hommes de haute volonté comme Puvis de Chavannes, Carrière, Renoir, Degas, Pissarro?

Or, il ne faut pas s'inquiéter parmi ces jeunes peintres de ceux qui se laisseront prendre aux flatteries de la mode.

Un bon peintre qui aime bien son Art résiste au succès comme aux pires épreuves.

Ceux qui sauront conserver la volonté pure de leurs débuts, ceux-là ne seront pas gênés par les encouragements qui leur viennent. Au contraire, ils sauront plus tôt la vanité des éloges et de la renommée, ce ne sera pas leur but dans la vie; ils verront plus haut et plus loin : ils se confieront en leur seule conscience.

Et puis il convient de se réjouir, en tout cas, de voir triompher leurs idées. Les théories ne sont pas tout à fait inutiles ni vaines : il en faut estimer autre chose que l'effort qu'elles manifestent : il y a une Vérité.

Ils ont propagé la haine du naturalisme. Comme c'était une théorie fausse et mauvaise en soi, — une de ces erreurs qu'on retrouve, invariablement, aux pires époques de l'Art universel, aux heures de décadence et de stérilité, — il faut, dès maintenant, les en féliciter.

Ils ont eu grand mérite à mépriser ce sot préjugé, enseigné partout, et si pernicieux aux artistes d'hier : qu'il suffit au peintre de copier ce qu'il voit, bêtement, comme il le voit : qu'un tableau est une fenêtre ouverte sur la nature, et qu'enfin l'Art, c'est l'exactitude du rendu.

Pour eux, au contraire, un tableau avant d'être une représentation de quoi que ce soit, c'est une surface plane recouverte de couleurs en un certain ordre assemblées, et pour le plaisir des yeux.

Ils ont préféré dans leurs œuvres l'expression par le décor, par l'harmonie des formes et des couleurs, par la matière employée, à l'expression par le sujet. Ils ont cru qu'il existait à toute émotion, à toute pensée humaine, un équivalent plastique, décoratif, une beauté correspondante. Et c'est probablement à des idées comme celles-là que nous devons, entre autres choses, les Primitifs, le chant grégorien et les cathédrales gothiques.

*
* *

Les glorieux maîtres de la Renaissance n'avaient pas d'autre conception de l'Art. Ils ne se souciaient même pas de la logique des scènes qu'une seigneurie ou un clergé leur imposait : eux si passionnés pour l'archéologie, pour les sciences exactes, interprétaient librement la perspective et l'histoire, dédaignaient la couleur locale.

L'Art pour eux, c'était bien la beauté du décor, la joie des belles formes, des belles couleurs, des beaux sentiments héroïques, des belles surfaces expressives.

Qu'on se figure l'état d'esprit de ces peintres habitués dès l'enfance à un métier patient et précis, à préparer des fonds, à orner des draperies, à peindre des bordures, à figurer des fleurs décoratives sur des tapis d'herbes ; comment ainsi préparés, ils concevaient leur art et toutes les études utiles au perfectionnement de leur art. La perspective, l'archéologie, l'anatomie ne risquaient pas de les conduire à de puériles recherches d'exactitude. C'étaient pour eux d'autres moyens d'enrichir leur imagination. Toute science les amenait à des résultats esthétiques.

Et même au point de vue théorique, remarquons qu'ils ne donnaient pas dans les rêveries sur l'idéal que l'Antiquité leur avait léguées et qu'on a tant et si vainement reprises depuis eux. Appuyés sur les plus riches certitudes, sur la plus admirable métaphysique qui fut jamais, ils se souciaient peu de ces types absolus de beauté, de cette norme d'harmonie, de ces proportions tant vantées, hors desquelles, au dire de quelques littérateurs d'aujourd'hui, il n'y aurait que déformation et laideur. N'avaient-ils pas le *pulchra esse quæ visa placent*, ce dogme si positif, si positiviste même, et si sensé des scolastiques ?

C'est ainsi que dans les formes les plus ornementales et les plus simples, ils savaient inscrire sans miévrerie et sans *littérature* les plus poétiques concepts.

.·.

Ils avaient, derrière eux, des ornemanistes, des ouvriers d'art pénétrés de la destination de leurs ouvrages et qui savaient admirablement les règles primordiales de l'œuvre peinte.

Les artistes que voici ont subi, au contraire, l'enseignement naturaliste.

Depuis la fin de la Renaissance, ne nous lassons pas de le répéter, depuis cette triste époque de peinture qui marque le déclin du XVI° siècle, il existe des *Académies*, des endroits sombres et sales, où, sur une table, de pauvres diables se tiennent nus et immobiles. Qu'un jeune homme se sente attiré par le *daimon* de la peinture, on lui recommande d'aller là, de copier ça. Il passe ainsi le meilleur de sa jeunesse. Et ce qu'il faut le plus déplorer, ce n'est pas qu'il y perde son instinct de la vie véritable, la fleur de son imagination neuve. C'est que peu à peu, et définitivement, se fixe dans son cerveau cette idée que l'Art, c'est la copie de quelque chose.

Il a fallu aux jeunes Symbolistes l'audace de tout retrouver eux-mêmes pour réagir contre cette éducation, pour se reprendre à la tradition, — et à une époque où tous les principes sont flottants, où toutes les règles sont devenues indécises pour avoir été mal enseignées, mal combattues, mal défendues !

A leur âge on ne sait d'ordinaire que dessiner ou modeler un torse. Eux ne s'en préoccupent guère. Plusieurs pourtant ont passé par l'École !

Ils se trouvent en possession d'expériences nombreuses sur l'arrangement des lignes, le jeu des couleurs, les lois physiques de l'expression. Ils savent distinguer un tableau d'une étude.

Peut-être un jour arriveront-ils à la Nature : c'est-à-dire que leur conception des choses pourra devenir assez complète, assez profonde, pour que l'œuvre d'art réalisée par eux conserve tous les rapports logiques qui sont le caractère essentiel de la Nature vivante, et qu'ainsi il y ait plus d'analogie entre l'objet et le sujet, entre la création et l'image qu'ils en auront reconstituée.

Mais comme il est à craindre qu'ils se hâtent ! Mieux valent leurs pauvres déformations d'à présent, où se montrent du moins leur sincérité, leur simplicité, leur émotion originale, que des généralisations hâtives, conventionnelles, quelconques.

Ils ne donnent que des instants de leur pensée. Attendons la maturité. Ils donneront un jour des œuvres réfléchies où toute leur âme d'homme, — toute la vie — sera contenue et exprimée.

NOTES SUR LA PEINTURE RELIGIEUSE[1]

Pour Jan Verkade, peintre, oblat, O. S. B.

Si Dieu m'avait donné de naître quelques siècles plus tôt, à Florence au temps de Frère Savonarole, certainement j'aurais été de ceux qui défendaient, avec une ardeur puérile et violente, contre l'envahissement du paganisme classique, l'esthétique du Moyen-Age. J'aurais été de ces pieux retardataires, fidèles au hiératisme du passé, pour qui les idées nouvelles annonçaient la prompte décadence. Petit élève de l'Angelico en descendant les jours de fête de San Marco à la Signoria, parmi les peintres repentis, parmi la foule croyante, j'aurais conspué la Renaissance.

C'était l'agonie d'une époque d'art religieux, la plus belle, la mieux remplie depuis des siècles d'humanité sur la terre. C'était aussi la fin d'une tradition esthétique, essentiellement saine, logique, et féconde en chefs-d'œuvre.

Pour la prolonger, pour sauvegarder, en même temps que la Beauté chrétienne, les précieuses méthodes d'un art qui l'avait imposée au monde, il importait peu qu'on sacrifiât les élégances païennes d'un Lorenzo di Credi, les hellénismes même somptueux d'un Botticelli. — Mais je n'aurais pas eu ce courage...

1. *L'Art et la Vie*, octobre 1896.

M. Maurice Pujo, alors directeur avec M. G. Trarieux de cette revue, me pardonnera de rappeler qu'il fit précéder mon article de la note suivante :

Nos lecteurs s'apercevront sans peine que les opinions exposées dans cet article diffèrent par plus d'un point de celles qui sont soutenues ordinairement par *l'Art et la Vie*. Nous sommes heureux de le publier cependant, car nous croyons qu'il peut donner matière à d'intéressantes et profitables discussions, il y sera répondu ici même dans l'un de nos prochains numéros. N. D. L. R.

*
* *

Et je songe aussi à vous, Jan, qui avez trouvé le bonheur dans ce couvent d'Allemagne[1], où vous consacrez votre talent et votre vie au culte restauré de cette tradition chrétienne oubliée depuis la Renaissance.

En cette fin si croyante tout de même du siècle, où l'on voit éclore dans les âmes encombrées des plus savants blasphèmes la petite fleur de la Foi, nous sommes, quelques peintres, bien près de nous convertir, comme fit le vieux Botticelli au temps de Frère Savonarole. Mais nous connaissons mal notre voie.

Il en est toutefois qui pressentent ou qui savent que la Vérité chrétienne définit non seulement le but de leur art, mais les moyens d'art qu'il leur faut employer. Il en est aussi qui ignorent ce que doivent à la discipline de l'Église tous les bons maîtres d'autrefois — dont quelques-uns furent des esprits médiocres, quelques-uns des cœurs sans Foi.

Mais nous sommes tous préoccupés de Dieu. Aujourd'hui, le Christ est vivant. C'est le temps favorable. Il n'y eut pas depuis longtemps d'époque plus passionnée que la nôtre pour la Beauté religieuse, et s'il en est venu comme une mode, dont on se plaint, c'est que quelque chose de vrai se manifeste ainsi.

*
* *

Oui, c'est le meilleur espoir qu'une de nos œuvres seulement propage et perpétue un peu de Vérité d'en haut. Les peintres ne disent de Dieu que la beauté, la blancheur, la logique harmonieuse. Lorsque la Parole se tait, prononcent les Conciles, le spectacle des images nous raconte encore et nous enseigne la vérité des actes de Dieu.

Une photographie de primitif suffit, dans le désordre et le tumulte de la vie, à nous rappeler ce qu'est notre âme, que ses gestes sont sublimes, et qu'une pure lumière la console à notre insu.

1. Il s'agit du monastère bénédictin de Beuron, dans le Hohenzollern.

* *

Et c'est aussi les peintres qui fournissent à Dieu la forme des visions dont Il favorise dans le cours des siècles, les Saints et les Simples.

Ils recueillent, ils inventent l'idéal de beauté divine épars dans les âmes de leur temps, pour le réaliser et l'imposer à leur tour. Ceux qui « voient » ne voient qu'à travers les formes qu'ont créées les peintres. Relisez la description des *apparitions* d'autrefois, et de celles d'aujourd'hui. N'est ce pas à l'iconographie issue de Flandrin ou de Signol qu'il faut attribuer la pauvreté des images miraculeuses récemment apparues sur notre terre de France à telle ou telle modeste pastoure? Les peintres sont responsables de la beauté plastique de la Religion.

* *

Je ne dis pas la séduction des sujets chrétiens ; c'est proprement la matière des chefs-d'œuvre. Des scènes émouvantes, des gestes essentiels, des beautés d'expression humaine qu'on ne retrouve nulle part ailleurs que dans les saints livres.

Jusqu'à la fin des temps le *Noli me tangere*, la Vierge-Mère s'imposeront à la méditation attendrie des peintres.

* *

Il y a deux sortes de peinture religieuse.

L'une sentimentale, si j'ose ainsi parler, qui restitue la beauté des attitudes de prières, des têtes inclinées pour l'extase, des agenouillements : la pureté, la naïveté des fillettes voilées, le neuf heures du matin de la première communion. C'est la manifestation féminine du catholicisme, l'art de façonner des scènes avec le souvenir de pieuses émotions, d'en revêtir les Saints, les Esprits ; de figurer Dieu à l'image de nos tristesses, de nos mélancolies, de nos désirs.

L'autre s'inspire moins de la vie, et pour réaliser l'absolu, reprend l'intime secret de la nature, le nombre. Des rapports mathématiques entre lignes et couleurs surgit une surnaturelle

Beauté que déforme à peine un peu de souffrance humaine
transparue là comme pour ajouter un discret accent de vie et
de prière à l'expression de l'harmonie divine. C'est le prestige
de l'accord parfait, la magnificence de l'immuable. Au lieu
d'évoquer nos émotions anciennes devant le sujet représenté,
c'est l'œuvre elle-même qui veut nous émouvoir. A l'invincible
beauté spirituelle correspond la perfection du décor ; des rapports admirables signifient la vérité d'en haut : des proportions
expriment des concepts ; il y a équivalence entre l'harmonie
des formes et la logique du Dogme.

Songer aux Égyptiens, aux Byzantins (mosaïques d'Italie), à
Cimabue.

Remarquer le rapport évident entre ces idées et ce qui fut
naguère le « Symbolisme ».

.**.

J'ai toujours attaché beaucoup d'importance à l'idée symboliste. C'était vraiment une lumière pour des esprits navrés de
naturalisme, et en même temps trop épris de peinture pour
donner dans les rêveries idéalistes. Une fois encore et quoi
qu'il se fasse un peu tard, dans cette revue propice, j'insiste sur
le caractère méconnu d'un mouvement célèbre.

Certes non ce n'était pas une théorie idéaliste. Résultat immédiat des philosophies positives, alors en vogue, et des méthodes d'induction que nous eûmes en si grand respect, ce fut
bien la tentative d'art la plus strictement scientifique. Ceux qui
l'ont inaugurée étaient des paysagistes, des nature-mortistes,
pas du tout des « peintres de l'âme » (influence de Cézanne sur
Gauguin, Bernard, etc.). C'étaient des esprits passionnés de
vérité, vivant en communion avec la nature, et je crois bien
aussi, sans métaphysique. S'ils furent amenés à « déformer »,
à composer, et finalement à inventer de surprenantes formules,
c'est qu'ils voulurent se soumettre aux lois d'harmonie qui
régissent les rapports des couleurs, les agencements des lignes
(recherches de Seurat, Bernard, C. Pissaro) ; mais c'est aussi
pour apporter plus de sincérité dans le rendu de leurs sensations. Étant donnée la structure de l'œil et sa physiologie, le
mécanisme des associations et les lois de la sensibilité (telles

du moins que nous les connaissons encore), ils en tirèrent les
lois de l'œuvre d'art et obtinrent tout de suite en s'y confor-
mant des expressions plus intenses. Dès lors, au lieu de chercher, toujours en vain, à restituer telles quelles leurs sensations, ils s'appliquèrent à y substituer des équivalents.

Il y avait donc étroite correspondance entre des formes et des
émotions ! Nos phénomènes signifient des états, et c'est le
Symbolisme. La matière est devenue expressive, et la chair
s'est faite le verbe. Pour avoir continué la route qu'indiquaient
Taine et Spencer, nous voici en pleine philosophie alexan-
drine.

Et je reviens aux Byzantins.

.·.

Le Symbolisme s'appuie donc tout entier sur une de ces vérités très simples, que confirment à la fois, depuis les temps
les plus reculés, la tradition et l'expérience.

Les anciennes races artistes de l'Inde et de l'Égypte connaissaient bien ces mystérieuses correspondances entre les belles
formes et les beaux sentiments. Le christianisme en adoptant
pour le rajeunir et l'exalter cet antique mode d'expression, ne
fit que renouer la tradition orientale. Il le dota d'une nouvelle
et extraordinaire vitalité qui se manifesta, dès cet instant d'apogée, par le spécial développement de l'art de la Peinture.
L'histoire de la Peinture est liée désormais pour de longs siècles
à l'histoire de l'Église.

Un curieux exemple de l'influence orientale à l'origine de la
peinture chrétienne c'est l'emploi si fréquent de l'auréole.
L'auréole, circonférence où le chef humain est inscrit, dont la
pensée humaine est le centre, et qui en exprime si parfaitement la précieuse splendeur. L'auréole, rayonnement visible
de l'abstrait, de l'immortel, de l'absolu. — Quelle esthétique
favorable au dogme chrétien ! quel secours pour figurer le surnaturel ! Comme on comprend bien qu'à cette époque de naturalisme raffiné (songer aux Antinoüs de la décadence, aux
bustes des empereurs), et plus tard en présence des imaginations simplistes des Barbares, l'Église ait adopté cet admirable
symbolisme oriental dont la profondeur égale la simplicité...

*
* *

Aussi bien, dès l'époque byzantine, le génie des peuples chrétiens avait préféré aux autres arts plastiques, la Peinture ; les chefs-d'œuvre de l'art chrétien, tous symbolistes, sont en grande partie des ouvrages de peinture ; ses grands artistes sont des peintres : et telle fut désormais la prédominance de cet art, que même en dehors de l'inspiration chrétienne. on peut attribuer à toutes les merveilles de la peinture dans les temps modernes la même origine symboliste. partant chrétienne.

Il n'est pas excessif d'affirmer qu'un Watteau, un Delacroix. un Renoir, vaut à l'analyse de la même façon et pour les mêmes raisons qu'une Vierge de Cimabué. S'il a fallu. comme l'affirme Hello, dix-huit siècles de christianisme pour rendre possible la découverte des lois de gravitation universelle, il est exact de croire nécessaire à l'éclosion des grandes œuvres peintes la singulière correspondance qui s'établit dès le commencement entre la pensée chrétienne et l'art symboliste.

Je note, au hasard de mes lectures. cette remarque de Delacroix (Journal, 1854) : « ... Ceci me confirmait dans cette idée de Chenavard, à savoir que le christianisme aime le pittoresque. La peinture s'allie mieux que la sculpture avec ses pompes, et s'accorde plus intimement avec les sentiments chrétiens. »

Au contraire l'esthétique grecque. spiritualiste et classique, semble avoir plus particulièrement favorisé l'art de la sculpture. Basée sur cette hypothèse qu'il existe quelque part au fond de la conscience humaine, pour chaque objet qui tombe sous le regard un type parfait, *idéalement* beau de cet objet. cette esthétique. que nous appellerons encore *idéaliste*, prétend obtenir l'émotion de Beauté par la reproduction des objets naturels, — mais embellis, idéalisés suivant certaines règles, d'ailleurs variables. C'est le trompe-l'œil appliqué au sujet poétique. C'est le domaine particulier de la vieille allégorie et de la jeune peinture littéraire.

Relire à ce sujet de vieux auteurs de la première moitié du siècle, et la plus récente critique d'art : Winckelmann,

Ch. Blanc, A. Germain, C. Mauclair (supériorité de la forme
sur la couleur, du nu sur le costume, de la draperie sur le costume moderne ; proportions du corps humain idéal, c'est-à-
dire débarrassé de tout « stigmate d'avilissement », du caractère individuel, types, archétypes, principes essentiels, normes,
idées), se rappeler les néo-grecs de 1840, l'école d'Ingres,
l'école allemande d'Overbeck, l'école anglaise des P. R. B.,
nos « peintres de l'âme ».

..

Or, à l'époque classique, gréco-romaine, l'idéal de l'homme,
c'est l'homme lui-même, et le but de tout l'effort humain c'est
de magnifier le corps de l'homme. On aperçoit tout de suite
comment l'idéalisme a dû s'exprimer par la sculpture. Cet art
du palpable, qui ne se satisfait point d'apparences, mais de la
seule réalité, qui sait au besoin donner la plus parfaite illusion
des formes vivantes, est le plus propice à la représentation
du nu.

Sans doute, née de l'architecture, la sculpture en conserva
longtemps, précisément jusques à l'époque classique, le souci
des proportions géométriques, de l'expression par les mesures,
qui sont d'origine orientale et symboliste. C'est peu à peu, et
au moment où une conception rationnelle du monde se substitue aux vieilles religions mythiques, que la souplesse de l'imitation naturaliste-idéaliste remplace les inventions anciennes.
Au lieu du colosse hiératique, la statue de grandeur naturelle
d'après le modèle vivant ; au lieu du canon esthétique, le canon
humain. La beauté de l'édifice qui comporte l'ornementation
sculpturale, est de plus en plus distinguée de la beauté humaine
qui fait l'intérêt du motif plastique. Interprétation idéale,
expression même, si vous voulez, de sentiments élémentaires.
Mais la fin nécessaire de l'idéalisme c'est le naturalisme. Symbolisme, idéalisme, naturalisme sont les trois états de l'Esthétique. Le goût des représentations exactes propagé par, je le
reconnais, des milliers de chefs-d'œuvre, amène en fin de
compte chez les gréco-romains, cette perversion du sens de
l'art, dont la légende de Pygmalion, et d'autre part la niaise
anecdote des raisins de Zeuxis, ne sont que l'expression trop

véridique : le mot d'idolâtrie, que les chrétiens appliquèrent
au culte des images, nous révèle la profondeur du péché classique.

*
* *

Délaissant l'enveloppante clarté qui caresse aux places publiques, aux péristyles, les œuvres en haut relief de l'antiquité
païenne, les statuaires chrétiens se retirèrent à l'intérieur du
temple, à l'abri des porches, où la lumière se fait mystérieuse,
pour y modeler de timides bas-reliefs. C'est ainsi qu'obéissant
à la réaction symboliste, ils reprenaient l'office des premiers
sculpteurs, la décoration monumentale : quelles merveilles
n'ont-ils pas tirées de la pierre des cathédrales !

L'époque était venue d'un art plus conventionnel, plus favorable à l'expression du mystère ; les peintres, épris d'une
autre lumière que celle du jour solaire, tournèrent leur attention vers ces clartés intérieures qui leur découvrait la Religion
au fond d'eux-mêmes.

*
* *

La peinture byzantine est assurément le type le plus parfait
de la peinture chrétienne.

Bien au-dessus de la nature dont les Grecs avaient tenté de
si surprenantes représentations ; au delà de cet art de trompe-
l'œil qu'illustre la naïve admiration des recueils d'anas,
l'école byzantine invente pour exprimer les idées chrétiennes
toute une langue plastique, toute une éloquence précise et
fleurie comme l'éloquence des Pères.

L'homme s'efface dans de telles œuvres, et comme artiste
et comme sujet : ce n'est plus à lui, à sa beauté spécifique,
mais à la Beauté de la vie universelle que s'adresse l'hommage
du peintre. Dès lors qu'importe la laideur du modèle? Une
vierge de Cimabué, la *Bethsabée* de Rembrandt, une baigneuse
de Renoir seraient également insupportables, douées de vie :
dans l'œuvre peinte, elles jouent leur beau rôle de surface
expressive.

C'est aussi le champ ouvert au paysage, que le panthéisme
avait ignoré, à la libre compréhension de tous les spectacles
qui touchent le cœur de l'homme.

Et le souci de l'exactitude ? Oh! le sujet est si vaste, si haut, si indicible ! Rien n'existe plus, que la surface recouverte de couleurs assemblées, composées, accordées, rehaussées de riches matières, et c'est cette surface, qui est expressive : microcosme né de l'homme, et émouvant comme le Monde.

L'art byzantin, liturgique et rationnel auquel nous devons les merveilleuses mosaïques de Rome, de Milan, de Ravenne, est aussi le créateur, ne l'oublions pas, des admirables formules dont se sert depuis, tant bien que mal, l'iconographie chrétienne pour figurer les mystères et représenter l'histoire sacrée. Ce sont les Byzantins qui ont inventé ces interprétations définitives de l'Évangile et du Dogme que Giotto empruntait à Cimabué, Raphaël à Giotto, et tous les peintres à Raphaël, jusqu'à Ingres, et au delà, et toujours. Il nous est impossible de concevoir un sujet chrétien sans évoquer quelques-unes de leurs compositions symétriques, pondérées, vraiment surnaturelles et d'une si mystérieuse simplicité. C'est à cause de leur expression adéquate qu'elles ont traversé les âges, parmi de longues vicissitudes. Aussi bien l'art byzantin proprement dit se termine à Cimabué : mais son influence s'étend sur tout le Moyen-Age, et l'idée symboliste qu'il a propagée reste empreinte à tout l'art moderne.

.·.

C'est probablement saint François qui en attribuant tant d'importance aux exercices extérieurs (crèche, chemin de Croix, etc.), en adoucissant l'esprit du dogme, en le rendant plus accessible aux humbles, mais en même temps pratique et actuel (Tiers ordre), — c'est probablement saint François qui amena les peintres chrétiens à rechercher plus d'exactitude et l'illusion de la vie, à donner de la vraisemblance aux sujets évangéliques. Le charme et l'influence de ce prodigieux Giotto, un des trois ou quatre grands cerveaux peintres de l'humanité, s'expliquent par cette tendance des croyants d'alors à concrétiser, à naturaliser leur Foi. Ceux qui ont vu la *Vie du Christ* par Cimabué dans l'église haute d'Assise, cette suite si imposante d'éclatants théorèmes esthétiques qui n'ont d'autre but que la démonstration du Dogme, comprennent bien en voyant la *Vie du Saint* par Giotto au-dessous de la précédente, en quel sens la peinture et la Foi se sont modifiées au XIIIᵉ siècle.

*
* *

L'art des élèves de Giotto et toute la peinture occidentale marche depuis ce temps à la conquête de la nature, comme le catholicisme à travers diverses réformes évolue vers le libre examen. A la Renaissance qui ramène l'idéalisme païen correspond la Réforme, dont l'expression dans l'art religieux est le style jésuite puisque les Jésuites sont l'envers de la Réforme, — singulier produit d'imaginations fatiguées, où plus rien ne reste ni de surnaturel, ni d'esthétique : spécimen complet de décadence idéaliste ; triomphe de la convention académique, du trompe-l'œil expressif, du naturalisme à la fois théâtral et dévot.

*
* *

Le cas de l'Angelico présente un mélange d'art sentimental idéaliste, mais non académique, et d'art symboliste : motif d'admirations multiples et contradictoires. Comme les grands peintres de la Renaissance, comme Rembrandt avec une maîtrise moindre, il a le sens de la composition et du symbole à tel point développé qu'on n'en distingue plus le sens de la nature ; l'observation et la pensée, l'imagination et la mémoire paraissent dans son œuvre indissolublement unies. C'est moins la maturité d'un art que la maturité d'un homme.

Si plein de charme, si jeune, si simple, il a pénétré les mystères de la vie intérieure, il en a restitué toute la poésie : il a revêtu de formes plus belles les attitudes de nos âmes devant Dieu ; il nous a dotés d'un idéal meilleur. Il est celui qu'on n'oublie pas, l'ami des jours tristes, le consolateur, le Saint tutélaire. Du couvent de Savonarole, de San Marco, il a fait « un lieu essentiel de la Terre ». Qui analysera l'émotion d'une telle œuvre, puisqu'aussi bien nul n'a pu en parler sans lyrisme, ni Vasari, ni Taine ? — Qu'il soit à jamais béni, aimé, glorifié !

Du Symbolisme, il tient l'art de ses arrangements, le goût des figures sans galbe, des draperies sans corps, des fonds somptueux enrichis d'ors ; aussi, ses harmonies de couleur sont d'une incomparable pureté, vraie lumière du paradis. Un conflit surgit quelquefois entre cette couleur toujours glorieuse, et l'expression des lignes. C'est sa faiblesse. Ses descentes de croix sont des fêtes candides. Moins entendu en ces choses que Giotto, Poussin ou Delacroix, il ne savait pas résister aux influences idéalistes et naturalistes de son temps ; mais il en fit profiter son bienheureux génie. C'est à l'imitation de la nature qu'il demande souvent l'expression touchante, l'émotion humaine qui fait encore aujourd'hui la plus active séduction de son œuvre. C'est par là qu'il demeure accessible aux copistes de l'Académie, de San Marco ou du Louvre, et nous lui pardonnons à cause de sa grande tendresse les mièvreries qu'ils ont peintes d'après ses œuvres, et qui d'ailleurs l'ont vulgarisé.

Il est l'interprète de la Pitié, de la pureté chrétienne, le poète de nos tristesses consolées par le Christ, le peintre de Marie. Comme Cimabué évoque la mâle beauté du dogme, la logique d'un saint Paul, l'Angelico exprime la dévotion tendre des saints du Moyen-Age, la compassion d'un François d'Assise.

Quand meurt l'Angelico, Léonard de Vinci est déjà né. Avec le *Cenacolo* (1499) s'établit définitivement l'esthétique de la Renaissance, *l'expression par le sujet*. De là, le retentissement de cette œuvre d'ailleurs énorme. Pour la première fois, le rêve naturaliste de Giotto et de ses successeurs se trouve pleinement réalisé. A la perfection du trompe-l'œil s'ajoutent l'intérêt des physionomies, l'exactitude de l'observation psychologique. A l'extrémité des longues tables du réfectoire, une autre table, mais c'est la table mystique, semblait sortir de la muraille ; des perspectives prolongeaient l'architecture réelle, et l'on pouvait croire vivants, mais seulement d'une race plus noble, ces apôtres et ce Christ qu'éclairaient si naturellement les fenêtres mêmes de la salle.

Faut-il expliquer que si le succès du *Cenacolo* fut motivé surtout par l'aspect naturaliste qu'on y a trop admiré, il n'en reste pas moins que Léonard est l'un des plus purs génies symbolistes de la Renaissance, l'un des plus fidèles à la tradition catholique ? Se rappeler l'*Annonciation* des Offices, la

Sainte-Anne du Louvre. Comparer avec Raphaël et Michel-Ange, beaucoup plus épris de beauté païenne et décorative.

Satisfaction analogue à celle qu'on demande de nos jours aux Christ de M. Munkacsy, à l'Évangile de M. Tissot. La peinture est entrée par cette œuvre de génie dans la voie de sa perdition. C'est désormais le sujet seul qui, dans une peinture, incite au prosternement. Le Christ en croix dont les Byzantins torturaient savamment les lignes pour d'esthétiques laideurs, — est devenu le modèle accroché dans une pose difficile, qui fait mal à voir mais qui n'émeut pas. Une très belle dévotion moderne, celle qui s'adresse à l'amour de Dieu, le Sacré-Cœur, a subi de la part des artistes les plus fâcheuses dépréciations. Du symbole ardent et précieux, délicieusement décadent, de la Charité divine, ils ont fait ce fade jeune homme au geste inutile, qui semble sortir de la toile et nous présenter avec de vraies mains, l'horreur d'un authentique et sanguinolent viscère.

*
* *

Mais comme l'esprit chrétien s'est perpétué dans toutes les œuvres très belles ! Tous les grands peintres inconsciemment ou non, se sont affirmés symbolistes : ils n'ont pas fait un double de la chose vue, ils ont substitué à la nature un aspect de leur imagination, c'est-à-dire le signe d'une idée : ce n'est point par le sujet qu'ils émeuvent, mais par l'œuvre elle-même, telle qu'ils l'ont peinte.

Si le naturaliste convaincu, celui qui cherche un trompe-l'œil dans les *Pèlerins d'Emmaüs* de Rembrandt et rien autre chose, n'existe pas, est une pure hypothèse, — je connais bien l'idéaliste, même d'esprit supérieur, pour qui la *Bethsabée*, les natures mortes de Chardin, et les femmes de Renoir demeurent incompréhensibles. Un rayon de beauté en émane qu'il se refuse à admettre à cause du préjugé classique. Il dit : cette jambe est mal dessinée, ce nu est vulgaire ; ou bien : que signifient des fleurs agonisant en quelque vase, un fruit loin de la branche qui le portait ! ou encore : essayez de comprendre pourquoi le torse d'une femme est un amas de chair décomposée, avec des taches vertes et violacées ? Il ne se laisse pas aller au plaisir de jouir d'une harmonie somptueuse et sourde où des scintillements luxurieux s'opposent au lourd dessin d'une chair très chaude (*la Bethsabée*). Ces fruits de Chardin, ce sont des taches colorées : il se refuse à en percevoir la ligne mélodieuse, l'admirable tonalité, le charme attendri, signes certains d'une âme harmonieuse, attentive à dégager de tout spectacle les lois intimes de la Beauté du Monde.

Il échappe à l'expansion de jeunesse et de lumière qu'est une toile de Renoir. C'est la beauté du modèle qui l'inquiète. Il ne regarde pas la toile, il ne voit que le sujet.

C'est en ce sens que j'ai dit, d'accord en cela avec tous les vrais amateurs de peinture, qu'un beau tableau est avant tout une surface plane recouverte de belles couleurs assemblées dans des formes rythmiques : et qu'ainsi tout chef-d'œuvre est symboliste. Or le symbolisme est une théorie chrétienne.

*
* *

Une fois de plus, dans notre siècle si préoccupé du Divin, une réaction de l'esprit religieux correspond en peinture à une reprise de l'idée byzantine. Nos peintres comme Puvis de Chavannes ou surtout Odilon Redon (pour ne citer que des maîtres d'inspiration chrétienne) n'auront pas agi seulement sur les intelligences, mais sur les consciences de leur temps ; en restituant à la peinture, à force d'audace et de génie, la logique de ses lois essentielles, ils ont renoué la tradition chrétienne. Ils ont (comme dit Verkade en parlant des Byzantins [1]), « imité le Créateur qui a tout créé selon mesure, nombre et poids, qui est lui-même l'ordre absolu ».

*
* *

Retrouvera-t-on jamais, comme plusieurs l'ont tenté, les

1. Je dois au Père Willibrord Verkade, bénédictin de Beuron et peintre, de rectifier ce passage. Jamais l'École de Beuron n'a eu sur les Byzantins l'opinion qu'à cette époque, mal informé, je lui attribuais. La citation rapportée ci-dessus, et, empruntée au livre du P. Didier, s'applique aux Égyptiens et aux Grecs archaïques. Les Byzantins ne représentent, suivant les idées de Beuron, que la décadence et la corruption de la tradition antique, laquelle est un dernier reflet de la Révélation primitive.

lois, les mesures, la technique des Byzantins ou des Égyptiens, plus savants encore? Sera-ce par l'expérience, la science de la dynamogénie, les calculs, ou par l'étude des Maîtres. les mystérieuses formules conservées en quelque bibliothèque de cloître?

Pour moi, je ne doute pas qu'une tradition est morte, qui entretenait par de sûres recettes le culte de la beauté et l'art de s'exprimer en beauté ; qu'ils la connaissaient ceux-là, les peintres inconnus des fresques italiennes comme les tailleurs de pierre et les verriers gothiques, dont les œuvres furent plus belles, assurément, que les nôtres.

Mais si telle fut la puissance de cette tradition, et telle la certitude de ces mesures, c'est qu'en elles se manifestent les lois éternelles de l'émotion esthétique, les règles du Beau, qu'on démêle à des degrés divers dans la conscience humaine, mais dont les artistes de génie ont seuls la connaissance complète.

Le génie, qu'on nous représente comme un état anormal, n'est que la conformité parfaite à l'ordre absolu. Tous les « créateurs de l'Art » ont créé selon mesure, nombre et poids, et partant, imité Dieu.

Il y a une autre science, précise celle-là, la Morale chrétienne, dont le but est aussi d'imiter Dieu, — non pas Dieu artiste de l'Univers, mais Dieu vivant dans l'Humanité. Or on sait quel est le premier et le dernier mot de cette science : c'est qu'elle ne sert de rien sans la grâce. Il en est de même hélas ! de l'esthétique, même chrétienne. Elle est stérile sans le génie.

LES ARTS A ROME OU LA MÉTHODE CLASSIQUE[1]

(1896)

A André Gide.

Comme il venait de visiter les pittoresques villes de Toscane et d'Ombrie, tout épris des séductions de leurs musées, le peintre dont voici les notes, — encore qu'un grand amour de Poussin le disposât à des émotions plus sévères, — n'éprouva d'abord à Rome que l'ennui d'une désillusion. Tout l'y contrariait : les statues gesticulant sur les façades, les peintures trop noires des musées, les « embellissements » trop neufs de la ville. Hostile au goût décoratif du xvii⁰ siècle, il comprit mal celui de la Renaissance ; il déplorait qu'à première vue les chefs-d'œuvre de la Sixtine et des Chambres manquassent si complètement de séduction.

Toutefois sa mauvaise humeur dura peu. Il avait rencontré dès le premier soir, sur la Place Barberini, au scintillement de lueurs et d'eaux qui jaillissent de la bouche du Tritone, son ami le sage A. G. dont le génie classique, assuré, déjà mûr, s'est plu tant de fois au séjour de Rome. C'est grâce à lui qu'il subit plus tôt le charme profond, véritablement mystérieux, de la Ville éternelle. Et grâce à lui qu'il fit la différence entre les qualités *d'aspect* qu'il exigeait des œuvres d'art, et la véritable beauté. Ils en vinrent à comparer aux saines méthodes de l'art classique, les théories impressionnistes, et cet empirisme sensuel dont il s'était jusque-là réclamé. C'est ici la trame de ces entretiens.

De l'aspect de l'œuvre d'art classique. — On pénètre, impatiemment, dans les salles célèbres du Vatican ; on attend

---

1. *Le Spectateur catholique*, nᵒˢ 23, 24 (année 1896).

quelque chose de plus beau que les Giotto de Padoue et d'Assise, que la chapelle des Espagnols, que les Signorelli d'Orvieto : on a vu les photographies.

Et l'on aperçoit tout à coup des chairs roussâtres parmi des gris sales que trouent çà et là des draperies terreuses, jaunes, bleu ciel, de valeurs interverties. C'est l'Incendie du Borgo. C'est affreux. Au plafond, quelques ornements du Pérugin vous font songer aux Pinturicchio de Sienne et des appartements Borgia, mièvres, oui, mais si séduisants !

On les regrette, puis on réfléchit, on analyse. Des formes s'affirment, des proportions apparaissent, la beauté des mesures, l'admirable combinaison des parties, — et tout ce que nous dirons plus loin. La puissance vous est révélée d'un art qui sait se passer d'agréments superficiels ; c'est l'enseignement de Rome ; on le retrouve partout, dans les Chambres, à la Sixtine, aux Antiques...

Le petit chatouillement agréable que procurent l'heureuse réunion de trois ou quatre tons fins, ou quelques rapports de valeurs, nous l'avions cherché et trouvé chez les Primitifs : il nous faut renoncer ici à toute cette saveur, à tout cet attrait sensuel, aux qualités d'aspect. Il y a ici des œuvres qui s'adressent plus à notre jugement qu'à nos sens ; qui ne sont nullement sentimentales ; qui ne procurent que lentement l'émotion esthétique, et auxquelles ne s'appliquent aucune des expressions courantes du langage des peintres : joli de couleur, amusant, original, etc.

C'est le plus grand effort de l'âme humaine vers la beauté : l'art classique.

De L'ART CLASSIQUE.

> ... La disposition, l'ornement, le décor, la beauté, la grâce, la vivacité, le costume, la vraisemblance et le jugement partout.
>
> POUSSIN.

> ... Vous me dites que l'artiste redresse les choses selon son rêve ; j'aimerais mieux dire ordonne les choses selon son rêve. Car je suis convaincu que la conception la mieux ordonnée se trouve en même temps la plus belle. J'aime l'ordre parce que j'aime passionnément la clarté.
>
> PUVIS DE CHAVANNES.

On ne peut mieux qu'à Rome comprendre qu'une œuvre

d'art n'a d'importance qu'autant qu'elle est l'effet d'une volonté réfléchie. Ce qui en fait l'intérêt, et nous oserons dire la beauté — c'est la part de sa vie intellectuelle que l'artiste nous donne, de sa vie consciente, énergique et sérieuse, pendant ce court passage entre la naissance et la mort[1]. Il n'est plus question de l'attrait d'une facture, d'une matière, d'un ton. L'artiste n'a point cherché à réaliser l'harmonie avec son seul goût, comme fait tout artisan bien doué, comme font les modistes ; il y a appliqué toute sa science, toute sa raison, toute la passion de sa volonté ambitieuse. En sorte qu'il a pu coordonner en un tout définitif les mille éléments de ses impressions passagères, composer non seulement les masses du tableau par les grandes lignes et le jeu des taches, mais avec le même soin, chaque partie dans l'ensemble. Le même effort qui a distribué les effets ne s'est pas trouvé las pour combiner encore les détails. Le rapport de toutes les parties entre elles (éléments fournis en général par la nature) est strictement le même que celui des parties avec l'ensemble. Et rien n'est laissé au hasard.

Il y a accord aussi conscient qu'absolu, entre le dessin d'une main, le galbe d'un fruit et la structure d'un arbre ; entre le profil d'une architecture ou l'importance d'un personnage. Il y a équilibre et homogénéité.

Or c'est dans cette cohésion étroite et souvent inanalysable que réside en somme la beauté vraie, durable, de toutes les belles œuvres humaines.

L'art classique, et surtout l'art grec, en est le meilleur exemple. Mais ce qui est particulier, c'est qu'on n'y sent pas le trouble, parfois génial, de l'esprit impulsif ; toujours la pondération, la mesure.

Le style y apparaît bien décidément un système de subordination.

L'expression de « style châtié » donne excellemment l'idée d'une pénitence, d'un effort de l'esprit contre la facilité de l'imagination, la tyrannie des sens, et contre l'entraînement des dons naturels. L'art classique n'est si haut que parce qu'il est fait de sacrifices.

L'admirable peintre qui a brossé sur l'enduit frais les por-

---

1. Cf. Eug. Carrière : Préface de son catalogue de l'Art Nouveau, 1896.

teurs de la Sedia, dans la *Messe de Bolsène*, et à qui on doit tant d'autres morceaux d'un charme si immédiat, a dû plus qu'aucun autre, se tenir en garde contre lui-même pour tenter l'aventure d'une beauté plus consciente, plus délibérée. Je l'imagine aussi doué que Piero della Francesca, Fragonard ou Renoir : il a fait, lui, un libre choix et sacrifié l'agrément pour atteindre au style.

Et c'est aussi le charme de notre Poussin, comme de nos grands poètes du xviie siècle, qu'à travers sa retenue, sa gravité et le superbe effort de son art classique, on perçoive, mais difficilement, un sentiment si naturel de la vie, un amour si ingénu des choses...

L'École. — Ainsi les méthodes classiques qui font le mieux paraître, en les exaltant, la conscience et la volonté de l'artiste, ont encore ce résultat de dissimuler et son émotivité et son goût personnels. Son originalité s'efface, disparaît pour ainsi dire dans l'ampleur et la perfection de la formule : épreuve semblable à celle que propose à l'âme la Sagesse Chrétienne en vue du salut éternel par le renoncement de soi.

Ceux qui n'ont pas de dons robustes résistent mal à cette discipline (Écoles de Raphaël, d'Ingres). Des générations, à la suite d'un homme de génie, se sont usées en de vaines tentatives. Des médiocres qu'un seul accent de sincérité eût d'ailleurs sauvés de la banalité, n'ont fait que contribuer obscurément à réaliser un idéal supérieur.

Mais de temps en temps un tableau survit à une œuvre oubliée. Quelle importance prendrait au milieu d'un salon moderne, parmi des ouvrages d'une originalité facile, quelqu'une de ces vieilles toiles du xvie siècle, qu'on attribue à la *scuola* anonyme des grands Maîtres ! Quand on s'est pénétré de la supériorité de l'Art classique, on en vient aisément à s'intéresser aux ouvrages, par exemple, du Dominiquin, ce peintre si embêtant (car il n'y a pas d'autre mot), mais que le grand Poussin admira. Un *Bain de Diane* qui est à la villa Borghèse, et d'autres morceaux au Casino Rospigliosi expliquent, mieux d'ailleurs que la fameuse *Communion de saint Jérôme,* en quel sens il a pu influencer Poussin et comment celui-ci a passé pour son disciple.

On y voit la différence entre l'œuvre de l'école et l'œuvre du

génie, mais nous n'y voulons pas insister. La discipline classique en fournissant le secours de l'expérience du passé à la
faiblesse individuelle[1] affirmait une nécessité que rien n'a modifiée depuis : rien, si ce n'est cette vanité stupide qui fait rechercher l'originalité apparente comme une condition *sine-
qua-non* de l'œuvre d'art. Un artiste à vingt-cinq ans doit être
pourvu d'une manière, et des jeunes gens se gardent de copier
au musée de peur d'y perdre leur « personnalité ».

A Rome Velasquez copiait le Parnasse et n'y perdait rien, à
ce qu'il semble ; on songe aussi à Rubens copiant Michel
Ange et s'inspirant de Jules Romain, aux talents, aux génies
les plus divers qui sont venus ici comme à l'école de toute
peinture.

De la Décadence. — Et quand la décadence amène le goût des
choses faciles, facilement faites, aimables, de l'originalité poussée
jusqu'au paradoxe, de l'exécution rapide ; quand les règles de
l'école et les recettes de métier se substituent à la tradition vivante,
on s'étonne de ce qui reste encore de solide, de composé, de classique enfin, dans les œuvres d'un Guide, d'un Guerchin, dans
des sculptures comme celles qui ornent les Vasques du Bernin,
ou cette monstrueuse fontaine de Trévi. Le ciel et la lumière
de Rome conservent à toutes ces choses une vieillesse vénérable... Si, retournant en arrière, on demande conseil aux débris d'antiques, souvent médiocres, comme provenant eux aussi
de la décadence d'une grande époque ; si l'on interroge la mathématique sacrée qui composa les vieilles mosaïques chrétiennes[2], c'est encore la révélation du même art...

Sous les chênes verts de la villa Pamphili, sous les grands
pins des jardins Borghèse, en face des ruines, dans cette campagne si désolée que limitent les plus majestueuses montagnes,

---

1. Un petit talent moderne est obligé de recréer seul tous les procédés, toutes
les doctrines, et de suppléer par son seul labeur au capital d'expérience longuement amassé par la série des maîtres précédents. A l'époque classique de la sculpture, c'est-à-dire dans l'antiquité, la science et l'art constituaient un tout indisso-
luble : on formait des artistes de la valeur de ceux qui nous ont laissé d'excellentes
répliques des chefs-d'œuvre, avec des méthodes aussi positives que celles qui servent
aujourd'hui à former des ingénieurs ou des savants.

2. Les plus anciennes, sainte Pudentienne, saints Côme et Damien, sont certainement les chefs-d'œuvre de l'art chrétien. A la Renaissance, l'inspiration religieuse
n'était pas aussi pure.

ou bien auprès de cette admirable vasque toujours environnée d'une ombre adoucie, la fontaine de Corot! devant la villa Médicis, — ah! confronter là nos théories impressionnistes et les méthodes classiques, quelle exaltation!

On se sent envahir par je ne sais quelle sérénité, on entrevoit la vie sérieuse que sont venus chercher dans cet asile de la Beauté traditionnelle, des hommes comme Poussin, Le Lorrain, Ingres, Corot; et je ne parle ni de Gœthe, ni de Châteaubriand. On démêle une sorte de parenté entre des talents si divers : le même art conscient et réfléchi.

De la Méthode. — C'est alors qu'on aperçoit par quelle confusion nous retrouvions chez les Primitifs, les misérables agréments de notre art moderne, et que les côtés par où ils nous plaisent ne sont pas ceux qu'il nous importe de mieux pénétrer; on en vient à faire une sorte de *mea culpa*, la critique de notre goût et de notre temps.

Moins sensibles que nous aux séductions faciles, les Maîtres apportaient à l'œuvre d'art une volonté concentrée. Au lieu de disséminer leur temps et leur génie en une multitude d'efforts partiels, d'esquisses, de notations éphémères, ils s'attachaient à un petit nombre d'ouvrages qu'ils savaient conduire avec méthode, où ils savaient se limiter. On ne voit pas, à première vue, le profit qu'ils tiraient des incidents de l'existence, de leurs voyages, de tous les riens de la vie courante qui sont devenus pour nous la matière de l'œuvre d'art.

Pour n'être ni direct, ni immédiat, ce profit n'était pas moins réel. Rubens, ambassadeur, ne rapportait pas d'un voyage en Espagne les études de nature que même pendant le court séjour d'un billet circulaire nous y voulons chercher. Poussin, au cours de ses longues promenades dans la campagne de Rome, ne notait pas le détail des paysages, des ciels, des effets dont il composait ses tableaux. Ils comprenaient la nécessité de digérer leurs sensations, de ne pas les employer trop neuves; digestion souvent très lente, et qui permet un travail homogène et rationnel.

Impressionnisme et tendances nouvelles. — Notre temps a mis en honneur, tout au contraire, un travail capricieux, irrégulier et saccadé comme notre vie. Au lieu d'y voir la douloureuse, la funeste nécessité d'une époque de sensualité, de

nervosité et de fièvre, on en a fait l'idéal d'une théorie qu'il-
lustrèrent, en la dépassant, la littérature des Goncourt, et trois
ou quatre peintres de génie, les Maîtres de l'Impressionnisme.
L'absence de méthode devait être le signe extérieur de la sincérité individuelle, du tempérament. Jamais, du reste, on ne
vit contact plus amoureux avec les choses, jamais tant de
motifs d'intérêt neufs, et d'autant plus expressifs, n'ont été
fournis à la peinture. Réalisme et impressionnisme sont deux
périodes fécondes qui préparent peut-être avec des éléments
nouveaux une autre Renaissance classique.

Les tendances qui se sont manifestées depuis, et que dési-
gnera suffisamment l'appellation de Symbolisme, tout en pré-
conisant un retour à la tradition, se sont éloignées encore davantage de la méthode des Maîtres.

Pourtant le Symbolisme, — maintenant transformé? oublié? mort-né? — était la tentative d'art la plus strictement
scientifique, appuyée sur la correspondance entre les formes et
les émotions, c'est-à-dire sur une vérité confirmée à la fois par
la tradition et par l'expérience.

« Pour toutes les idées claires, a dit Puvis de Chavannes,
il existe une pensée plastique qui les traduit. Mais les idées
nous arrivent le plus souvent emmêlées et troubles. Il importe
donc de les dégager d'abord, pour pouvoir les tenir, pures,
sous le regard intérieur. Une œuvre naît d'une sorte de confuse émotion dans laquelle elle est contenue comme l'animal
dans l'œuf. La pensée qui gît dans cette émotion, je la roule,
je la roule jusqu'à ce qu'elle soit élucidée à mes yeux et qu'elle
apparaisse avec toute la netteté possible. Alors je cherche un
spectacle qui la traduise avec exactitude... C'est là du symbolisme, si vous voulez... »

Ce n'est pas celui qui a fait fortune. La théorie de la subjectivité des sensations, en se substituant à celle de « la nature
vue à travers un tempérament », en affirmant cette vérité que
« ce qui importe, ce n'est ni l'âme ni l'apparence des choses
mais l'émotion, que nous en recevons » — c'est précisément
cette théorie qui a introduit l'habitude de la synthèse immédiate et irréfléchie.

On explique cependant qu'un système aussi rigoureux d'esthétique ait donné lieu à l'art le plus capricieux qui fut jamais.

En effet tout devient, suivant l'heure et le temps, un motif de peinture. Toute vision fait naître une émotion, et partant peut être représentée par un schéma qui sera parfait s'il reproduit et s'il comporte, chez le spectateur de l'œuvre ainsi créée, cette émotion.

Il ne faut même plus comme les réalistes d'antan, choisir en promenade le lieu ou l'heure. On conte qu'un vieux paysagiste de l'école de Fontainebleau poussait à un tel point le dédain du « motif » qu'il s'arrêtait n'importe où, pourvu seulement qu'il entendît chanter les grenouilles. Les grenouilles pour nous chantent, chantent continuellement. Qu'on sorte au crépuscule à travers les rues bleuissantes, ou que le plaisir de la bicyclette fasse défiler sous nos yeux les paysages d'une délicieuse banlieue ; qu'une table, le soir, soit servie avec art, une loge curieusement éclairée, — autant de groupes de taches qui se fixent dans le cerveau et qu'un groupe de taches sur une toile, un carton, une feuille de papier exprimera suffisamment le lendemain matin. Aucun autre travail ne viendra modifier l'impression initiale : on ne consultera plus la nature : la mémoire et l'instinct suffiront ; et comme la mémoire des formes est souvent vacillante, c'est la forme qui sera sacrifiée : caricaturale ou quelconque.

Les impressionnistes avaient conservé l'usage du modèle, le travail d'après nature. L'obligation de retenir une poseuse implique quelque choix, quelque préméditation. Ils se soumettaient aux lenteurs de l'analyse. Leurs œuvres portent la trace d'un métier patient, appliqué. C'est à ce point de vue, entre plusieurs d'égale importance, que l'exemple de Cézanne est si salutaire...

Le travail d'après nature était la dernière sauvegarde du métier de peintre. On est arrivé ces dernières années à s'en passer complètement. On ne fait plus que noter des sensations, l'art n'est plus que le journal de la vie. C'est le journalisme dans la peinture. Le temps n'y suffit pas. Même, l'habitude vient ; la sensibilité toujours plus exercée, plus mobile, se montre en même temps plus exigeante et vorace, ne dit jamais : c'est assez. La volonté ne résiste pas aux caprices d'un œil trop subtil ; le jugement n'a plus de place ici ; c'est l'œil qui mange la tête.

Cette sorte de sténographie a déformé notre écriture. Des littérateurs se plaignent du même mal. Qu'importe l'exécution, toute méthode est bonne pourvu qu'elle soit expéditive. Il ne reste plus de temps pour le travail matériel et manuel, pour le perfectionnement ou seulement la réalisation de l'œuvre. On ne sait plus finir. On fait des choses qui n'existent pas.

Les maîtres avaient un grand respect de la nature, c'est-à-dire de leurs émotions. Toutefois ils ne croyaient pas bon de les cultiver pour elles-mêmes en les séparant à la fois de l'œuvre et de la vie.

Excellence de la méthode classique. — Nos sensations ont un lien entre elles ; dans notre esprit elles s'accumulent pour déterminer des états durables, de véritables cristallisations. Elles ont un lien avec les ouvrages que nous entreprenons ; elles en favorisent le développement et les enrichissent d'un apport quotidien. Encore faut-il les employer avec méthode, ne point se laisser dominer par elles, et n'en point subir le caprice anarchique.

Ça été l'usage constant des classiques[1] de rapporter à quelques ouvrages, mais de longue haleine, des ensembles, des séries de sensations. C'est sans doute la meilleure méthode, comme aussi la plus rationnelle, la plus conforme à la réalité psychologique, si l'on songe que le nombre des impressions originales dont chaque esprit est susceptible est extrêmement limité : ce sont les mêmes qui se reproduisent devant des objets différents. On en voit la preuve dans ce fait qu'il existe dans l'œuvre d'un artiste des séries : chaque année, la même saison ramène par exemple des ouvrages de même inspiration. Donc : classer les sensations similaires ; groupement d'abord laborieux pour qui n'y a jamais pensé, mais qui doit devenir facilement instinctif et qu'Ingres entre autres devait faire sans difficulté.

Difficultés. — C'est une question de savoir si le sujet peut motiver la formation d'un centre de cristallisation, ou si c'est le centre qui doit déterminer le sujet. Faut-il, comme les Maî-

---

1. Delacroix, dont les sensations devaient être spécialement turbulentes, les disciplinait à coups de littérature. Il transformait habituellement ses impressions en sujets choisis un peu au hasard du livre qu'il lisait.

tres d'autrefois, se contenter d'un motif quelconque, arbitraire, de travail (comme un sujet donné, une commande) pour y rapporter toutes ses émotions quotidiennes ? Ainsi, en Bretagne, les bateaux de sable déposent autour d'une perche qui émerge, leur chargement mouvant et fragile, pour le retrouver plus tard, à la mer basse.

Ou bien faut-il attendre qu'une série de sensations analogues ait fait naître un motif assez absorbant, assez fort, pour devenir exclusif et maintenir l'âme de l'artiste dans un même état pendant le temps de la gestation et de l'exécution ?

INFLUENCES DE NOTRE MILIEU. — Il faudrait tenir compte du goût d'un public qui demande des sensations d'art en cinq minutes, une production intensive et rapide, et toujours du *nouveau*. Aussi : les conditions de vie où nous sommes, et cette existence mouvementée qui multiplie autour de nous les distractions les plus variées, les rencontres les plus hétéroclites : le mélange dans nos musées, nos maisons, nos rues, des éléments les plus contradictoires ; le heurt des théories, des systèmes, des métaphysiques. C'est un fait que Corot, Ingres, Delacroix et tout près de nous Puvis de Chavannes ont su préserver leur œuvre de ces influences.

L'esthétique classique nous offre à la fois une méthode de penser et une méthode de vouloir : une morale en même temps qu'une psychologie. Il conviendrait aussi de rechercher quelle est au juste dans l'impressionnisme moderne la part de l'Extrême-Orient et du goût sémite. On découvrirait comment des influences orientales récentes ont introduit dans nos mœurs esthétiques l'amour exagéré de l'éclat, de la riche matière, de la couleur, aux dépens de la forme, de l'architecture et de la sobriété classique. Les théories relativistes ont favorisé le développement d'un art purement sensuel ; et maintenant s'écroule la longue tradition commencée par les vieux Égyptiens, continuée par les Grecs, les Quattrocentisti, la Renaissance, l'art de Phidias, de Giotto, de Raphaël et de Poussin !

LE POINT DE VUE RELIGIEUX. — Si l'on se place au point de vue religieux, et sans tenir compte de l'inspiration individuelle ou de tout autre élément que la technique supérieure de l'œuvre d'art, suivant le plan de ces notes, — on reconnaît sous les tendances d'art récentes le matérialisme complet. Quel que soit dans l'art classique (Antiquité ou Renaissance) la qualité du sujet littéraire ou réel, on sent cet art pénétré toujours d'un puissant idéalisme, et c'est à ses chefs-d'œuvre que s'applique cette pensée, d'ailleurs platonicienne, que la beauté est la forme visible de la vérité.

Un art qui est fait de sacrifices, dont la sensualité est exclue, qui préfère l'expression par la forme à l'expression par la couleur, un tel art tient dans l'Esthétique la place du Cartésianisme dans la Philosophie. C'est l'appel à la raison, mais à la raison disciplinée par la Tradition, et c'est par quoi l'esprit de l'art classique est conforme à la pensée d'un Pascal et d'un Bossuet, et s'accorde avec la magnifique et sévère ordonnance du dogme catholique. Tout bien considéré, les statues antiques et les ouvrages d'un Raphaël ne sont pas déplacés dans la demeure des Papes. Le *Jugement dernier* et la *Dispute du Saint Sacrement* produisent une impression aussi religieuse que les Cimabué, les Giotto, les Angelico, ou que ces mosaïques des basiliques romaines, qui joignent en d'inoubliables harmonies les traditions antiques au symbolisme chrétien.

Il convient de faire bénéficier l'art de la Renaissance de la très belle observation du P. Desiderius[1] au sujet de l'antiquité païenne :

« Lorsque la connaissance du vrai Dieu se limita au peuple juif, les bonnes méthodes esthétiques devinrent le partage des païens et comme une sorte de manifestation plastique de Dieu aux peuples anciens qui devaient préparer le terrain au Christianisme, Égyptiens et Grecs. »

Ce qui revient à dire que la Tradition classique tout entière, pour la logique de l'effort et la grandeur des résultats, est en quelque façon parallèle à la Tradition religieuse de l'Humanité.

---

1. Le P. Didier Lenz, dans son excellent opuscule sur l'Esthétique des Bénédictins de Beuron.

LE SALON DE LA SOCIÉTÉ NATIONALE
DES BEAUX-ARTS[1]

(1901)

Les artistes et les journalistes pénètrent dans l'intérieur du Salon un jour ou deux avant le grand public du vernissage. On fait là, parfois, des rencontres plutôt inattendues. C'est ainsi que je tombai, dès l'entrée, sur un petit homme gros et court, au masque inoubliable d'intelligence et d'énergie, un être d'exception, notre maître à tous, M. Ingres, — oui, M. Ingres.

Il venait, dans la luxueuse et vaste rotonde qui sert de vestibule au Salon de l'avenue d'Antin, de jeter un coup d'œil sur le *Victor Hugo*, de Rodin ; il s'apprêtait à monter l'escalier d'honneur qui mène à la peinture. M. Dubufe lui avait fait admirer l'épaisseur, le moelleux des tapis, la richesse des portières et tous les détails d'installation qui signifient assez clairement que le Salon de la Société nationale est le Salon des gens chics.

M. Degas accompagnait M. Ingres ; il le connaît depuis un peu plus d'un demi-siècle ; il est, de ses élèves ou de ses disciples, celui assurément qui lui fait le plus d'honneur. Je lui demandai de me présenter.

Je rapporterai donc ici quelques mots authentiques de M. Ingres ; je les livre aux méditations de tous ceux qui aiment les arts. Quel dommage que M. Degas m'ait prié de taire les siens !

Je mis quelque impatience à dire à M. Ingres tout le bien que je pensais de la publication récente des dessins du Musée de Montauban.

Un évènement, expliquai-je, sensationnel ! — quoique ignoré

1. *La Dépêche de Toulouse*, nᵒˢ des 22 et 28 avril, 6 mai 1901.

sans doute de la plupart de ceux qui viendront ici demain, sous prétexte de peinture, analyser les plus neuves créations du bon faiseur, admirer le bon goût de nos élégantes, leur audace dans le chapeau et la jupe, et passer, somme toute, une après-midi délicieuse! Quelle honte que ce trésor d'art ait été si longtemps inconnu! Nous avions autrefois, passant à Montauban, tenté en vain de secouer la torpeur de l'honnête photographe qui a charge de veiller sur le musée, M. Lapauze a-t-il du moins réussi à vaincre l'indifférence du public toulousain, si jaloux pourtant et si fier de ses gloires? A-t-on compris, enfin, qu'il y a plus d'art dans cet obscur et poussiéreux petit musée de Montauban, que dans toutes les toiles illustres dont nos meilleurs académiciens ont décoré le Capitole?

C'est l'image, ajoutai-je, de ce qui se passe actuellement, aujourd'hui comme toujours, dans le domaine des arts. Combien, parmi les critiques que voici, affairés à griffonner des notes sur tel tableau bien parisien, en ont été prendre sur l'exposition de cet admirable Cézanne, — un italianisant comme vous, M. Ingres ; plus vénitien, sans doute, mais qui cherche comme vous le style, l'ordre et la clarté? Combien parmi les amateurs, collectionneurs avisés et roublards qui ne veulent faire en achetant des tableaux, que des placements de père de famille, combien ont *marché* sur Odilon Redon ou Gauguin, valeurs de tout repos? Qui ne connaît maintenant les grands revirements de l'opinion, les surprises des ventes posthumes, l'avatar des refusés célèbres, Rousseau, Corot, Degas, Renoir, qui, après avoir été tournés en ridicule dans les boutiques à louer où ils déballaient, ou chez les petits marchands audacieux, ont triomphé l'année dernière, avec quelle gloire ! à la Centenale? C'est à la Centenale qu'on les a jugés, enfin ; c'est là qu'on a compris et définitivement qu'ils représentaient, en la continuant, la tradition des maîtres les plus incontestés de la peinture française.

Ces réflexions n'étaient pas inutiles à la porte du Salon. Je devais prévenir M. Ingres qu'il ne verrait ici que des fragments de l'art contemporain, aucun des maîtres initiateurs, ni Degas, ni Renoir, ni Monet, ni Cézanne, ni Vuillard. Ailleurs, les critiques indulgents se disent l'un à l'autre : ce sont des chercheurs, attendons le chef-d'œuvre. Ici, le chef-d'œuvre est fait, nous l'avons vu chez Durand-Ruel, dans quelque galerie, il y a dix ans. Ici, pas de théoriciens aux allures d'apôtre, mais des disciples, patients et renseignés. S'il est vrai, comme on l'a dit, qu'on appelle jeunes ceux qui imitent les maîtres les plus récents, c'est ici proprement le Salon des jeunes.

M. Ingres s'éleva contre l'institution du jury : « *On doit recevoir tout le monde, s'écria-t-il, et je ne reconnais à aucun artiste le droit de juger un confrère, car il peut y avoir derrière ce jugement une question d'avenir, quelquefois même une question de pain.* » (Cité par Amaury-Duval.)

Nous étions à ce moment devant les cartons de M. Besnard qui ont servi à la décoration de la chapelle de l'hôpital de Berck.

Le cas de M. Besnard était bien différent de celui des impressionnistes. Lui n'avait jamais été refusé au Salon. Prix de Rome déjà plein de verve, il s'était émancipé tous les ans un peu plus. Il arrivait maintenant à avoir un dessin bien à lui, souple, nerveux, hardiment simplificateur.

La composition est d'une originale sobriété. Si habitué qu'on soit depuis les tentatives célèbres de MM. Lerolle et von Uhde, et sans parler de M. J. Béraud qui, lui, ne relève pas de la grande peinture, si habitué qu'on soit à cette ingénieuse fiction qui consiste à transporter les sujets religieux dans les milieux modernes, l'habileté, le tact de M. Besnard en pareil cas sont matière à réflexion.

Que le Christ apparaisse, souffrant ou glorieux dans le tumulte d'une grève, au chevet d'une ouvrière en couches, ou, parmi les carabins et les sœurs, dans une salle d'opération, M. Besnard nous le fait admettre aussitôt et presque sans surprise. En adoptant la convention classique, il semble que son état d'âme ait été plus voisin de celui de Rembrandt que de Veronèse ou de Ghirlandaio. Il a été plus préoccupé d'expression que de mise en scène. Ce penseur, averti et sceptique, a frissonné au seuil du mystère, et comme un croyant naïf il nous touche par la profondeur d'un sentiment vrai.

M. Ingres, décidément plus débonnaire depuis son séjour au pays des Ombres Heureuses, ne s'attardait pas à regretter dans le dessin de M. Besnard ce qu'il eût jadis qualifié d'incorrections : quelques italianismes qui rappellent plutôt la facilité napolitaine, chère à Fragonard, que la précision florentine : « *Il n'y a pas,* prononça avec force M. Ingres. *il n'y a pas de dessin correct ou incorrect, il n'y a que du dessin beau ou laid.* » (Cité par Janmot). Il se plaisait à chercher dans ces compositions, le souvenir de cette immortelle tradition latine qu'il se pouvait bien flatter d'avoir rajeunie et restituée. Les Primitifs ! il les avait copiés le premier, en arrivant à Florence en 1806. Et il nous contait maintenant toute l'histoire de cette rénovation de la peinture au contact des vieux maîtres, et plus spécialement celle de la peinture décorative et religieuse : Cornelius et Overbeck, le jeune Orsel et son ami Périn ; enfin tous ses chers élèves à lui M. Ingres, décorant de fresques toutes les églises de Paris : Flandrin, Mottez, Janmot, Amaury-Duval.

Il lui avait suffi de leur prêcher Raphaël et de condenser pour eux, en quelques formules, les bons principes de la peinture de style. Il avait dit : « *Messieurs, mettez du blanc dans les ombres,* » et encore : « *Les reflets dans les ombres de contour sont indignes de la majesté de la peinture d'histoire.* » Et c'est ainsi qu'il avait ressuscité l'art oublié de la peinture décorative que devait illustrer Puvis de Chavannes. Il était l'ascendant de Manet, le grand-père du cloisonnisme et du synthétisme.

Nous croisions un groupe de jeunes peintres : M. Charles Guérin. dont la *Femme au chapeau* est une étude saine et massive ; M. Botkine, toujours épris de la simplesse des lignes : M. Francis Auburtin, le peintre des naïades blondes et des mers d'azur, et ce jeune homme qui groupa, sous prétexte d'*Hommage à Cézanne,* autour d'une nature morte, dans un arrangement qui rappelle *l'Enterrement du comte d'Orgaz* du Gréco, à Tolède, une demi-douzaine de peintres d'avant-garde.

— « *C'est un peu plat,* leur dit M. Ingres, *ça manque de demi-teinte. J'ai fait de la peinture comme ça. Maintenant... on veut que ça tourne, je me moque pas mal que ça tourne. Enfin, prenez garde, on ne comprendra pas.* (Cité par Amaury-Duval.)

— Ces jeunes gens, objectai-je, n'ont-ils pas le plus grand tort de demander conseil à des maîtres si anciens ? Ils cherchent la simplicité, soit. Mais qu'ils profitent des progrès accomplis, au lieu de nous ramener aux gothiques, aux byzantins.

— *Insensé*, répliqua sèchement M. Ingres, *avec votre go-thique ! Vous appelez ainsi ce qui porte le vrai caractère.* (Manuscrit de Montauban.)

— On leur reproche aussi de donner trop d'attention aux théories ; de préférer au maniement du pinceau la méditation des formules. En un mot, ils semblent plus pressés de s'éclairer sur leur art que de le pratiquer.

— *Poussin*, dit M. Ingres, *Poussin n'eût jamais été si grand s'il n'avait eu une doctrine.* » (Manuscrit de Montauban.)

J'attendais l'avis du Maître sur les ouvrages de M. Aman-Jean. « *Je vois là, dit-il, une tendance à l'adresse.* » Il se rappelait sans doute les Aman-Jean d'il y a une douzaine d'années, avant qu'il n'eût amolli ses formes, enveloppé ses contours et éclairé uniformément sa palette. Le goût du décor était toujours précieux et charmant : c'était vraiment très bien, cette jeune fille assise auprès d'une bordure de roses éclatantes. Ailleurs, comme dans tel chapeau à fleurs, la couleur devenait d'une extrême séduction mais sans toutefois arriver à être expressive, — ce qui est au demeurant ce que la couleur a de mieux à faire.

— *Ah ! mes chers amis*, conclut M. Ingres, *conservez-la toujours cette bienheureuse naïveté, cette charmante ignorance.* » (Cité par Amaury-Duval.)

J'étais embarrassé de présenter le tableau de M. Desvallières. Il fallait, cependant, en finir avec la peinture, mettons : décorative, ou inspirée des Primitifs, comme il vous plaira. M. Desvallières s'alimente à plusieurs sources, canalisées naguère par un grand artiste qui, malheureusement, avait peu de dessin : Gustave Moreau. On songe aux Siennois, à Léonard de Vinci, à Carpaccio et à ces petites prédelles nombreuses aux musées de Florence, où de petits sujets légendaires s'encadrent mystérieusement d'architectures dorées. Le sujet est, à première vue, problématique ; le despote asiatique semble las et vanné à souhait ; les petites personnes qui agrémentent, de leur chair froide, mais constellée de gemmes et d'escarboucles, son luxe mélancolique, portent aux yeux, aux lèvres, aux seins, les rides, les plis, les fards, les taches qu'il faut pour signifier d'inquiétantes fatigues et d'étranges voluptés.

Je ne sais pourquoi M. Ingres nous parla devant ce tableau,

des néo-grecs de 1850. Son sujet était, je crois bien : « De l'Influence de la littérature sur la peinture », sujet rebattu s'il en fut ! En ce temps là, M. Gérôme dessinait mieux. « Voilà donc, écrivait Baudelaire, une chambre à coucher asiatique ! » C'était vraiment plus gai, plus sain que les élèves de Moreau. L'Amour était encore, à cette époque, un petit dieu aimable, qui ne savait devenir si vite cadavéreux et faisandé. Comme notre symbolisme est triste, et comme nos femmes sont maigres !

N'importe, M. Desvallières a le louable souci de faire des tableaux. C'est là l'excellente influence qu'a eue Gustave Moreau sur ses élèves. Avant lui, à l'École des beaux-arts, on avait perdu la notion du tableau. Le tableau, au temps où l'on en faisait et surtout où l'on en exposait moins, était vraiment un objet spécial, ni une étude, ni un instantané, ni une tranche de vie, ni une fenêtre ouverte sur la nature ; un bibelot expressif et beau, combiné, composé en vue de réaliser une harmonie, un tout homogène où rien n'était laissé au hasard.

— « *Les maîtres*, nous dit M. Ingres, *n'ont pas laissé d'études. Si j'avais un fils, je voudrais qu'il n'apprît à peindre qu'en faisant des tableaux.* (Cité par Jammot.)

— C'est précisément, monsieur, ce qu'ont pensé faire il y a quelque dix ans les plus inquiets d'entre nous. A peine sortis de l'École des beaux-arts, ces jeunes gens s'obstinèrent à *n'apprendre à peindre qu'en faisant des tableaux*. »

Les impressionnistes n'avaient eu jusqu'à cette époque que la plus désastreuse influence. Sur la foi de critiques peu judicieux, de théoriciens ignorants, de publicistes mal informés, on n'avait vu chez eux que le mépris des conventions, des formules, le fanatisme de l'observation directe, l'horreur de la composition apprise. Ai-je besoin d'ajouter que des hommes comme Renoir et Degas s'étaient préoccupés jusqu'au raffinement de créer une conception neuve du tableau, une composition imprévue ; et que, loin de supprimer les lois d'unité et d'équilibre, qui sont éternelles, ils cherchaient seulement à s'affranchir des règles capricieuses d'une esthétique surannée ?

Quoi qu'il en soit, aux environs de 1889, les Salons annuels s'emplirent d'une floraison de toiles moins noires où des lumières de soleil jaune se contrastaient d'ombres résolument violettes. Hélas ! la photographie fournissait tous les éléments de ces toiles, imitées frauduleusement et mal imitées ; les surprises de la composition n'étaient que des hasards de mise au point, et désormais l'art du tableau semblait destiné à disparaître avec les tremblants vestiges des vieilles formules.

La réaction se présenta sous la forme néo-impressionniste, avec Seurat et Signac. qui, les premiers, risquèrent d'ingénieux calculs pour doser les contrastes de tons et de teintes, préciser le rôle des lignes, déterminer l'équivalence des masses ; puis, presque en même temps. sous la forme synthétiste, cloisonniste. néo-traditionniste ou symboliste, avec Gauguin, Bernard et Anquetin. Pour ceux-là, le tableau était, avant tout. une surface plane recouverte de couleurs en un certain ordre assemblées : leurs maîtres ? C'étaient les Primitifs et les Japonais ; le maître ? Cézanne.

Lorsque Gustave Moreau fut nommé professeur à l'École des beaux-arts, il enseigna les classiques et la Renaissance, les maîtres du Musée, qu'il avait si intelligemment copiés, dont il connaissait tous les secrets de métier ou d'esthétique. dont il avait pénétré le style. Enfin, M. Sérusier nous arriva d'Allemagne, où des moines fort érudits lui avaient appris les saintes mesures, — les formules mathématiques de la composition traditionnelle, — et prêché l'exemple de ces merveilleux artistes doublés d'impeccables géomètres que furent les Égyptiens.

— « *Le peintre qui se fie à son compas s'appuie sur un fantôme,* » dit M. Ingres. (Cité par Delaborde.)

Ainsi chacun cherchait à échapper au Hasard pour restituer son rôle à la Volonté.

A côté de Puvis de Chavannes, ce grand professeur de l'Ordre et de la Clarté, Cazin, qui vient de mourir, fut un guide pour la plupart de ceux qu'effrayait la trop grande netteté. la lumière crue des nouvelles théories, et qui se fiaient surtout au sentiment.

De la formule un peu quelconque d'*Agar et Ismaël* (au Musée du Luxembourg), Cazin évolua facilement vers plus de style et des effets plus décoratifs. Son *Souvenir de Fête de Paris* (appartenant à la ville de Paris), exposé ici par une attention délicate, résume admirablement son effort.

C'est le 14 juillet. Sur une terrasse, à l'heure où s'allument

les lampions, où crépitent les premières fusées. trois figures —
de réalité ? de poésie ? — la Science, la Force, le Travail, s'absorbent dans une contemplation vague, mais que justifie l'inutile noblesse de leurs attitudes. La figure humaine atteint rarement chez Cazin d'autres expressions que celles où de beaux
gestes suffisent. Les têtes, comme chez Puvis de Chavannes,
sont souvent et ne sont que des membres. Cazin glisse sur les
détails, supprime les accidents des contours : il simplifie pour
unifier et pour amplifier.

— « *Plus les lignes et les formes sont simples*, affirma
M. Ingres, *plus il y a de beauté et de force. Toutes les fois
que vous partagez les formes, vous les affaiblissez.* » (Cité par
Delaborde.)

J'expliquai à M. Ingres que Cazin avait acquis à l'école de
Lecoq de Boisbaudran une prodigieuse fidélité de mémoire, et
qu'ainsi il peignait rarement sur nature, mais bien plutôt d'a-
près des croquis, où il remettait à l'atelier le ton juste et l'effet. C'est sur une feuille de papier à cigarette qu'il avait noté
au lit de mort de Gambetta ce qui lui avait suffi pour peindre
en rentrant avec une scrupuleuse exactitude, et dans tous ses
détails, la chambre mortuaire du grand Tribun. M. Ingres
nous rappela que Poussin ne procédait pas autrement (papier à
cigarette excepté !) et qu'il avait coutume de dire « que c'est
en observant les choses que le peintre devient habile plutôt
qu'en se fatiguant à les copier ». — « *Oui*, ajouta M. Ingres,
mais il faut que le peintre use des yeux. » (Manuscrit de Montauban.)

Nous admirions encore de Cazin ces paysages crépusculai-
res et de temps gris qui ont donné un style, un style définitif
à des effets qui n'en avaient pas avant lui. L'arrangement en
est parfois, *et sans en avoir l'air*, d'une sévérité toute classique.
Mais c'est le sentiment qui est inoubliable : très voisin du sentimental et n'y versant jamais.

Ce goût des soirs de rêve et de mélancolie est aussi celui de
M. Osbert, dans ce grand panneau décoratif, excellent échan-
tillon de sa manière, et qu'il intitule *Sérénité*.

Et puis voici M. Blanche qui, lui encore, cherche infatiga-
blement le Tableau. Que d'efforts ce noble artiste a déjà faits
pour arriver à dégager de la nature les éléments dont se con-

stituent les rapports essentiels de l'œuvre d'art ! Il pense, comme le disait M. Ingres, « *qu'il faut user de la facilité en la méprisant, mais malgré cela, quand on en aura pour cent mille francs, il faut encore s'en donner pour deux sous.* » (Cité par Delaborde.)

Depuis les maîtres de la Renaissance jusqu'aux plus modernes, sans négliger les Flamands et les Anglais, et Velasquez, il a tout étudié, tout compris. Au contact de la science des anciens, sa nature et ses dons s'exaltent ; mais ce qu'il trouve dans ce commerce, c'est surtout, j'imagine, des consolations et des certitudes, la conscience de la noblesse de ses tentatives. Car il est difficile pour lui-même, et chaque œuvre marque un pas de plus vers quelque impossible idéal de perfection classique.

Son portrait de MM. A. Gide, Ghéon, Rouart, Chanvin et Athman-ben-Sala, réunit ces jeunes gens, ces poètes, dans les attitudes qui leur sont familières autour de petites tasses d'un café turc, à l'Exposition. On aperçoit la note blanche des minarets éphémères qui remplissaient alors la perspective du Trocadéro. L'éclairage des figures est factice à dessein, la touche est brillante uniformément ; le régime des valeurs incertain. N'importe, ce tableau est construit, il est coloré ; il souligne d'heureuses ressemblances : je fais toutefois des réserves sur celle d'André Gide : il revêt ici les apparences que nous lui connaissons dans la vie mondaine ou dans la rue, lorsque, pour dépister les barbares, ou simplement par indifférence, il se masque de froideur, et que ses yeux dissimulent les éclairs de son génie.

De M. Blanche, un autre portrait charmant, celui d'une fillette, intitulé : *Réveil* ; le portrait remarquable de Mme D... ; et celui, que j'aime moins, de Mme Jeanne Raunay.

Nous nous arrêtâmes peu de temps devant les ouvrages de M. de la Gandara : « *Il faut donner*, dit M. Ingres, *de la santé à la forme.* » (Cité par Delaborde.) Il parlait aussi du nerf et de la rage que les grands peintres ont imprimés à leur dessin. Il rageait lui-même. Je n'osai pas lui faire admettre tout le bien que je pensais de ces élégances un peu morbides, et surtout de la singulière ressemblance de M. Paul Escudier ; quoique ici je regrettasse le figé dans l'expression de cet homme si fin, si actif, si intelligent, plus Parisien encore d'esprit que de tournure. Mais M. Ingres insistait : « *Ne saisir l'expression qu'à peu près, c'est la manquer ; c'est ne représenter que des gens faux qui s'étudieraient à contrefaire des sentiments qu'ils n'éprouvent pas.* » (Cité par Delaborde.)

Devant le portrait de Paul et Victor Margueritte, j'interrogeai anxieusement le visage de nos illustres maîtres. M. Ingres feuilletait le catalogue, y cherchait quel nouveau transfuge des Artistes français, quel Gabriel Ferrier avait exposé cette toile honnête.

« Mais c'est, lui dis-je, signé d'Anquetin. » Et tout aussitôt je pensai voir fondre en larmes M. Ingres, comme au temps où il s'apitoyait sur ceux de ses chers élèves qui le lâchaient pour suivre un Horace Vernet, un Paul Delaroche ; comme au temps où il pleurait sur cet extraordinaire Chassériau, que perdit son inquiétude de Delacroix, après qu'il eut peint la chapelle de Saint-Merry, et ce portrait de deux jeunes filles enveloppées de châles rouges[1], exposé à la Centenale ! Précisément, Anquetin avait peint, il y a dix ou douze ans, dans le même goût que Chassériau, un adorable petit torse de jeune fille profilé sur un fond de toile de Jouy, *la Femme à sa toilette*, et combien d'autres morceaux d'excellente peinture. On l'avait alors, dans les journaux, traité de rétrograde, comme les autres, de naïf, de gothique, de chinois, que sais-je ? égaré dans les rues de Montmartre... Anquetin avait juré de devenir fort, il avait pioché l'anatomie...

— « *Cette science affreuse,* dit M. Ingres. *Si j'avais dû apprendre l'anatomie moi-même je ne me serais pas fait peintre !* » (Cité par Amaury-Duval.)

Et maintenant il savait son métier. Ce grand artiste n'était plus qu'un praticien à la mode : et il fallait le lui dire, car un homme de cette trempe et de cet âge ne peut pas ne pas se ressaisir, enfin !

Il aurait pu s'arrêter, dans ses études, à la *Femme au gant,* par exemple, de Carolus Duran, au Musée du Luxembourg. Il avait voulu faire plus savant, plus académique que le *Maître d'armes* du même Carolus Duran — cette enseigne déjà vieille

---

1. *Les Deux Sœurs.*

de trente ans, d'un art si consommé. d'un ragoût si sobre, enfin si pleine des qualités qu'Anquetin n'a plus.

C'est M. Zuloaga qui tient les promesses que nous a faites Anquetin. Sa *Promenade après la Course de taureaux*, est un tableau de grandes dimensions et de beaucoup de figures. On y voit des élégantes coiffées de mantilles, brunes. souriantes, aux lèvres rouges, aux robes voyantes. Les noirs et les blancs, qui sont beaux et bien distribués, se relèvent de l'éclat des velours et des étoffes, où domine une note rouge laqueux d'une extrême puissance. Le fond représente la campagne andalouse, avec des fabriques.

L'importance des modelés dépasse quelquefois, cependant, les intentions évidemment classiques du peintre. Il nous souvient des trois figures du Salon de 1889. et aussi de l'admirable toile refusée à l'Exposition de 1900 et acquise depuis, grâce à la Libre Esthétique et à M. Octave Maus, par le Musée de Bruxelles. Il y avait là plus de sévérité dans la ligne. plus d'accent, plus de caractère. De plus en plus nous apparaît l'importance de la qualité du dessin dans l'œuvre d'art.

— « *Une chose bien dessinée*, conclut M. Ingres, *est toujours assez bien peinte*. » (Cité par Delaborde.)

M. Carrière n'est un si grand maître que parce qu'il a le sens du dessin. Il l'a absolument. Il fait dire à la forme ce qu'il veut : il possède à un degré rare le goût des belles proportions ; l'ampleur de ses simplifications est toujours motivée ; chez lui l'expression est le résultat nécessaire de l'harmonie. Tous les ans un chef-d'œuvre nouveau s'ajoute à ceux des années précédentes. Sa *Maternité* de cette année est plus belle. sans doute que celle de la Décennale et que toutes les autres parce qu'elle est plus simple et plus classique. Ses portraits ont toujours plus de généralité sans rien perdre de leur expression intime.

Je regrettais, devant ce beau rouge qui éclate sourdement au corsage d'une figure de femme, que Carrière, par amour du dessin, eût renoncé, non pas à la couleur, mais à la teinte.

M. Ingres me reprit de cette opinion : « *Il est sans exemple qu'un grand dessinateur n'ait pas eu le coloris qui convient exacment aux caractères de son dessin.* »

Je citerai aussi un mot de M. Degas. Il est si précieux, si

instructif, que malgré toutes mes promesses je n'y résiste pas. Nous parlions de la couleur et de tous ces éléments donnés par la nature que M. Carrière sacrifie délibérément, comme ont fait les maîtres classiques, au but général de son art ; et qu'il lui en coûtait sans doute (car M. Carrière aime comme nous tous la fraîcheur des visages, la lumière du soleil et la verdure des champs).

— « *Toutes les belles choses,* dit M. Degas, *ne sont-elles pas faites de renoncement ?* »

C'est ce qu'exprimait aussi, d'une autre façon, M. André Gide quand il disait : « Le style est un système de subordinations. »

Nous ne pouvions, après cet échange de pensées, que nous féliciter de posséder encore parmi nous des peintres comme Carrière, qui les peuvent et qui les doivent provoquer.

M. Ingres devient nerveux. Il trouve que les tableaux, maintenant, se font rares. Après Carrière tout paraît manquer de style.

Il en trouve pourtant, et selon son désir, chez M. Jules Flandrin, qui d'ailleurs n'est pas un descendant du disciple préféré, du cher élève. Sobre et forte cette peinture rappelle à la fois Mottez et Cézanne ; ces esquisses renouvellent les imaginations de Janmot. Nous connaissons cette figure de femme. N'est-ce pas le modèle et l'auteur[1] de l'*Odalisque*, de la *Minerve* et de telle nature morte, exposés aux Indépendants — peinture opaque et sourde mais où s'affirme tant de volonté ? « *Il y a toujours du bien, quels que puissent être d'ailleurs les défauts, dans une œuvre où la tête a commandé à la main.* »

Cette pensée de M. Ingres s'applique encore à M. Baudouin, le fresquiste obstiné, amoureux du beau métier que ressuscitèrent, il y a un demi-siècle, les élèves du Maître. Mais l'expérience des Mottez et des Amaury-Duval n'a-t-elle pas prouvé, hélas ! que sous notre ciel la fresque est peu durable, et que les matériaux fournis par notre sol sont inaptes à lui assurer la longévité ?

Et comment méconnaître les qualités de modelé et d'expression des figures de M. Picart ? le portrait de jeune fille sur un fond de ciel bleu n'est-il pas d'une séduisante préciosité ?

1. Madame Marval.

Il y a aussi M. Cottet ; c'est un grand exemple de réflexion, de sérieux, de docilité à l'enseignement des Maîtres. Il préfère Titien à tout. Il aime mieux nous émouvoir par de laborieuses synthèses de tristesse, empruntées au Pays de la mer, que de nous intéresser aux aspects seulement pittoresques qu'il sait rendre avec quelle justesse (voyez ses paysages). Si, renonçant au goût du jour pour les couleurs claires, les roches de vermillon et les voiles de cadmium, il s'est mis à peindre avec ce fameux cirage et ce pain d'épice, c'est qu'il voulait obtenir de tant de sobriété une plus grande intensité d'expression. Il y arrive, malgré quelques souvenirs d'école où s'arrête de moins en moins son tempérament véhément et logique.

M. Ménard et M. Dauchez ont des dons analogues, la même volonté classique. L'un, dans ses paysages de Bretagne, ses landes, ses marais où paissent des troupeaux, atteint presque sans effort à la composition, au style. L'autre, avec des moyens plus apparents, évoque la poésie des soleils couchants, des Turner ; et l'extrême ressemblance du portrait de M. Chevrillon n'exclut pas cette sorte d'interprétation, pourquoi il faut employer une fois de plus à propos de M. Ménard, le mot de poésie.

Entre le motif directement tiré de la nature, et le tableau arrangé, réfléchi, M. Simon hésite. A des détails de peinture, à des finesses d'observation, on le sent trop intellectuel pour ne pas choisir à la fin, le parti des Maîtres. Son portrait de deux vieillards, sa *Procession*, de mouvement si homogène, font espérer qu'il saura suivant le mot de M. Ingres « *trouver le secret du beau par le vrai* ».

C'est aussi le cas de M. Richon Brunet, représenté par une puissante marine ; de M. Piet, le peintre des marchés ensoleillés et grouillants du pays des Bigoudens ; peut-être aussi, de M. Saglio (*Intérieurs*) ; de M. David Nillet (*Adoration des Bergers*) ; de M. Duhem (*la Mort, le Chemin creux*) et de Mme M. Duhem (*le Tour des Dames*). C'est sûrement la même tendance qui nous intéresse chez M. Hochart (*Processions d'Orléans*), un peintre épris de couleur saine, de matière grasse et robuste. Et nous aimons que le paysagiste Maufra s'efforce à remplir une surface, à transposer en décor un bord de mer sur une grande toile...

La mauvaise humeur de M. Ingres s'accentue. Il n'aime pas le paysage : on en fait trop. Son élève Jammot a écrit que le plus difficile pour un paysagiste est de s'asseoir, c'est-à-dire de choisir. On ne s'assoit même plus. Est-ce qu'on vend encore des pliants et des parasols ? On peint à bicyclette, en automobile. On ne prend plus le temps de réfléchir ; et c'est l'œil qui mange la tête. Jamais du reste on ne vit contact plus amoureux avec la nature ; jamais tant de motifs neufs n'ont été révélés aux peintres. On n'a point désespéré de rendre tous les effets, les plus rares comme les plus fugitifs ; mais sans nous donner, le plus souvent, autre chose que des instantanés, sans faire paraître une âme sous la fidélité du rendu ; enfin, ce qui est plus grave, sans nous émouvoir.

Il faut mettre hors de pair, d'abord trois excellents peintres qui se souviennent de Corot, M. Boulard, M. Lucien et M. Georges Griveau ; puis M. Thaulow qui expose une rue de village, un soir de lune, *le Mois de Marie,* d'une poésie intense ; M. Le Sidaner, qui sait exprimer le calme, la tristesse de délicats crépuscules ; M. Lebourg, l'impressionniste ; M. Moreau Nélaton, qui invente de si heureuses simplifications des formes et des teintes ; et le brillant coloriste qu'est M. Lebasque.

D'autres, comme M. Guignard, M. Billotte, M. Gilsoul, M. Courtens, s'intéressent aux effets sévères, aux harmonies soutenues : M. Mesdag, M. Iwil, aux marines grises. C'est la précision dans la clarté que recherchent spécialement M. Prins, M. Gros, M. Courant, M. de Latenay ; c'est l'éclat des verdures qui séduit M. Barau, M. Monier, M. Duval Gozlan, M. Biessy (qu'amuse aussi l'éclat des lanternes du 14 juillet) ; M. Eliot note l'effet du soleil dans un parc autour d'un jet d'eau ; M. Edelfelt, auteur d'un alerte portrait de Mlle Achté, nous montre une vue panoramique d'un *Soir d'été en Finlande* ; M. Clauss, un subtil *Matin d'hiver* ; M. Ulmann, *l'Estacade, le Canal, des Fumées,* d'une observation très rigoureuse. Et il faudrait citer encore M. Planells, M. Morrice, M. Lauvray, *les Pins d'Écosse* de M. Heath...

— « *Le talent,* gémissait M. Ingres, *de notre temps il court les rues, mais c'est à dégoûter du talent.* »

Que de talent, en effet ! quelles qualités ! quels dons ! sans parler d'artistes qui ont fait leurs preuves, qui sont incontestés,

M. Raffaëlli (de très fins paysages, et la *Demoiselle d'honneur*) :
M. Lhermitte, M. Lobre, M. B. Berton, M. Tournès, M. Prinet,
— sans insister sur l'intérêt que comporte une petite scène
dramatique, comme *la Messe du Condamné*, de M. Friant, ou
tels portraits de M. Dagnan-Bouveret, de M. Agard, de
Mme Madeleine Lemaire, de M. Crébassa. — ne faut-il pas un
goût, un métier ou un esprit exceptionnel pour faire accepter
aux artistes des tableaux d'actualité où le sujet force l'attention, *la France désarmée*, par exemple, de M. Willette : ces ma-
gots si drôles, grosses têtes et grands pieds, de M. Jean Veber,
la Princesse Joliemine, Madame l'Oie?

— « *Oui*, dit M. Ingres, *mais que l'État laisse aux particuliers
le soin de ce qu'on appelle proprement le genre, tableaux de
mœurs familières, scènes modernes, fruits et fleurs, nature
morte. Les choses se passaient ainsi au siècle dernier. Il y avait
alors à Paris des cabinets d'amateurs très visités : il y en avait
aussi en province, particulièrement à Toulouse, surnommée avec
justice la Savante.* »

Tout en observant que l'État n'avait rien à voir avec le Salon de la Société nationale, je remarquai qu'il fallait se féliciter
de découvrir ici des jeunes et qu'on avait bien fait de recevoir
des inconnus sur ce qu'ils manifestaient seulement des instincts, des dons de peintres — et qu'ainsi se légitimait l'existence du Salon.

Il y en a dont l'ignorance est complète, candide ; on peut
les croire sans théorie et leurs qualités sont involontaires.
M. Manguin, qui expose un portrait et une nature morte, d'une
étonnante franchise de ton ; M. Laprade, délicat et capricieux
coloriste ; M. Margueré, expressif, ingénument comme un primitif ; M. Prunier, dont *la Cathédrale* évoque les maîtresses
pages du livre de Huysmans ; Mme Bosnanska. Et qui est
M. Lottin dont le nom mériterait d'être célèbre pour le sens
affiné qu'il a de la peinture ?

A ceux-là, M. Ingres recommanda l'étude des maîtres :
« *Croyez-vous que je vous envoie au Louvre, leur dit-il, pour y
trouver le beau idéal, quelque chose d'autre que ce qui est dans
la nature? Ce sont de pareilles sottises qui, aux mauvaises
époques, ont amené la décadence de l'art. Je vous envoie là
parce que vous apprendrez des antiques à voir la nature, parce*

qu'ils sont eux-mêmes la nature : il faut vivre d'eux, il faut en manger... Il ne faut pas essayer d'apprendre le beau caractère, il faut le trouver dans son modèle. »

Nous passions dans les salles d'aquarelle, de dessins et de gravures. C'étaient d'abord M. Henry de Groux, représenté par une figure de légende ; M. Milcendeau et ses curieuses études d'Espagne ; M. Bottini et ses étranges figures de femmes déshabillées dans des intérieurs chatoyants : Mme Esté, Mme Claire Lemaître ; MM. Charlet, Lewisohn, H. Bouvet, le maître décorateur Grasset.

Je n'arrêtai pas M. Ingres au salonnet de M. Tissot ; je connaissais trop son amour de Raphaël et son respect des *Écritures*. M. Tissot les interprète en savant, en archéologue, et nul ne sait mieux que lui comment s'habillait Abraham. Il est inouï que le souci de l'exactitude pour une illustration qui n'en comporte pas, ait pu diminuer à ce point le talent d'un artiste, sensible comme nous tous, j'imagine à la beauté des *Stanze*, à la majesté du plafond de la Sixtine.

L'amusante série de M. Renouard sur l'Exposition ne pouvait intéresser davantage M. Ingres. Si spirituel qu'il soit, c'est un dessin de paysagiste.

Nous retrouvions M. Charles Guérin (gravures sur verre), toujours préoccupé de nobles compositions et de classiques recherches ; M. Lepère, le bon graveur, maître de tous les procédés ; M. Legrand et ses eaux-fortes pour *le Livre d'heures* ; et cette phalange de jeunes artistes qui font refleurir avec éclat la gravure en couleurs : M. Eychenne, qui a la volonté, à la fois, et la timidité d'un Pisanello ou d'un Fouquet ; M. R. Ranft, si impatient de sans cesse se renouveler ; le paysagiste Godin, épris également de la poésie des crépuscules et de la curiosité des matières ; M. Maurice Delcourt ; M. Pivet, tempérament d'ornemaniste, qu'attirent les raffinements du gaufrage ; et le célèbre initiateur de l'Estampe murale, Henri Rivière.

Et comme devant cette variété d'efforts, je me rappelais l'idée, lancée naguère par l'excellent critique André Mellerio, — d'un Salon de Gravure, où l'on pourrait enfin, à loisir, examiner les productions d'un art si intéressant, mais qui demeure comme sacrifié dans la cohue des Salons officiels, j'entendis M. Ingres, exaspéré à la fin, qui déclamait contre le Salon :

— « *On croit, disait-il, encourager la peinture avec le Salon, on lui ouvre une voie misérable. Regardez ces tapisseries (celles des Gobelins qui ornent la rotonde). Ne sont-ce pas des œuvres de peinture monumentale, d'une peinture qui a un objet, qui sert… Le Salon détourne la peinture de son véritable but, en fournissant à tant de barbouilleurs l'occasion d'exposer leurs pauvretés ou de fausser le goût public par le spectacle bête des trompe-l'œil. Oui, pour arrêter la décadence, pour régénérer l'art, il faut fermer le Salon.* »

Cette opinion n'était pas contradictoire avec la mienne. Pourquoi pas plusieurs Salons? Un salon de la gravure? Pourquoi n'y joindrait-on pas une exposition particulière de dessins? Saturé de peinture, le public n'entre guère dans les salles de dessins que pour s'y reposer; il ne regarde pas. Il faut voir cependant des œuvres comme celles de M. Legrand, qui dessine en graveur, en aquafortiste, avec un cerné énergique. des véhémences d'expression, des déformations volontaires, comme aussi la forte étude d'enfants nus de M. Frédéric; les portraits gracieux de Mme Jeanne Simon ; les excellentes études de M. Guiguet; les nus de M. Bonnencontre ; le grand portrait décoratif de M. Besnard par M. Robert Besnard : les fleurs décoratives de Mme Crespel.

Et pourquoi pas un Salon des objets d'art? Ce serait dommage assurément de ne pas conserver à cette section de la Société nationale toute sa légitime importance. L'installation, si parfaite, si intelligente partout ailleurs, est ici, toutefois un peu défectueuse. La faute en est aux architectes du Grand-Palais et à ces salles, sombres ou mal dessinées, qui servent de refuge un peu morne aux vitraux, par exemple, et au mobilier. Mais quel intérêt présenterait un groupement exclusif d'objets de cette nature, où l'on verrait, sans mélange d'industriels ou d'amateurs, les bons artisans que voici !

M. de Feure expose dans une remarquable vitrine de bois doré les plus délicieuses porcelaines. MM. Lachenal, Delaherche, Lerche, Bigot ont envoyé des échantillons neufs de leurs céramiques célèbres. M. Bigot, surtout, a des vases admirarables. M. Moreau Nélaton nous montre de beaux essais de grès cérames ; Mme Thaulow, des cuirs ; M. Karbowsky, une étoffe ; M. Ranson, un des premiers initiateurs de la renaissance ornementale, un riche carton de tapisserie ; Mlle Boyer de Sorières, un projet de tenture murale.

Les meilleurs meubles sont ceux de M. Tony Selmersheim, de M. Sorel ; la chambre, de M. Serrurier, sobrement conçue et sans aucune des exagérations décoratives qui furent naguère si sévèrement critiquées. « Les *belles formes*, dit M. Ingres, *ce sont des plans droits avec des rondeurs.* »

C'est peu après que je m'aperçus de la fatigue de M. Ingres : il ne m'écoutait décidément plus. La salle consacrée aux aquarelles de M. La Touche est voisine des objets d'art. A ma demande : « Que pensez-vous de La Touche ? » il répondit— évidemment sans me comprendre : « *La touche ? la touche est un abus de l'exécution.* » Cet involontaire jeu de mots, que j'ose à peine répéter, était loin de correspondre à ma pensée. Sans doute, il y avait quelque vérité à constater l'usage immodéré, oui, l'abus de la liquidité, de la transparence des pigments et des accidents de la matière. Mais quelle intelligence, quelle imagination, quel goût de la couleur : et comme je regrettai que M. Ingres n'ait vu dans cette curieuse série que de la fantaisie, des instincts et du hasard !

Je l'entraînai à la sculpture. Le beau groupe de M. Devillez me plaît par sa sobre grandeur, la noblesse des expressions, juste simplicité d'attitudes prises dans la vie. Le bas-relief de Mme Cazin est mélancolique et doux. Celui de M. Constantin Meunier, qui raconte encore la rude vie des mineurs, est majestueux comme l'antique.

On aperçoit par delà la rude silhouette du *Patriote*, de M. Baffier, l'*Alphonse Daudet*, alangui, de M. Saint-Marceaux, et le *Monument de Louis Gallet*, à la figure de faune, par M. Injalbert. Les nus de M. Escoula sont d'une sensibilité charmante. Il faut s'arrêter aux bustes de M. Dalou ; en ces deux portraits revit la meilleure tradition française du xviiie siècle. M. Bartholomé est excellent. Les qualités de délicatesse de M. Fix Masseau s'accentuent. M. Pierre Roche a fait monumental et avec succès. Les petites figures de MM. Carabin, Charpentier, Valgren comportent d'extraordinaires raffinements d'intention et d'exécution. J'aime beaucoup le *Peuple* de

M. José de Charmoy, et les statuettes alertes, spirituelles, vraiment originales de M. Déjean.

On revoit le *Victor Hugo* en marbre de Rodin. C'est une merveille. On peut regretter que le travail du marbre ait ôté quelque peu de la simplicité de l'original. Ce qu'il y a ajouté, c'est une ampleur à la Puget, où s'affirme la noblesse, la logique, la santé du goût français. Mais c'est surtout aux Grecs que s'apparente cet art de synthèse. On songe invinciblement à tels morceaux grandioses, attribués à Phidias, aux frontons du Parthénon, et plus encore aux figures frustes mais déjà classiques de Pœonios ou d'Alcmène à Olympie. Les anciens ne connaissaient pas les antinomies dont nous sommes accablés. Comme eux, M. Rodin concilie aisément un idéal architectonique et l'observation de la vie. Le but de l'art n'est-il pas de généraliser l'accidentel, de trouver pour chaque émotion une formule, mais une formule neuve; une harmonie, mais une harmonie originale, qui recrée à son tour et comme la nature, cette émotion?

— « *Il n'y a que les Grecs* », dit M. Ingres[1].

---

1. Toutes les citations de cet article, sauf celles dont la source est indiquée, sont tirées du livre de Delaborde.

LE SALON
DE LA SOCIÉTÉ DES ARTISTES FRANÇAIS[1]

(1901)

Il ne suffit pas de regarder l'affiche invraisemblable qui annonce comme l'unique Salon celui de la Société des Artistes français, pour connaître les différences de goût et de tactique qui séparent irréparablement les deux sociétés rivales. Il faut entrer dans le grand hall, le salon d'honneur où s'ébattent les grosses femmes nues de M. Lalyre, toile immense autant que joviale, parmi d'innombrables grappes de figures humaines qu'à leurs raccourcis savants on devine destinées à *embellir* des plafonds.

Il y a, sans doute, ici, autant de talent qu'à côté, autant de méritoires efforts et sûrement plus de virtuosité.

Mais cet étalage indispose. Il en vient comme une odeur d'aisselles, un relent d'atelier, une bouffée de souvenirs un peu rances, mais qui tout de même vous rajeunissent. Je revois l'académie, le grouillement de cinquante jeunes gens autour de la table à modèle, où le jour blafard tombe des vitres crasseuses, décolorant la chair, sur le fond gris bleuâtre de la fumée des pipes ; je revois le mur sali des grattures de palette, les tristes études, et les charges.

J'ai cherché en vain M. Ingres. Il était le « répétiteur des Maîtres » ; il aimait Raphaël ; il avait horreur de l'École des beaux-arts. Il n'a pas dû venir.

Je n'ai rencontré que de respectables *professeurs-jurés* (comme disait Henri Heine), et d'anciens modèles depuis longtemps oubliés : le père Fusco, Pignatelli, Sarah Brown ; des

---

1. *La Dépêche de Toulouse*, n⁰ˢ des 9 et 13 mai 1901.

petites femmes dont on a perdu le nom, qu'on a vues toutes roses, et qu'on retrouve plutôt défraîchies... J'ai reconnu M. Julian. Il m'a proposé de m'accompagner comme avait fait au précédent Salon, M. Ingres.

Je l'ai remercié avec véhémence : « Je sais, je sais, monsieur, lui ai-je répondu, tout ce que vous pouvez me dire. Je connais votre doctrine, qui est de n'en pas avoir. J'entends bien que M. Ingres en a eu plusieurs, et même contradictoires ; n'importe, il enseignait la nécessité d'une Méthode. Vous vous êtes arrêté à l'opinion contraire. C'est ainsi que vous aurez eu la gloire d'être, après M. Ingres, le plus grand professeur du siècle.

« Des générations d'Américains ont appris chez vous les secrets, les arcanes du dessin photographique. Vous avez instruit de nombreux prix de Rome, dont plusieurs sont peu connus, mais c'est vous qui leur avez enseigné les moyens de parvenir.

« Vous avez, enfin — et c'est de cela surtout que je vous félicite — vous avez formé des réfractaires, des insoumis, des indépendants. L'absence même de toute doctrine a favorisé le goût des théories. D'irréductibles logiciens sont sortis de votre Académie. Vous leur offriez des recettes, ils voulaient des enseignements et c'est pourquoi ils ont été demander à Degas, à Puvis de Chavannes, à Gauguin, non pas des corrections — des conseils. La tradition classique subsistait malgré vous, en dehors de vous ; les certitudes qu'ils y ont trouvées ont fait, de ces indépendants, des disciples éclairés des Maîtres.

« Vous ne les connaissez plus. M. Bonnard, M. Vuillard, M. Sérusier, M. Vallotton vous font pourtant quelque honneur. Mais ils n'ont pas suivi la filière. A propos, combien espérez-vous, cette année, de premières médailles, de deuxièmes médailles, de troisièmes médailles, de mentions ; où en sont les intrigues pour la médaille d'honneur ; et les commandes de l'État, et le ruban rouge? Parlez-moi des divisions intestines ! — Quels sujets sont à la mode, les Romains, la Bible ou Napoléon?...

« Et puis, non, décidément, je lirai moi-même au ventre des cadres les longues légendes explicatives. Pour les récompenses, nous verrons plus tard. Quant à la peinture, il est vraisemblable que nous ne serions que rarement d'accord. Et, à tout prendre, j'aime autant que ce ne soit pas moi qui propage vos aphorismes. »

Et maintenant je reste seul au milieu de 3 000 tableaux qui ont à peu près tous une raison d'être, un intérêt. Les uns représentent la manière d'un artiste connu, ce ne sont pas toujours les meilleurs ; les autres sont, bons ou mauvais, « de la peinture », ce sont les plus rares ; un grand nombre enfin n'attirent l'attention que par la curiosité du sujet représenté.

« Si j'avais le temps, écrivait en 1859 le prodigieux critique d'art que fut Baudelaire, si j'avais le temps de vous égayer, j'y réussirais facilement en feuilletant le catalogue et en faisant un extrait de tous les titres ridicules et de tous les sujets cocasses qui ont l'ambition d'attirer les yeux. C'est là l'esprit français. Chercher à étonner par les moyens d'étonnement étrangers à l'art en question est la grande ressource des gens qui ne sont pas naturellement peintres. Quelquefois même, mais toujours en France, ce vice entre dans des hommes qui ne sont pas dénués de talent et qui le déshonorent ainsi par un mélange adultère. »

Le sujet du peintre est en lui. La nature est un inépuisable répertoire de motifs pour qui sait voir. Celui qu'elle a doué de la merveilleuse faculté de créer de la beauté avec des couleurs et des formes ne peut avoir d'autres sujets que les harmonies de couleurs et de formes qu'il conçoit ou qu'il observe. Tous les spectacles, toutes les émotions, tous les rêves se résument pour lui en des combinaisons de taches, en des rapports de tons et de teintes, en des lignes. Ce qu'il exprime, ce n'est jamais un fait anonyme quelconque, un pur accident ; c'est le rythme intérieur de son être, son effort esthétique, sa Beauté nécessaire.

Dès lors, peu importe qu'il se serve d'un fait-divers, d'une anecdote niaise, d'une absurdité ; mais je veux qu'il y mette son âme, et qu'il soit PEINTRE.

Combien peu se sont préoccupés de la Peinture et de la Beauté parmi les trop nombreux historiens qui nous racontent ici les scènes les plus variées de la légende des siècles depuis *Adam et Ève chassés du paradis terrestre* (M. Béroud) jusqu'à *la Réception du président Krüger à l'Hôtel-de-Ville de Paris* (M. Delahaye)!

A Iéna, le baron de Marbot a sauvé, le saviez-vous? des entreprises de ses soldats deux charmantes filles en chemise (M. Boutigny). — Aux fêtes de Vénus, Phryné traversait nue les rues d'Eleusis (M. Chalon). — Pendant la guerre de 1870, on voyait des maraudeurs fouiller les cadavres sur les champs de bataille, à *l'Heure des fauves* (M. Baader), et les moines ambulanciers chercher les blessés sous la neige (M. Chigot). — Caius Caligula nourrissait ses lions de chair humaine (M. Surand). — Après la mort du maréchal Ney, un Anglais, en habit rouge (oh! combien!), fit sauter son cheval par-dessus le cadavre (M. Chaperon). — En l'honneur de *Bacchus et d'Ariane,* un certain nombre de jolies femmes ont posé pour M. Gervais. — Il y a encore des danses liturgiques en Espagne, à Séville, le jour de la Fête-Dieu (M. Guillonet). — Chez le directeur d'usine, après la soirée, les invités en grande toilette vont faire un tour à la lueur aveuglante des fours (M. Bergès). — Quels regards mystérieux échangeaient les diplomates d'autrefois! (*l'Éminence grise,* de M. Chartran). — Quels yeux ahuris suivent le jeu des acteurs au *Théâtre de Montmartre!* (M. Devambez). — C'était un soir, comme dit Flaubert, que le roi Salomon perdait la tête...

Celui-là, le roi Salomon, c'est un peintre plein de ressources qui nous conte son aventure avec la Reine de Saba. On voudrait pouvoir suivre jusque-là, malgré trop de bizarreries, M. Rochegrosse : mais quel singulier goût a présidé au choix de ces couleurs, à l'invention de ce cadre!

Comme M. Rochegrosse, d'ailleurs, M. Devambez ou M. Guillonet sont des artistes qui ne manquent pas de talent, mais qui le gâtent par le souci vraiment excessif de représenter un sujet imprévu.

Pourquoi M. Tattegrain, lui aussi, a-t-il choisi cette légende de la Vierge arrivant à Boulogne

> Sur un bateau que la mer apporta,

sans y ajouter un rien de fantaisie?

Pour satisfaire quelle passion d'archéologie M. Leconte du Nouy persiste-t-il à dessiner sèchement, mais non sans élégance, des modèles costumés en Égyptiens, sous prétexte de nous dire par exemple la *Tristesse de Pharaon?*

J'incline à croire que M. Duvent, en composant son triptyque, *la Joie du Travail,* qui est le gros succès du Salon, a pu avoir à un certain moment une vision, ou comme on voudra, une émotion de peinture. Le souvenir qu'il avait gardé des fêtes de l'Exposition, de l'animation des chantiers, du mouvement des foules, s'était traduit pour lui en des rapports de couleurs, en des éléments de tableau. Il aurait pu faire avec cette vision une œuvre de grande allure. Mais c'est ici qu'intervient, comme ailleurs, l'influence de M. Julian. Il faut bâcler le dessin, banaliser les formes, salir les tons ; il faut songer au Salon, et au public.

Avec M. Detaille, on rentre toutefois dans le domaine de la peinture : ce n'est pas celle que nous aimons, mais enfin, dans cet ennuyeux *Masséna* il y a une science, une habileté de main ; et puisque les amateurs exigent le fini des boutons de guêtres, il convient de louer M. Detaille de les peindre avec tant de préméditation.

Voici maintenant les professeurs. Que n'enseignent-ils au moins la sagesse de métier que M. Detaille apprit chez Meissonier ? Ne se sentent-ils pas — eux qui ont connu dans leur lointaine jeunesse de meilleures doctrines — un peu responsables des triomphes de M. Julian ? N'ont-ils pas contribué à répandre cette manière uniforme, atone et amorphe, de peindre pour ne rien dire, l'égalité dans la médiocrité, le naturalisme à l'usage des gens du monde, le dessin sans conscience ? Surpris au milieu de leur brillante carrière par la tourmente impressionniste, ils n'ont adopté d'autre attitude que l'éclectisme de M. Julian ; ils ont ainsi renoncé à conserver une influence. Pourtant leurs œuvres trahissent encore des préoccupations classiques.

M. Bouguereau s'en fiche. Lui ne change pas, il est toujours aussi rose et son *Amour* se porte bien. M. Bonnat est plus grave, il y a des morceaux d'une belle ampleur dans son grand plafond. Le portrait de M. Loubet, du même, et les portraits du pape et de la reine d'Angleterre par Benjamin Constant sont assurément des ouvrages de peintres. Il est évident que M. Gérôme sait son affaire ; et que M. Jules Lefebvre dessine avec une précision scrupuleuse. M. Flameng et M. Humbert (celui-ci plus solide et plus délicat) ont évolué vers une certaine

élégance d'école anglaise. On ne résiste pas au charme, à la
sentimentalité pittoresque de M. Hébert, dernier vestige d'un
goût spécial au second Empire. Le profil de femme de M. Hen-
ner, dans un cadre de proportions inusitées, est d'un beau caractère et d'une grande séduction.

On s'intéresse toujours aux frondaisons massives, au coloris
homogène du vieux paysagiste Harpignies ; à côté de qui il faut
nommer aussi M. Jacomin, disciple de Diaz et de Rousseau.
qui s'arrête aux lisières ensoleillées des bois, et M. Pointelin,
qui aime la limpidité des ciels vides.

Après ces peintres, restés fidèles à d'anciennes techniques
qu'ils n'ont pas transmises, il faudrait encore citer M. J.-P.
Laurens, noble intelligence savamment éprise des belles choses
du passé ; et M. Fantin-Latour, qui, lui aussi, s'est abstenu
d'exposer cette année. Il faudrait montrer en la personne de
M. Fantin-Latour l'exemple d'un Maître, au sens absolu, —
capable de revêtir d'une perfection toute classique les beautés
les plus neuves, et les plus originales.

Si variées et si remarquables que soient leurs qualités personnelles, si classique même qu'ait pu être leur éducation, les
peintres dont nous venons de parler — chefs d'atelier et professeurs célèbres — n'ont propagé d'autres doctrines que celles
de M. Julian, c'est-à-dire l'éclectisme le plus neutre, le naturalisme le plus médiocre.

La discipline classique fournissait à la faiblesse de l'individu
le secours de l'expérience du passé. Un Phidias, un Giotto, un
Villart de Honnecourt devaient former des artistes avec des
méthodes aussi positives que celles qui servent aujourd'hui à
former des ingénieurs et des savants. Depuis la Renaissance,
il existe des académies, des endroits sombres et généralement
malpropres où l'on étudie exclusivement le modèle nu. Lorsqu'un jeune homme est ému par le frisson de la Beauté, que
son œil considère avec jouissance la lumière de la vie, on lui
persuade d'aller là, et de copier des muscles et des emmanchements. Il n'y apprend même pas le métier manuel de la peinture ; et quand il en sort il lui faut recréer seul tous les procédés, se refaire une esthétique, et suppléer par son seul
labeur au capital d'expériences longuement amassé par la série
des maîtres, auquel on a négligé de le faire participer.

On apprend sans surprise que M. Bouguereau fut élève de M. Picot. Mais quand on songe que c'est M. Jean-Paul Laurens qui a formé M. Henri Martin, on est effrayé de la somme d'efforts qu'a dû faire cet homme encore jeune pour secouer un enseignement infiniment plus logique, et certainement plus intellectuel que la niaise tolérance de la maison Julian. Le peintre des *Bucoliques* a dû se choisir un procédé, celui de la touche divisée, renouveler son dessin, affirmer son sens de la couleur, et je ne parle pas de la culture de l'esprit. N'est-il pas permis de supposer qu'avec tous ses dons et cette volonté il eût été un plus grand maître, s'il n'avait eu qu'à suivre une voie tracée et s'il avait appris à peindre en faisant des tableaux et non pas des académies?

Aussi est-ce, de plus en plus, quel que soit le talent, la volonté qui compte. Comme à la Société nationale, comme ailleurs, les meilleures œuvres de la Société des artistes français sont les œuvres de volonté.

J'ai cité la *Muse* et la *Bucolique* de M. Henri Martin. Mlle Dufau expose une toile d'un joli aspect, soyeux et riche, un paysage fleuri où des figures nues s'arrêtent, se meuvent en des attitudes lentes et cadencées (*Rythme*).

M. Caro-Delvaille se souvient de Manet, de Whistler, de Sargent, de Blanche. Il y a chez lui une élégance, une morbidesse, un beau sens du modelé. *La Manucure* et le *Thé* sont deux ouvrages excellents.

La Confidence de Hugues de Beaumont est peut-être plus solide encore d'arrangement et d'un dessin plus nerveux, d'une pâte plus ferme; mais le ragoût de couleurs est moins séduisant.

Le Repas des Servantes de M. Bail n'est pas seulement un tableau à succès; c'est un bon tableau, dont l'honnêteté, la santé, la vertueuse facture suffiraient à faire comprendre pourquoi nous regrettons avec tant d'insistance le métier et, plus généralement, la méthode des écoles classiques.

La Confession de M. Sabatté, simple, émouvante et d'un beau ton; le *Benedicite* et la *Légende bretonne*, deux toiles d'exécution curieuse, par M. Désiré Lucas; le *Combat de Centaures* et l'*Hymne d'Amour*, de M. Lévêque, qui fait songer à M. Frédéric, l'un des maîtres de l'école belge; voilà, ou à peu près, les plus sérieux efforts de ce Salon.

Je me hâte d'y ajouter quelques excellents portraits — le portrait de jeune femme de M. P.-A. Laurens, l'un de ceux parmi les jeunes peintres qui cherchent avec le plus d'inquiétude la perfection classique ; ceux de M. Déchenaud, tempérament vigoureux encore plein des influences d'école qui lui méritèrent le prix de Rome, mais qui saura, à force de conscience, s'en dégager ; les fortes études de M. Maurin ; les figures charmantes et d'une couleur distinguée de M. E. Laurent.

Toute une série de portraitistes se ressentent de l'influence de l'école anglaise : ils placent dans des intérieurs ou des paysages d'élégantes figures de femmes : le visage est parfois sacrifié à la robe ; on les reconnaît dès l'abord à la disposition en hauteur de la toile et à la franchise des rapports de couleurs.

MM. Hugues de Beaumont, Landeau, Gorguet, du Gardier, Cosson se rattachent à ce genre de modernisme. M. Laparra, dans une note analogue a peint deux vigoureuses études d'Espagnoles ; M. A. Faivre se souvient heureusement du bon maître Renoir. Les portraits de M. Wéry sont d'une extrême délicatesse. M. Pinta reste fidèle à la sobriété classique. M. Dreyfus Gonzalès expose les portraits très composés, mais d'un dessin parfois sommaire, du Pape Léon XIII et de Mme Waldeck-Rousseau. M. Guy a étudié avec simplicité la figure ridée de *l'Aïeule*.

Il faut citer encore les œuvres de M. P. Buffet, de M. Brugairolles, de M. F. Lauth, de M. de Richemont, de M. Ridel ; les claires nymphes de M. Alleaume ; les Bretons de MM. Adler, Bellement, d'Abadie : les Espagnols de M. Sorolla y Bastida (*Préparation des raisins secs*) ; *la Halte des Prisonniers au Désert*, de M. Amédée Buffet ; *les Derniers Rayons*, de M. Thibésart ; *le Saint François d'Assise*, et surtout *la Résignation*, de M. Sautai ; le bon tableau de marins de M. Jean Pierre ; et, dans un genre tout différent, les délicates figures de M. Maxence ; *la Beauté et la Nymphe du bois*, de M. Léon, — deux néo-primitifs que rapproche le même recueillement.

Je mets tout à fait à part deux petites toiles de M. Chayllery ; le souvenir de Renoir, de Besnard s'y fond fort heureusement dans le sentiment d'intimité de ces *intérieurs*.

Avec les romantiques esquisses de M. Inness (*Chevaux tirant une barque*), et de M. Duffaud (*les Anglais en Irlande*) ; avec les esquisses classiques de M. Danguy et de M. Foreau, nous quittons décidément la peinture de figures, pour noter quelques paysages.

M. Destrem intitule *Cité crépusculaire* une émouvante vision de temples en ruines, évanouis dans un ciel rose que reflètent les grandes eaux débordées de quelque fleuve sacré ; M. Yarz expose un *Soir* très composé, très coloré, très vu en peintre. M. Ravanne complique de recherches neuves l'éclairage de ses ports de Normandie où grouillent d'amusantes silhouettes de pêcheurs. M. Jobert expose un *Soleil couchant dans l'Atlantique*. Et l'on regarde aussi le *Soir* poétique de M. H. Bouchor, les croustillantes *Vues de Venise* de M. Bompard, les *Soleils couchants* de M. Rémond.

Aux dessins, où nous retrouvons les mêmes genres d'intérêt, avec les aquarelles de M. Sorolla, les pastels de M. Ferry, une seule œuvre nous frappe, les figures de femmes nues de M. Corabœuf. L'étonnante patience de ce graveur a réalisé deux études d'un prodigieux fini, mais cependant très simples de modelé et de lignes, qu'aurait approuvées M. Ingres.

A la gravure, MM. Jacquet, Patricot, Mathey-Dorey reproduisent des ouvrages de peintres célèbres. M. Beltrand interprète en bois avec une surprenante maîtrise des dessins et des lavis de Guys : aucune difficulté ne déconcerte l'habileté intelligente de ce bon graveur.

De l'étage supérieur, où la gravure est si tristement exposée, rien n'est plus affligeant que le spectacle du grand hall rempli de figures de plâtre ou de marbre, hérissées, convulsées, figées dans les plus bizarres attitudes. Là aussi l'esprit de l'École et de l'Académie Julian a cruellement sévi. Pour saisir de plus près la réalité et la vie qu'on prêche vraiment à satiété, les sculpteurs sont arrivés à imiter merveilleusement le moulage sur nature. Mais c'est au « gouvernement de leur imagination » qu'ils se sont livrés pour le choix singulier des gestes et des attitudes.

Là aussi s'accentuent les différences entre les vestiges du classicisme que sont les membres de l'Institut, et les jeunes maîtres d'avenir.

L'excellent buste de Saint-Saëns par le vieux maître Paul-Dubois fait tort assurément au buste du président de la République

par M. D. Puech. M. Mercié (*Monument des Enfants du Gard*)
a toujours les mêmes qualités de noblesse et de style. M. Mar-
queste a sculpté pour le Musée de Versailles un *Falguière* curieusement ressemblant. — N'exagérons pas cependant, à cause
de certaines sagesses, le mérite ni l'intérêt de M. Gérôme ou de
M. Bartholdi.

Il y a dans la *Chrysis* de M. Labatut une élégance assez
neuve. La *Fontaine* de M. Laporte-Blairsy est d'une invention
aimable. Le groupe de M. Roger Bloche, intitulé *le Froid*.
et les *Premières amours*. de M. Jacquot, sont des ouvrages très
honorables, inspirés directement par la vie moderne. Le mouvement de la *Françoise de Cézelly*, de M. Ducuing, est peut-
être plus pittoresque que sculptural ; n'importe, cette véhé-
mente figure a du caractère et de la grandeur. Il faut renoncer
à citer tous les bustes intéressants de MM. Abbal, Carlus, Betti,
Betlen, Icard, de Mme Ducrot-Icard, etc... Le bas-relief en
grès, *la Vie à la Maison*. de M. Gaudissart, où le rythme de
beaux corps de femme et de sobres draperies s'encadre heureusement dans les formes de l'architecture, et le bas-relief en
pâte de verre, de M. Henry Cross, ont du moins l'avantage de
nous faire oublier certaines nymphes et certains appas qui sentent par trop ingénument le modèle.

On traverse maintenant des salles un peu vides, consacrées
à l'art décoratif. C'est la vitrine de M. Lalique, et ses bijoux
modern-style, qui en font le plus sérieux intérêt.

A l'architecture, des projets intéressants de M. Auburtin
(*Église pour un lieu de pèlerinage*), de M. Dervaux (*Maison
commune dans un faubourg*) ; les épures de M. Louvet pour le
grand Palais des Beaux-Arts ; de M. Formigé, pour les con-
structions roumaines de l'Exposition ; le fantastique projet de
M. Lemaresquier pour un *Monument à Pétrarque et Laure aux
sources de Vaucluse* ; le relevé des fresques de Challart à Isso-
gne, par M. Chauvet ; les plans et restauration des fouilles récentes de Delphes, par M. Tournaire ; ce dernier travail a du
moins le mérite d'évoquer, outre le souvenir de très belles
choses, comme le Trésor des Cnidiens, la colonne d'Acanthe,
la colonne des Naxiens (dont les moulages sont maintenant au
Louvre) — d'évoquer, dis-je, l'idée de ce Salon permanent,
de cette exposition sans cesse accrue et sans cesse visitée qu'é-

tait la montagne sacrée de Delphes, véritable musée du génie grec, entassement de chefs-d'œuvre, de temples, de statues, de peintures, où la religion et l'art avaient également contribué.

Dans ce lieu d'élection, essentiel à l'histoire de la pensée humaine, des hommes à l'esprit clair ont dû méditer sur les problèmes d'Art et de Beauté que nous avons entrevus à notre tour au cours de cette promenade à travers les Salons.

Leur tradition, qui fut celle de toutes les races établies dans le bassin de la Méditerranée, la tradition gréco-latine, n'est point de celles qui périssent. Les esprits les plus divers, — le sévère et délicat Poussin ; Rubens, Flamand exubérant ; l'ardent Velasquez ; le gracieux Reynolds ; Delacroix, le classique exaspéré : le passionné M. Ingres ; tous, et peut-être même l'effrayant génie occidental que fut Rembrandt — ont tiré profit des immortels exemples de la sculpture grecque et de la peinture italienne.

Jusqu'à la Révolution, les plus médiocres des artistes et des artisans se conformaient au souci d'une beauté traditionnelle, à des nécessités d'exécution, à des lois apprises d'harmonie générale. C'est de telles préoccupations qui grandissaient les moindres efforts. « Il est évident, écrit Baudelaire, que les rhétoriques et les prosodies ne sont pas des tyrannies inventées arbitrairement, mais une collection de règles réclamées par l'organisation même de l'être spirituel. »

On a trop parlé dans ces derniers temps de la nature, de la réalité et de la vie. C'est derrière ces grands mots vagues que s'exerce l'influence de M. Julian ; c'est ainsi qu'on arrive à penser communément que l'Art est tout simplement la copie de quelque chose. Or, ce qui manque aux artistes de notre temps, certes, ce n'est pas le sens de la nature, ni de la réalité, ni de la vie. A supposer qu'on puisse montrer au Louvre, auprès des Claude Lorrain, quelques-uns des sous-impressionnistes ; auprès des Léonard et des Titien, les sous-Courbet les plus consciencieux, il serait vain de prétendre expliquer par un tel rapprochement les avantages du naturalisme. Il faudrait nécessairement, à ce sujet, s'enquérir des lois de composition, d'équilibre, d'harmonie, parler synthèse, simplification, homogénéité, unité ; s'arrêter à une conception rationnelle de l'œuvre d'art.

Ni la qualité de l'émotion, ni ce répertoire sublime de formes et de couleurs qu'est la Nature ne suffisent, lorsque l'artiste n'a pas l'intelligence des moyens, des limites, des conditions, de l'objet durable de son effort. Je veux qu'il ait encore une Volonté, une Méthode, et des Idées générales.

LES ÉLÈVES D'INGRES[1]

On a dit, Messieurs, que mon atelier était
une église ; eh bien oui ! qu'il soit une église,
un sanctuaire consacré au culte du beau et du
bien et que tous ceux qui y sont entrés et qui
en sortent réunis ou dispersés, que tous mes
élèves enfin, soient partout et toujours les pro-
pagateurs de la vérité.

INGRES.

Il se pourrait que nous fussions à la veille d'une période
d'art classique. D'excellents esprits l'entrevoient. Toutes les
tentatives récentes d'art construit, tous les essais de simplifications voulues, toutes les recherches de synthèse et de style,
n'auraient aucun sens s'ils ne représentaient la réaction nécessaire contre les excès ou les frivolités de l'Impressionnisme, ou
contre ces vaines théories qui tiennent toute expression d'une
émotion individuelle pour une manifestation de Beauté.

Cela suffit à expliquer qu'on découvre ici, déjà, les élèves
d'Ingres. Ils auront un attrait pour tous ceux que préoccupe le
souci d'une Méthode. Les méditations sur la méthode classique où nous incita le séjour de Rome, eux aussi les ont faites
et nous les referons avec eux.

On nous avait enseigné dans les académies Bastien-Lepage,
ou l'Empirisme ; et c'est pourquoi nous n'avons cessé de réclamer une tradition et une doctrine. Les Maîtres du Louvre,
l'antiquité, l'art populaire, l'exotisme, la science, les philosophies, nous avons tout interrogé. Nous ignorions que, tout
près de nous, une grande école déjà oubliée avait été agitée
des mêmes inquiétudes, et qu'elle pensa renouer comme nous,
mais sous une austère discipline, la Tradition interrompue.
M. Ingres aura été le grand professeur du siècle. Tandis que

1. *L'Occident*, juillet, août, septembre 1902.

les écoles d'Angleterre et d'Allemagne s'attardaient à des idéals
rétrospectifs, les quelques hommes distingués qui surent s'assimiler son enseignement préparaient les formules que devait
illustrer le génie d'un Puvis de Chavannes. Son influence fut
immense ; elle lui survit, elle persiste aussi bien dans les compositions dociles des décorateurs et des verriers de province.
que dans les œuvres audacieuses d'un Degas ou d'un Gauguin.
Cette influence s'est exercée entre 1825 et 1850, à une époque
précisément où des archéologues et des écrivains découvraient
l'art grec et ressuscitaient le Moyen Age ; en même temps le
développement incessant de la pensée chrétienne entrait dans
une phase d'apogée.

Le moment est peut-être venu de tirer de l'oubli une douzaine, ou plus, d'œuvres remarquables où se sont affirmés des
esprits originaux comme Mottez, Amaury-Duval ou Jammot.
A l'indifférence, maintenant à peu près unanime, en matière
de dessin et de composition, succédera, j'imagine, un engouement néo-classique qui remettra en honneur leur art suranné.
On recherchera peut-être un jour leurs dessins précis comme
maintenant les croquis charmants du xviiie siècle ou les pochades nuancées des impressionnistes. On démêlera le rôle
qu'ils ont eu dans l'évolution récente des arts du décor. Par
une réaction inévitable contre le goût exagéré de la couleur et
les abus de l'exécution, on excusera leurs matières revêches et
l'absence de séductions superficielles. Les excès de l'individualisme feront apprécier dans l'école d'Ingres les avantages de
la forte discipline classique qui améliore les forts, et confère,
en les subordonnant, une utilité aux médiocres.

Je n'ai eu ni le loisir, ni le désir de faire de ceci une œuvre
de documentation. J'apporte cette modeste contribution à qui
voudrait écrire l'histoire, ou bien la légende de cette belle
période du xixe siècle, l'une des plus curieuses de l'histoire
de l'art, l'une des plus romanesques de l'histoire du catholicisme, et si attachante aussi par la beauté des caractères et la
passion de l'idéal !

Alors Viollet-le-Duc continuait l'art gothique en croyant le
restaurer. Des hommes comme de Lassus, de Caumont, de La-
borde, Didron, Vitet, Mérimée s'employaient avec fanatisme à
restituer l'architecture de ce Moyen-Age français que fai-

saient revivre d'autre part l'éloquence d'un Michelet, l'imagination d'un Victor Hugo. Ozanam retrouvait les poètes du
xiiie siècle italien : les murs des cloîtres laissaient apparaître
sous le badigeon, enfin dépouillé, les fresques merveilleuses.
M. de Montalembert en visitant d'antiques sanctuaires se passionnait pour la vie de *la chère Sainte Elisabeth* dont il devait
épouser une arrière-petite-fille et il renouvelait l'hagiographie.
A des catholiques que le respect des traditions du passé n'em-
pêchait pas de préparer l'avenir, Lamennais et Lacordaire parlaient haut de liberté et de progrès. M. Rio composait à Rome
son livre sur l'Art chrétien, dans le même temps que le jeune
Albert de la Ferronays faisait nu-pieds le pèlerinage des Sept
basiliques pour obtenir la conversion de Mlle d'Alopeus.

I

LES ORIGINES

M. Ingres, esprit sans culture, mais violemment et naturellement classique, se trouva vers 1827 le seul guide d'une jeunesse tourmentée à la fois de volontés traditionnistes et d'aspi-
rations romantiques. Il bénéficiait des liens qui l'attachaient à
l'ancienne école, encore qu'il eût été malmené par la critique
officielle et qu'il eût passé à ses débuts pour révolutionnaire.
Il arrivait d'Italie où, pendant dix-huit ans, il s'était pénétré de
l'âme antique et du génie latin. Des découvertes récentes
avaient donné un aliment nouveau à l'admiration des modernes en mettant au jour des monuments inconnus et plus beaux
encore, soit de l'antiquité, soit du Moyen-Age : les Étrusques,
Pompéi, les Quattrocentisti. Alors qu'une agitation factice se
produisait autour de Delacroix — magnifique et solitaire génie
qui continuait dans la maturité somptueuse de son art les plus
achevés des grands classiques, le Titien, Véronèse et Poussin,
mais qui portait en soi à cause même de sa perfection des ger-
mes de décadence — l'enseignement de M. Ingres, au contraire, remontait aux sources de l'antiquité grecque, aux origines de la peinture italienne et y retrouvait les principes

éternels de notre goût occidental. Réagissant contre la froideur et les conventions académiques de l'école de David, les Romantiques substituaient, sous prétexte de retour à la nature, le tableau dramatique au tableau mythologique. M. Ingres ne devait rien à la peinture de genre ni au choix des sujets : on appréciait surtout de lui des portraits et des scènes historiques où la nature était scrupuleusement et logiquement exprimée.

Il apportait donc avec des qualités vraiment françaises de précision et de clarté un double idéal de vérité et de beauté. Les jeunes gens étaient préoccupés à la fois de l'Idéal et de la Nature : lui, conciliait le Style selon les Grecs et la sincérité, la naïveté des Primitifs. Qu'il l'ait ou non voulu, la généralité des modèles qu'il proposait, devait élargir l'étroitesse apparente de sa doctrine jusqu'à favoriser le plus vivace renouvellement des arts plastiques et particulièrement de la peinture décorative.

Comment s'était formée la conscience de M. Ingres, il n'est pas inutile de le préciser par quelques faits et quelques dates.

Charles Blanc prétend à tort qu'avant 1820 on ignorait les Grecs. Nous savons par Délécluze (*David, son école et son temps*) quelle fut la fermentation intellectuelle à l'atelier de David. En commençant les Sabines, David avait déclaré qu'il ferait *plus grec* que les Horaces (il les trouvait, disait-il, d'art anatomique), et il s'entoura de modèles archaïques. Ceux de ses élèves qu'on appelait les *Penseurs*, les *Primitifs* ou les *Barbus* de 1800, ne voulaient conserver de l'antiquité que les vases et quelques statues ; ils souhaitaient brûler le reste comme rococo et pompadour ; ces jeunes gens s'habillaient en héros de l'Iliade, ne parlaient que d'Homère et d'Ossian, mais aussi de la Bible ; et l'un d'eux Maurice Quaï, ami de Nodier, fit à l'atelier une défense de Jésus-Christ et de l'Évangile qu'approuvèrent vivement quelques élèves lyonnais.

C'est vers le même temps qu'on connut mieux à Paris par l'expédition de Bonaparte, les merveilles de l'ancienne Égypte, autre élément d'une évolution des arts du décor.

A Rome, quand M. Ingres y arriva en 1806, l'agitation était plus considérable encore. C'est vers 1750 que Winckelmann avait commencé ses études. Le *Recueil d'antiquités* de Caylus

est de 1755 ; le *Laocoon* de Lessing, de 1763. Jamais l'engouement pour l'antiquité n'avait été si vif, jamais il n'avait ali-
menté d'aussi savantes théories. C'est l'époque du *beau idéal*
et des subtilités de Quatremère de Quincy. Faut-il représenter
Médée dans le moment qu'elle égorge ses enfants ou quelques
instants avant ce crime, alors que l'amour maternel combattait
encore avec la jalousie? faut-il que Laocoon gémisse, ou s'il
faut qu'il crie? s'il est permis à l'art d'étendre son imitation à
toute la nature visible dont le beau n'est qu'une petite partie?..., Winckelmann savait qu'au cabinet Cavaceppi un torse
d'André del Sarte fournit les meilleures proportions du type du
sein virginal... Flaxman, Thorwaldsen, Canova s'efforçaient de
restituer en sculpture la beauté antique. Raphaël Mengs imitait
le style des peintures récemment découvertes, avec d'autres
antiquités importantes, à Herculanum et à Pompéi. Les fouilles
commencées en 1748 devaient prendre le plus grand développement sous Joachim Murat de 1812 à 1815. Le premier livre
sur ce sujet, qui a précédé les *Ruines*, de Mazois, est *Le Anti-
chita di Ercolano*, paru à Naples en 1792. Ces peintures étaient
destinées à produire sur les artistes du xixᵉ siècle la même
impression que les thermes de Titus sur Raphaël, ou les Noces
aldobrandines sur Poussin. Les vases étrusques ou soi-disant
tels attiraient l'attention des érudits. Le chevalier Hamilton en
avait collectionné et dessiné un grand nombre. Séroux d'Agin-
court était aussi à Rome ; il terminait l'*Histoire de l'art* de
Winckelmann ; il avait visité les Catacombes, autre nouveauté,
avec Bosio qui les avait le premier parcourues : ce qui vaut
d'être noté si l'on songe en quel sens les élèves d'Ingres devaient
transformer la peinture religieuse.

Le *Génie du Christianisme* paraissait d'ailleurs à Paris, en
1802 : à côté du beau canonique, on retrouvait le beau expressif du
Moyen-Age ; et pendant que le sculpteur Giraud moulait pour
la première fois les Marbres du Vatican ; que Choiseul Gouffier
rapportait le fragment des Panathénées au musée Napoléon et
faisait mouler les bas-reliefs du Parthénon peu de temps avant
le voyage de Lord Elgin ; pendant que les Allemands découvraient les frontons d'Égine (1811), et les marbres de Phy-
galie (1812) — Alexandre Lenoir poursuivait la publication
commencée en 1800 du *Musée des Monuments français*, et

enrichissait nos collections des débris de notre art national. Emeric David s'efforçait de « détruire l'erreur qui a fait croire que la peinture avait presque cessé dans le Moyen-Age ». Une réaction chrétienne se produisait partout contre le classicisme de Winckelmann et de David. C'est Gœthe qui a le premier admiré les cathédrales, celle de Strasbourg du moins. La vieille école de Nüremberg et Albert Dürer n'étaient plus ignorés ou totalement méconnus depuis les recherches de Valckenrœder et son ouvrage intitulé les *Épanchements de cœur d'un moine ami des arts* (1797). MM. Overbeck, Pforr et Vogel, expulsés comme indépendants, de l'école de Düsseldorf, arrivaient à Rome en 1810, et fondaient au couvent de San Isidoro une sorte d'atelier monastique : c'étaient les *Peintres de l'Ame*, les *Préraphaëlites*, les *Nazaréens*, épris avant tout de l'idéal catholique et de ces fresques du Quattrocento, qu'on admire si universellement aujourd'hui, mais qu'on flétrissait alors de la qualification méprisante de « gothique ». Or, en passant à Florence et à Pise, en 1806, M. Ingres avait déjà copié des giottesques, et avec quel enthousiasme ! Il achetait des petits tableaux de l'école de Fra Angelico, il dessinait dans les cloîtres. à Assise, à Pérouse, à Spolète.

Aussi, dès ses premières expositions. les critiques lui reprochaient « cette fantaisie extraordinaire de remettre à la mode la manière de peindre des siècles passés » (Boutard) et « de chercher dans un genre non moins détestable qu'il est gothique. à faire rétrograder l'art de quatre siècles, à nous reporter à son enfance, à ressusciter la manière de Jean de Bruges » (*Pausanias français,* 1806). L'attitude de l'Empereur il l'avait « prise. ainsi que le reste, dans quelque médaille gothique ». En 1819. il est encore pour M. de Kératry « ce jeune artiste (39 ans) qui se donne beaucoup de peine pour gâter un beau talent », « qui voudrait nous ramener à l'enfance de l'art, dont les peintures semblent sorties de l'école de Pérugin », « qui a foulé en vain cette terre, l'Italie, qui faisait jadis les héros et qui fera encore les artistes. » [1]

Il en était arrivé définitivement à Raphaël, lorsque en 1824 (*le Vœu de Louis XIII*) la presse officielle. cessant de le mal-

---

1. De Kératry. — Lettres sur le Salon de 1819.

mener, le désigna comme le sauveur de l'Institut. Le gothique
avait fait de nombreux adeptes dans tous les camps, et surtout
dans l'école romantique que Jal appelait l'école anglo-véni-
tienne. L'évolution de M. Ingres était terminée.

Toutes les tendances depuis manifestées dans l'art du xix^e
siècle étaient donc comme flottantes dans l'atmosphère intellectuelle où se forma M. Ingres. L'enseignement basé sur l'antique romain, sur l'inutile perfection de l'Apollon du Belvédère était déjà chancelant dans l'atelier même de David. Or, la
peinture antique, celle des Vases et celle de Pompéi, se trouvait combinée avec la tradition giottesque, au gré de M. Ingres,
dans le seul génie du peintre des Stanze et des Loges. Il eut
ainsi le rare bonheur de proposer en exemple à ses élèves le
compromis exceptionnel que réalisa, entre l'antique grec et les
primitifs chrétiens, entre le beau canonique et le beau expressif, le divin Raphaël.

<h2 style="text-align:center">II</h2>

LA DOCTRINE DE M. INGRES

Voici d'après ses propres écrits ou d'après les souvenirs de
ses élèves, quelques aphorismes, en ordre méthodique, qu'il
importe de méditer pour connaître la doctrine de M. Ingres[1].

Et d'abord, la nécessité d'une doctrine :

Poussin n'eût jamais été si grand, s'il n'avait eu une doctrine.

Sur l'œuvre d'art :

Si j'avais un fils je voudrais qu'il n'apprît à peindre qu'en faisant des
tableaux.

---

1. La plupart des citations de M. Ingres (celles dont je n'indique pas la source)
sont empruntées aux cahiers de Montauban, dont M. Lapauze a publié des résumés
analytiques et des extraits judicieusement choisis dans son grand ouvrage sur les
Dessins d'Ingres. Je dois encore à l'obligeance de M. Lapauze la communication
des précieuses photographies du texte du ixe cahier.

J'ai consulté également l'*Ingres* de Delaborde ; *l'atelier d'Ingres* d'Amaury-Duval ; *Opinion d'un artiste sur l'Art* de Janmot ; *Ingres, son école, son enseignement du
dessin* de R. Balze, etc.

(Cité par Janmot). Janmot ajoute que cette opinion était en désaccord avec la pratique habituelle de son enseignement ; que, d'ailleurs, il est bien vrai que les Maîtres n'ont pas laissé d'études, celles que nous en avons ayant toujours une destination :

Sur la nature et sur le beau :

La nature supérieure est maîtresse, elle accorde tout à ceux qui lui demandent en face et n'est avare que pour les pauvres honteux (Flandrin).

Copier tout bonnement, tout bêtement, copier servilement ce qu'on a sous les yeux ; l'art n'est jamais à un si haut degré de perfection que lorsqu'il ressemble si fort à la Nature qu'on peut le prendre pour la Nature elle-même.

Conservez toujours cette bienheureuse naïveté, cette charmante ignorance (Amaury-Duval).

Aimez le vrai parce qu'il est aussi le beau.

Le nom de beau idéal si mal entendu de nos jours, ne désigne que le beau visible, le beau de la nature.

Mais

L'art ne doit rendre que la beauté.

Si vous voulez voir cette jambe laide, je sais bien qu'il y aura matière : mais je vous dirai : prenez mes yeux et vous la trouverez belle.

Si je pouvais vous rendre tous musiciens, vous y gagneriez comme peintres. Tout est harmonie dans la nature... Aujourd'hui nombre d'artistes crient contre les compositions, ne veulent plus de l'arrangement d'un tableau... la nature du hasard, rien que la nature, et avec cela, empâtez, placardez la couleur en masse : voilà leurs principes ! (Balze).

Croyez-vous que je vous envoie au Louvre pour y trouver le beau idéal, quelque chose d'autre que ce qui est dans la nature. Ce sont de pareilles sottises qui aux mauvaises époques ont amené la décadence de l'art. Je vous envoie là parce que vous apprendrez des antiques à voir la nature, parce que ils sont eux-mêmes la nature : il faut vivre d'eux, il faut en manger... (Balze).

Que les jambes soient comme des colonnes...

Peindre sans le modèle. Il faut bien se pénétrer que votre modèle n'est jamais la chose que vous voulez peindre, ni comme caractère de dessin, ni comme couleur, mais qu'il est en même temps indispensable de ne rien faire sans lui...

Et tel génie que vous ayez, si vous peignez jusque au bout d'après, non la nature, mais votre modèle, vous en serez toujours esclave, votre peinture sentira la servitude. La preuve du contraire est dans Raphaël car il l'avait tellement domptée et l'avait si bien dans sa mémoire qu'au lieu qu'elle lui commandât, on dirait que c'est elle-même qui lui obéissait...

Poussin avait coutume de dire que c'est en observant les choses qu'un peintre devient habile plutôt qu'en se fatiguant à les copier ; oui mais il faut que le peintre use des yeux.

Amaury-Duval rapporte qu'il ne voulait pas qu'on prononçât le mot de *chic* à l'atelier. Il raconte aussi son horreur de l'anatomie et l'histoire du squelette.

L'anatomie, cette science affreuse ! Si j'avais dû apprendre l'anatomie, moi-même je ne me serais pas fait peintre !

Il disait à M. D... :

Faites des lignes, beaucoup de lignes, de souvenir ou d'après nature, c'est ainsi que vous deviendrez un bon artiste.

On peut considérer comme une heureuse formule de sa pensée, cette note des cahiers de Montauban copiée par lui dans un article de Delécluze :

... Il n'a cessé de faire de nobles efforts pour conserver intactes la nature et la dignité de l'art qu'il exerce... Même dans les portraits, ce besoin de concentrer sa pensée en donnant de l'homogénéité aux formes, cet instinct qui le force à ramener à l'unité des traits principaux d'un visage les détails qui tendent à s'en écarter... est très frappant.

ou encore ce conseil empathique :

Pour vous former au beau, ne voyez que le sublime, allez la tête levée vers les cieux au lieu de la tenir courbée vers la terre comme des porcs qui cherchent dans la boue (Balze).

Sur les anciens :

Les chefs-d'œuvre de l'antiquité ont été faits avec des modèles comme nous en avons sous les yeux en ce moment à Paris... Il faut trouver le secret du beau par le vrai (Janmot).

Les anciens ont tout vu, tout compris, tout senti, tout rendu (Janmot).

Les figures antiques ne sont belles que parce qu'elles ressemblent à la belle nature... Et la Nature sera toujours belle quand elle ressemblera aux belles antiques.

L'art grec prouve sa supériorité, par la maîtrise même des simples artisans, des potiers par exemple. Une seule composition d'un beau vase illustrerait un peintre moderne.

Je suis un grec moi !

Étudiez les vases, je n'ai commencé à comprendre les Grecs qu'avec eux (Balze).

Son idéal, écrit Janmot, était de refaire l'antique par l'étude de la nature : — aussi, de son enseignement passionné et dominateur il ne reste que le réalisme.

En parlant des primitifs de Pise, 1806 :

C'est à genoux qu'il faudrait copier ces hommes-là !

Moi aussi je sais bien que celle-là (une figure giottesque) a le nez trop pointu et des yeux de poisson ; mais Raphaël lui-même n'a jamais atteint une expression pareille.

Bien avant l'époque romantique, Amaury-Duval remarque qu'il avait représenté des sujets moyenâgeux.

Peignons donc des tableaux français !

Et même qu'il avait emprunté à l'art de cette époque une certaine raideur naïve (*Charles VII, Francesca, Angélique*). Ajoutons que l'un des premiers il introduisit dans les scènes historiques le soin de la couleur locale et de l'archéologie ; ses carnets sont pleins de croquis de costumes dessinés avec amour, d'après des gravures ou des tableaux de Primitifs.

De Raphaël il préférait *la Dispute* et surtout *la Messe de Bolsène*.

Raphaël, un Dieu, un être inimitable, absolu, incorruptible, et Poussin le plus parfait des hommes.

Nourrissez-vous-en, Messieurs, prenez-en tout ce que vous pourrez prendre, c'est la manne tombée du ciel, celle qui vous nourrira, vous fortifiera (Amaury-Duval).

Sur le Dessin.

J'écrirai sur la porte de mon atelier : école de dessin, et je ferai des peintres.

Le dessin est la probité de l'art.

Le dessin comprend tout excepté la teinte. C'est l'expression, la forme intérieure, le plan, le modelé.

La ligne c'est le dessin, c'est tout.

La fumée même doit s'exprimer par un trait.

Le dessin est tout, c'est l'art tout entier. Les procédés matériels de la peinture sont très faciles et peuvent être appris en huit jours ; par l'étude du dessin par les lignes, on apprend la proportion, le caractère, la connaissance de toutes les natures humaines, de tous les âges, leurs types, leurs formes et le modelé qui achève la beauté de l'œuvre.

L'expression est la partie essentielle de l'art et liée intimement à la forme.

Il n'y a pas de dessin correct ou incorrect, il n'y a que du dessin beau ou laid, voilà tout (Janmot) !

Pour arriver à la belle forme, il faut modeler rond et sans détails intérieurs.

Les belles formes ce sont des plans droits avec des rondeurs.

Pourquoi ne fait-on pas du grand caractère, parce qu'au lieu d'une grande forme, on en fait trois petites.

Ayez toute entière dans les yeux, dans l'esprit, la figure que vous voulez représenter et que l'exécution ne soit que l'accomplissement de cette image possédée et préconçue.

Ce qu'il enseignait aux débutants, d'après Amaury-Duval, c'était la ligne et les masses, c'est-à-dire le mouvement qu'il saisissait lui-même si vite, et la silhouette de la masse d'ombre en clignant des yeux.

Il faut donner de la santé à la forme.

Sur la peinture :

Une chose bien dessinée est toujours assez bien peinte.

Il est sans exemple qu'un grand dessinateur n'ait pas trouvé la couleur qui convenait exactement au caractère de son dessin.

Les qualités essentielles de la couleur sont plus dans l'ensemble des masses ou noirs du tableau.

La couleur partie animale de l'art...

Le coloris un des ornements de la peinture, la dame d'atours de sa sœur, à cause que c'est le coloris qui procure des amateurs et des admirateurs aux plus importantes perfections de l'art.

Devant les Rubens, mettez-vous des œillères comme aux chevaux (Amaury-Duval).

Messieurs, mettez du blanc dans les ombres (id.).

Il ne faut pas dans une ombre de contour mettre la teinte à côté du trait, il faut la mettre sur le trait.

Les reflets étroits dans l'ombre, les reflets longeant les contours sont indignes de la majesté de la peinture d'histoire.

La qualité de détacher les objets en peinture et que beaucoup regardent comme une chose de la plus grande importance dans un tableau, n'était pas un des objets sur lesquels Titien, le plus grand coloriste de tous, avait le plus fixé son attention. Des peintres d'un mérite inférieur ont fait consister le principal mérite de la peinture ainsi qu'il l'est encore par la tourbe des amateurs qui éprouvent la plus grande satisfaction quand ils voient une figure autour de laquelle il semble, disent-ils, qu'on puisse tourner.

Maintenant on veut que ça tourne, je me moque pas mal que ça tourne (A. Duval).

On ne finit que sur du fini (mot cité par Janmot à Delacroix).

Ne pas perdre son temps à copier. Faites de simples croquis d'après les maîtres (A. Duval).

Il faut user de la facilité en la méprisant, mais malgré cela, quand on en aura pour cent mille francs, il faut encore s'en donner pour deux sous.

*
* *

M. Ingres enseignait, résumerons-nous, la Nature, et qu'on la traduit par le dessin. Mais le dessin n'est pas la copie du modèle, il faut chercher avant tout la Beauté. Et qu'est-ce que la Beauté ? C'est ce qu'on discerne en fréquentant les Grecs et Raphaël.

Il n'y a pas tant de contradiction, si l'on tient compte des exagérations de l'homme, entre les deux ou trois principes qu'il affirmait ainsi alternativement, avec quelles phrases, quelles attitudes, quels éclats de voix et quel accent ! Ce toulousain exubérant, violent, autoritaire, adorait ses élèves comme ses enfants. A propos d'un concours d'esquisses : « On a fait, s'écriait-il, une injustice horrible, j'en ai été malade, car en vous maltraitant on maltraite mes enfants. » Il disait de Flandrin qui avait la première fois raté son prix de Rome : « Voici l'agneau qu'ils ont égorgé ! » Cet homme qui pleurait, embrassait, gesticulait et s'indignait à la pensée de vendre ses conseils, était de ceux qui disposent de tous les moyens extérieurs, de tout l'ascendant nécessaire pour imposer des opinions à des jeunes gens. Tous les artistes qui l'ont approché ont gardé l'ineffaçable souvenir de l'émotion où les plongeait une parole, un geste, un regard de lui.

Ses élèves ont accentué cet enseignement, chacun suivant son propre tempérament, dans les sens les plus divers : décoratif, catholique, philosophique, gothique, littéraire, néo-grec, naturaliste. Quelques-uns l'ont compris mieux que le maître lui-même. Amaury-Duval raconte à ce propos l'anecdote ty-

7

pique du peintre Granger soutenant à M. Ingres qui en écumait,
que l'Œdipe était idéalisé, alors que M. Ingres prétendait
n'avoir fait que copier la nature. Il s'étonne, à ce sujet, et rétro-
spectivement, du manque de logique de M. Ingres. Il croyait,
dit-il, nous faire copier la nature en nous la faisant copier
comme il la voyait. La plupart ont accepté le conseil sans en
dégager aussi nettement le principe. Amaury-Duval, esprit
philosophique, en a tiré une théorie intégrale de la déformation subjective. Tout le passage est à relire ; en rappelant le
reproche qu'on faisait à l'*Odalisque* Pourtalès (maintenant au
Louvre) d'avoir trois vertèbres de trop, il concluait : *Dans des
proportions exactes, aurait-elle un attrait aussi puissant ?* C'est
le lieu de citer le mot d'Odilon Redon, devant le Paolo de la
Francesca, qui l'enlace d'un mouvement hardi et géométrique
de crabe saisissant sa proie : *Mais c'est Ingres qui a fait des
monstres !*

N'importe. Il est remarquable qu'enseignant la Nature et son
Idéal, il ait pu former des élèves capables à leur tour, tout en
croyant copier, de créer des poèmes de naïveté, d'austérité, de
grandeur ou d'emphase, — Janmot, Flandrin, Mottez ou Signol, — sans qu'ils se soient contentés de transcrire le modèle
et de le faire entrer tel quel dans l'économie de leurs compositions : — procédé en vérité facile. trop familier aux médiocres
qui les ont suivis.

III

L'APPORT DE L'ÉCOLE D'INGRES. — THÉORIES ET RÉSULTATS

Il est nécessaire, pour limiter cette étude, de ne considérer
comme Élèves d'Ingres que ceux qui ont le plus directement
subi son empreinte, compris sa pensée, et produit, à l'époque
où il les influençait, des ouvrages importants : H. Flandrin, P.
Flandrin, Lehmann, Ziegler, Mottez, Amaury-Duval, Stürler,
Chenavard, Bénouville, Timbal, Papety, Chassériau, Lamothe, Janmot [1]. Presque tous sont des décorateurs dont on peut

1. Dans cette liste j'avais oublié Jean Brémond. M. Albert Besnard répara cette

voir les œuvres dans les églises de Paris. J'y ai joint, à ce propos, Orsel, Périn et Roger, les peintres de Notre-Dame de Lorette qui procèdent manifestement du même esprit quoiqu'ils n'aient pas fréquenté l'atelier du maître.

C'est M. Baltard, prix de Rome d'architecture sous le directorat de M. Ingres (1833) et son fidèle admirateur, qui entreprit vers 1842, comme inspecteur des Beaux-Arts, la décoration des églises de Paris. En offrant des murailles à des artistes que leur éducation destinait à la peinture monumentale, il favorisait un certain nombre d'expériences décisives pour l'évolution de cet art. La grande décoration n'existait pas avant 1827, date de l'*Apothéose d'Homère* ; pour la première fois (car le *Jupiter et Thétis* n'avait pas été exposé), on avait pu voir l'admirable résultat de l'emploi raisonné des teintes plates, claires, bien dans le mur, de valeurs équivalentes, presque sans modelé, avec des silhouettes très lisibles et fortement dessinées, sans artifices de clair obscur. Ce dut être une révélation pour les peintres de ce temps, comme plus tard pour nous, les grandes compositions de Puvis de Chavannes ; celui-ci d'ailleurs ne faisait que continuer et développer les innovations de M. Ingres — ou de ses élèves.

Si les œuvres dont nous parlons ici furent souvent d'inspiration et de métier archaïques, rappelons pour l'expliquer qu'elles se produisirent à une époque de fanatisme archéologique. Les artistes d'alors eurent le louable souci de se conformer au style des édifices qu'ils décoraient ; et ceux-ci étaient des pastiches du Moyen-Age ou de la Renaissance italienne. Les architectes et les sculpteurs, absorbés par un juste enthousiasme pour les monuments retrouvés, archaïsaient par principe et par goût. L'habitude des restaurations affaiblit l'énergie créatrice. Le type le plus complet de ce genre de travail est l'église Sainte-Clotilde : il s'en faut qu'elle soit sans intérêt, et

omission en écrivant quelques pages excellentes sur cet artiste, à qui on doit, entre autres ouvrages, la décoration de l'église de la Villette à Paris. (*L'Occident*, décembre 1902.)

que telle statue de M. Guillaume ou tel tympan d'Oudiné, pour primitifs qu'ils veulent paraître, soient dénués de saveur et d'originalité. On appliquait savamment au monument neuf, à l'édifice en construction les recettes apprises autour des cathédrales.

C'est dans le même esprit qu'ont été faites les restaurations de fresques et de vitraux, et ces admirables reconstitutions que sont, par exemple, les porches de Notre-Dame de Paris et de Vézelay, ou ce délicieux meneau de la porte principale de la cathédrale d'Autun (Saint Lazare et ses sœurs). Faut-il se plaindre qu'un Bianchi, plutôt que les laisser périr, ait ajouté un peu de la froideur de Flandrin aux fresques de Giotto à Santa Croce ?

Incidemment la question se pose : faut-il restaurer ? Maintenant que les Musées, les sociétés d'amis des monuments, les catalogues et les archéologues ont tari ou à peu près notre faculté créatrice, faut-il faire l'éloge du vandalisme ? Nos pères, au xviie et au xviiie siècles, se croyaient permis d'ajouter dans le goût de leur temps, des ornements, des autels, des transepts, des façades aux vieilles nefs des cathédrales. Une verrière tombait en ruines : ils la remplaçaient sans scrupules, ou simplement la consolidaient de plombs quelconques, au hasard des cassures. Leur style à eux, croyaient-ils, était toujours préférable aux styles du passé. Cette illusion féconde nous manque, définitivement. Nous n'osons plus même restaurer. Nous étiquetons, nous hospitalisons pieusement les débris des époques évanouies : nos musées ne sont plus que des refuges d'éclopés, des asiles d'invalides, des collections de documents cliniques à l'usage des savants. Si les Viollet-le-Duc n'avaient complété des ruines, rétabli des ensembles, quelle idée nous ferions-nous du Moyen-Age ? Et si plus anciennement les artistes de la Renaissance n'avaient restitué pour le Vatican et le Louvre les statues morcelées, notre goût pour l'antiquité classique serait-il aussi passionné ? Les bas-reliefs trouvés récemment à Delphes ne satisferont jamais que la curiosité des érudits : mais l'adjonction judicieuse de quelques morceaux en ferait des objets d'art d'une portée très générale. Nous qui collectionnons les moindres bibelots et les plus insignifiants souvenirs, qui sommes accablés de tant de respect et agenouillés devant tant d'idoles, admirons, sans nul parti-pris, la sincère expression d'eux-mêmes que les gothiques de 1830 ont su ajouter aux charmes réparés des œuvres du Moyen-Age ; méditons sur l'audace des restaurateurs.

*
* *

M. Ingres avait pris grand soin de modérer les tendances archaïques des élèves. Quelle leçon il sut donner à l'un d'entre eux (Lefrançois), lorsqu'étant allé avec lui à Orvieto pour copier les Signorelli, il s'écriait : « Sans doute c'est beau, c'est très beau ; mais... c'est laid : tenez, moi, je suis un grec, allons-nous-en ! »

« Ces messieurs, disait-il aussi, en parlant de Stürler et d'Amaury-Duval, ces messieurs sont à Florence, moi je suis à Rome..., vous entendez, je suis à Rome. Ils étudient le gothique... Il n'y a que les Grecs ! » Paroles très dures pour ces Primitifs qu'il avait tant aimés, qu'il avait découverts, ajouterai-je, et qu'il s'était si parfaitement assimilés ! Paroles très dures, mais nécessaires ! — Tandis que les disciples d'Overbeck s'enfermaient dans l'imitation servile, minutieuse, des Primitifs et qu'ainsi se formait en plein xix° siècle cette tradition moyen-âgeuse que devaient illustrer après l'école allemande, Dante Gabriel Rossetti et les P. R. B., et dont l'influence persiste chez plusieurs peintres contemporains, — les élèves d'Ingres demeurèrent fidèles au culte de l'Antique, à la plénitude de la forme, à l'amour de la nature. Si pénétrés qu'ils fussent du désir d'exprimer des sentiments nobles, ou des idées, l'intolérance du Maître les empêcha de méconnaître les exigences de leur art. Ce furent des peintres. Leur goût des Primitifs ne comportait guère de littérature.

Que leur ont-ils emprunté ? Des sujets et surtout des procédés pour les décorations d'églises : la peinture à l'encaustique ou la fresque. Victor Mottez a traduit le *Libro del arte* de Cennino Cennini, merveilleux résumé de la science des artistes du Moyen-Age : excellent praticien, il y a joint un précieux appendice, fruit de son expérience, indispensable à quiconque veut appliquer, avec les matières actuellement en usage, les antiques méthodes[1]. Des contrats ont été signés, presque dans les mêmes formes que les contrats du xv⁰ siècle, entre des peintres et des conseils municipaux ou des fabriques d'églises. Il faut regretter que les intempéries de notre climat, la mauvaise qualité de nos matériaux, ou l'incurie des architectes et des administrations — ceci est vrai pour le Porche de Saint-Germain l'Auxerrois — aient presque partout compromis la conservation des fresques et rendu inutile la science qu'ils y ont dépensée.

* *

Pour ces grandes entreprises, comme au xv⁰ siècle, les élèves d'Ingres ont su collaborer. Exemple rare en notre temps. Chaque artiste conservait sous une même direction sa part d'initiative. Ainsi Bénouville a dessiné un grand nombre de cartons pour les travaux d'Amaury-Duval à l'église de Saint-Germain-en-Laye. Les travaux entrepris par Chenavard pour le Panthéon n'étaient exécutables que par toute une équipe de peintres. Dans la Procession de Flandrin à Saint-Vincent de Paul, le Saint-Christophe et la Sainte-Pélagie sont de Lamothe, et l'on ne compte pas les figures exécutées et peut-être même inventées par Paul Flandrin dans l'œuvre de son frère. Ils ont ainsi tenté d'appliquer dans un siècle d'individualisme l'ancienne méthode, plutôt monastique, du travail en commun, où chacun prend part à la saine besogne matérielle, sur l'échelle ou l'échafaudage, tout en fournissant à l'idée commune la contribution quotidienne de ses sensations. C'était le rêve d'Amaury-Duval, que M. Ingres eût associé ses élèves à son œuvre, qu'il se fût servi d'eux comme d'instruments, et qu'ils eussent été les parties d'un ensemble qu'il aurait dirigé. Admirable utopie dont je voudrais que les jeunes gens fissent leur profit ; je les renvoie à ce propos à André Gide qui eut le courage et la lucidité de professer, récemment dans un milieu individualiste[2], une théorie de l'influence !

1. Cf. la nouvelle édition de ce livre, avec une préface de Renoir. (Bibliothèque de *l'Occident*, 1911.)
2. A la Libre Esthétique, à Bruxelles, en 1901.

. *

Dans le domaine restreint de l'art ornemental, l'école d'Ingres aura marqué les débuts d'une véritable renaissance. Les éléments de cette transformation sont disparates. Il est inouï qu'un critique professionnel ne l'ait pas encore éclairci. Il y a le parti architectural des Italiens qui consiste à créer de faux trompe-l'œil, à imiter en camaïeu, en grisaille, les moulures, les marbres, les ornements sculptés (voir Giotto ou Michel-Ange). Quoique épris des formules italiennes, les élèves d'Ingres ont préféré le parti byzantin, ou romano-gothique, suivant quoi un motif se répète, géométrique ou floral, sur un fond uni. Un peu de fantaisie pompéienne s'y est mélangé, dans des proportions charmantes, à la rigidité héraldique.

Certaines bordures de Mottez dans ses fresques de Lille, les ornements inventés par Amaury-Duval, par exemple la branche d'églantine de la chapelle de la Sainte Vierge, à Saint-Germain, les charmants encadrements qu'il imagina pour le château de Linières, — ce sont autant d'éléments d'un art, sans doute contestable, mais souvent exquis, et qui comporte le même genre d'agrément, qui relève du même goût sobre que les inventions d'un William Morris ou d'un Grasset : notre art décoratif actuel, l'*art nouveau* a ses origines.

.

Faut-il maintenant insister sur le caractère, profondément idéaliste, de cette grande poussée d'art monumental? La symétrie rythmique de l'*Apothéose d'Homère*, la piété des Processions d'Hippolyte Flandrin, la noblesse des figures de Mottez, le charme mélancolique et bien 1830 des anges d'Amaury-Duval, la fougue dramatique ou la sérénité du Chasseriau de la Cour des Comptes, la candeur franciscaine de Janmot ; quelle variété d'efforts pour réaliser le plus poétique idéal! Ils doivent, ces maîtres harmonieux, la plus grande part de leurs qualités d'expression à la sévérité de leurs contours, à la pureté de leur dessin. Ce serait le lieu de rééditer les théories désuètes, qui furent les leurs, sur la supériorité intellectuelle et philosophique de la ligne au détriment de la couleur, et de citer Charles Blanc. Il est plus instructif, croyonsnous, de placer ici un « éreintement » de Baudelaire (Salon de 1846) où l'on découvrira, à travers les rosseries du grand critique, le véritable point de vue où il faut se placer pour juger l'École, et qu'à une certaine époque, élève d'Ingres et idéaliste étaient synonymes :

(Baudelaire vient de nommer Flandrin, Lehmann et Amaury-Duval.)

« Leur goût immodéré pour la distinction leur joue à chaque instant de mauvais tours. On sait avec quelle admirable bonhomie ils recherchent les tons distingués… La distinction dans le dessin consiste à partager les préjugés de certaines mijaurées, frottées de littératures malsaines, qui ont en horreur les petits yeux, les grands pieds, les grandes mains, les petits fronts, et les joues allumées par la joie et la santé, — toutes choses qui peuvent être fort belles.

« Cette pédanterie dans la couleur et le dessin nuit toujours aux œuvres de ces messieurs, quelque recommandables qu'elles soient d'ailleurs. Ainsi devant le portrait bleu d'Amaury-Duval et bien d'autres portraits de femmes ingristes ou ingrisées, j'ai senti passer dans mon esprit, amenées par je ne sais quelle association d'idées, ces sages paroles du chien Berganza qui fuyait les bas-bleus aussi ardemment que ces messieurs les recherchent : « Corinne ne t'a-t-elle jamais paru insupportable ?… Quelque beaux que pussent être son bras ou sa main, jamais je n'aurais pu supporter ses caresses sans une certaine répugnance, un certain frémissement intérieur qui m'ôte ordinairement l'appétit. — Je ne parle ici qu'en ma qualité de chien ! » J'ai éprouvé la même sensation que le spirituel Berganza devant presque tous les portraits de femmes anciens ou présents de MM. Flandrin, Lehmann et Amaury-Duval, malgré les belles mains, réellement bien peintes, qu'ils savent leur faire et la galanterie de certains détails. Dulcinée de Toboso elle-même, en passant par l'atelier de ces messieurs, en sortirait diaphane et bégueule comme une élégie et amaigrie par le thé et le beurre esthétiques.

« Ce n'est pourtant pas ainsi, il faut le répéter sans cesse, que M. Ingres comprend les choses, le grand maître[1] ! »

Non, M. Ingres ne comprenait pas les choses comme ses élèves ont fait depuis : c'est ce qui motive cette étude. Du moins, son réalisme hautain, sa forte conscience, son grand goût pour la Beauté devinrent, pour ses élèves, les bases d'un idéalisme souvent robuste, quoi qu'en dise Baudelaire, et sans mièvrerie. Et le dessin qu'il leur avait presque exclusivement enseigné leur fut un merveilleux moyen d'épurer leur rêve, de le généraliser, de le définir en clarté.

IV

QUELQUES FIGURES

Hippolyte FLANDRIN

le plus connu des élèves d'Ingres, n'est pas le plus séduisant, ni le plus original. Il était tout désigné par la piété de sa vie, par la sévérité de son talent, pour décorer les murs d'églises. Ses lettres, que M. Delaborde a publiées, donnent une juste idée de son âme noble et candide et de la docilité laborieuse avec laquelle il suivit, toute sa vie, M. Ingres. Lyonnais comme Orsel, Chenavard et Janmot, il exprima plutôt l'austérité que la tendresse du catholicisme. Il y a de la grandeur dans ses symétries prévues, dans les attitudes figées, dans l'expression forcée de ses figures. A l'église d'Ainay, où il décora des absides avec les formules empruntées aux mosaïques romaines ; à Saint-Paul de Nîmes où se déroule une procession de vierges dont l'idée est byzantine ; à Saint-Séverin, dans cette triste petite chapelle de Saint-Jean, si remarquable par l'heureuse proportion des figures et la qualité naïve du dessin : à Saint-Germain des Prés enfin, et à Saint-Vincent de Paul, — on le retrouve partout préoccupé de *décorer*, d'être ornemental dans le style antique et avec des ressouvenirs giottesques, mais sans rien sacrifier de l'étude systématique du modèle. Que de plis, que de plis ! Qui dira l'ennui des belles draperies de Flandrin,

---

1. Baudelaire. Salon de 1846, Curiosités esthétiques.

où ne transparaît aucun mouvement, aucune humanité ! La
conscience qu'il apportait à motiver par des études multiples
et monotones ses moindres inventions, ne manquons pas de le
remarquer, c'est là l'erreur de l'école. Au lieu qu'une émotion
de nature, ou quelque observation sincère de la vie ait précédé
la composition, en lui donnant une raison d'être, — l'artiste
choisit, improvise un motif, un sujet, et c'est alors seulement
qu'il *use des yeux,* qu'il cherche les éléments de son œuvre dans
les spectacles du monde extérieur ; mais quels spectacles lui
sont offerts à ce moment palpitant de sa besogne créatrice ? un
modèle ou quelque mannequin drapé dans un jour d'atelier !

Il s'en faut que les imaginations de Flandrin soient indiffé-
rentes. Elles sont toutes nobles et pures. Les anges porteurs de
couronnes à Saint-Vincent de Paul sont d'une inoubliable majesté. Dans un autre genre, la *plantation,* le paysage des *Bergers
de Virgile* (1831) est digne d'un poète comme Puvis de Chavannes. Ses dessins ne sont pas sans caractère : mais, comme
ses études de femmes manquent de volupté ! Le sombre portrait
qu'il a fait de lui-même (Musée de Versailles), si volontaire et
sans charme, est émouvant à force de jansénisme. Le portrait
aussi triste, et je crois vraiment ressemblant, de Napoléon III
au même musée, est d'un faire plus léché, plus quelconque.
On y retrouve la marque de M. Ingres, l'Ingres du portrait
de Madame de Broglie, comme ailleurs, dans ses décorations,
certaines de ses silhouettes froidement et uniformément cloison-
nées font regretter le dessin passionné et la belle exécution de
l'*Apothéose d'Homère.*

Son frère

PAUL FLANDRIN

fut aussi son émule et son plus fidèle collaborateur. C'est lui
qui dessinait sur le mur à la grandeur d'exécution. Il avait la
spécialité des mains et des pieds. Son frère était-il dérangé
d'une séance de modèle par quelque obligation imprévue, il
confiait à Paul l'étude commencée, le mouvement à chercher,
le morceau à faire. Ils se drapaient l'un l'autre et posaient
alternativement. Jamais union ne fut aussi intime de deux
talents aussi parallèles. Cette collaboration, qui fait l'éloge de
ces deux hommes, commença dès le concours de Rome d'Hip-

polyte, en cette lugubre année 1832 où le choléra fit tant de victimes : Paul aida son frère malade en loge. Elle se continua après la mort du frère aîné. Le bon Dieu n'avait pas voulu, comme disait Hippolyte, qu'il achevât sa maison ; et c'est Paul qui termina l'œuvre commencée, qui exécuta les derniers panneaux de la nef de Saint-Germain des Prés.

Il reste donc de Paul Flandrin, outre des paysages historiques, dans une note incolore, et de nombreuses études peintes ou dessinées, soit dans la Campagne romaine vers 1840 (ce sont les meilleures), soit en Provence, aux environs de Lyon, en Bretagne, dans la banlieue de Paris ; — outre des charges qui font honneur à la vivacité de son esprit ; — il reste des dessins de même caractère que ceux de son frère, si semblables qu'il est parfois difficile de les distinguer ; — et dans la chapelle des fonts baptismaux à Saint-Séverin, deux scènes de l'Évangile encadrées de nobles montagnes, froide réminiscence de sites méridionaux.

Le trop célèbre

LEHMANN

semble avoir lui aussi confondu la froideur et le style. De son œuvre considérable il faut retenir quelques bons portraits et des dessins volontaires. L'académisme de David qui persistait chez Ingres lui-même se complique parfois dans les œuvres de Lehmann d'un éclectisme vulgaire. « Il essayait, a dit Baudelaire, de se faire pardonner la genèse de ses tableaux par quelques mixtures adultères. »

Je trouve

ZIEGLER

tout à fait insupportable. C'était, d'après Amaury-Duval, l'homme qui voulait arriver ; il est arrivé à peindre à fresque la coupole de la Madeleine, avec une emphase et un mauvais goût plus dignes de l'atelier de Delaroche que de l'école d'Ingres. Sa vue ayant baissé, il s'adonna à la céramique. La forme et la matière de ses vases fabriqués à Beauvais ne révèlent pas plus de dons que sa peinture. En revanche, le théoricien est à lire. C'est lui qui émit l'opinion vulgarisée par Ch. Blanc sur l'harmonie du drapeau tricolore par les proportions, par les quantités relatives des trois couleurs. Son ouvrage sur la Céramique est plein d'idées de ce genre, et orienté, comme il convient à l'époque dont nous parlons, vers l'analogie universelle : analogie entre le blanc et le noir, la ligne droite et la ligne courbe, le vrai et le faux… Singulières rêveries d'un peintre qui eut du moins le mérite de s'intéresser un des premiers à des questions d'art appliqué, sans penser déchoir !

Les frères BALZE

ont fait de bonnes copies, les *Loges*, les *Stanze* ; les unes sont à l'École des Beaux-Arts ; les autres sont exposées aux intempéries du climat parisien sous les portiques des Invalides. Ils ont peint sur lave émaillée et sur carreaux de faïence. On verra avec plaisir, sous le porche de Saint-Augustin, les *tondi* agréables où Paul Balze a mis à profit les souvenirs de son long commerce avec Raphaël.

SIGNOL

élève de Gros, mais disciple d'Ingres, est devenu comme le type, le symbole de la plus affligeante banalité. Il y aurait quelque paradoxe à le présenter comme un révolutionnaire. Pourtant Gustave Planche écrivait en 1856, à propos de ses peintures de Saint-Séverin : « A force d'altérer le ton des chairs et la forme du corps, M. Signol s'est fait une sorte d'originalité… Ceux qui aiment l'originalité ne se plaindront pas. L'esprit de M. Signol n'est pas troublé par le souvenir de l'Italie et garde son indépendance. Les enfants (du *Massacre des Innocents*) sont dessinés avec une hardiesse qui va jusqu'à la singularité. Je conseille à l'auteur de modérer son pinceau. »

Il a en effet, depuis, su modérer son pinceau. Il venait alors de terminer la chapelle de Saint-Séverin (*Mariage de saint Joseph* et *Fuite en Égypte*) qui reste son meilleur ouvrage. Rappelons aussi son tableau de la *Femme adultère* dont les draperies lourdes et les tons opaques ne manquent pas d'une certaine grandeur. Le passage de G. Planche indique assez d'ailleurs, sans qu'il soit utile d'y revenir, le rôle initiateur, les innovations de l'école d'Ingres, à cette époque. Les ouvrages ultérieurs de Signol (Saint-Sulpice, Saint-Eustache, Saint-

Louis d'Antin) se passent de tout commentaire. Il imite désormais Flandrin, sans l'égaler jamais. C'est la décadence ; et nous sommes loin de l'enseignement vivant et vivifiant de M. Ingres.

V. ORSEL — PÉRIN — E. ROGER

n'ont pas appartenu à l'atelier d'Ingres. Mais il est manifeste qu'ils ont subi l'influence du Maître, dans la période où précisément cette influence était excellente.

Au point de vue de l'art religieux, d'ailleurs, les décorations qu'ils ont exécutées à l'église Notre-Dame de Lorette sont d'une importance capitale. On a pu dire que « tandis que M. Ingres rapportait d'Italie le style de la Renaissance et l'Étrusque, Orsel en rapportait le style religieux et monumental » (Cartier, *Vie de l'Angelico*). En réalité, je le répète, c'est de l'*Apothéose d'Homère* que date toute peinture monumentale en France. Victor Orsel, élève de ce Révoil, peintre lyonnais, qui collectionnait des primitifs italiens, puis de Guérin, passa à Rome les années 1822-1829 : il y rencontra Overbeck et son école. Une tendre piété l'inclina dès lors à représenter des sujets mystiques : tous ses tableaux sont religieux ; même son tableau de *Bethsabée* est d'intention pieuse : une gracieuse figure de femme y témoigne qu'au rebours de Flandrin il n'était pas insensible au charme de la forme féminine. C'était d'ailleurs son rêve et sa théorie : *il voulait baptiser l'art grec.* Heureuse formule ! Il n'y a pas d'abîme entre l'antiquité classique et le sentiment chrétien. Nous l'avions pensé, en méditant naguère devant cette belle mosaïque de Sainte-Pudentienne, à Rome, où des artistes de culture grecque ont si dignement figuré la majesté des Évangiles et la divinité de Jésus-Christ. Aucune peinture chrétienne n'égale en expression cette œuvre antique. — Mais n'était-ce pas aussi la pensée de Giotto et de Raphaël ? Ce sera l'éternel tourment des artistes chrétiens de résoudre ce difficile problème, d'opérer cette conciliation. Et jusqu'où faut-il poursuivre ce rêve d'une union intime entre la forme grecque et l'esprit chrétien ? Faut-il aller jusqu'à prétendre, comme le veulent les Bénédictins de Beuron, que tant que cette union n'aura pas été réalisée il n'y aura pas de peinture chrétienne, pas d'art chrétien ?

Donc Orsel voulut baptiser l'art grec. Il fut le premier au xix⁰ siècle à qui échut l'honneur de décorer une église. La chapelle des Litanies à N.-D. de Lorette témoigne à la fois de la pureté de son goût et de la pureté de sa foi. Son intelligence liturgique, ses intentions neuves d'ornemaniste, le parti qu'il sut tirer d'une archéologie encore inédite, tout le recommande à l'attention du critique. Certains de ses dessins sont d'une naïveté délicieuse. Théoricien assuré, praticien minutieux, il sut employer la collaboration d'amis et d'élèves sur qui son influence fut complète et qui lui conservèrent un dévouement absolu. Il travaillait avec Faivre-Dussier, G. Tyr — « Overbeck français, écrivait Gautier en 1855, avec plus de science d'exécution, mais aussi résolument cloîtré dans sa foi absolue », — et surtout Périn qui termina après la mort d'Orsel l'œuvre commencée. La chapelle de l'Eucharistie est de Périn : elle est aussi importante à tout point de vue que celle des Litanies. Périn consacra, depuis, tous ses efforts à glorifier la mémoire de son Maître : on consultera avec intérêt l'album qu'il a publié et qui contient d'excellentes reproductions de presque toute l'œuvre d'Orsel.

Une troisième chapelle, celle des fonts baptismaux, a été décorée vers 1840 par Eugène Roger, élève de Gros. Lui aussi subit l'influence d'Orsel. Ses pendentifs, qui représentent la liturgie du Baptême, sont d'une ingénuité de dessin, d'un coloris tendre qui font penser à l'Angelico. Tout ce charme qu'on ne peut bien goûter, dans la pénombre de N.-D. de Lorette, que par un temps très clair, tout ce charme disparaît dans ses œuvres plus récentes, à Saint-Roch, à Sainte-Élisabeth. Ainsi, passé la belle époque où ils archaïsaient avec cette distinction que raillait Baudelaire, mais aussi avec cette intelligence des Grecs qu'entretenait dans la jeunesse d'alors l'exemple de M. Ingres, presque tous ces artistes devinrent en vieillissant des peintres académiques, gris, ennuyeux, falots.

Louis LAMOTHE

de Lyon, travailla avec les Flandrin. Quelques dessins de lui sont admirables. Il a peint une chapelle chez les Jésuites, dessiné des prophètes pour les vitraux de Sainte-Clotilde : il suffira

de connaître dans cette église son retable de sainte Valère qui
est une excellente peinture, d'aspect un peu sombre, mais d'une
rare qualité de dessin. Il a eu le mérite et la gloire de former
l'un des hommes qui font le plus d'honneur à l'art de notre
temps et aux idées de M. Ingres. M. Degas. Ainsi placé, le
nom de M. Degas suffirait à lui seul à justifier la présente
étude. Il faut, hélas, nous limiter ; et pour ne pas dépasser les
bornes que nous nous sommes données, renoncer à montrer
l'influence directe d'Ingres sur les premiers ouvrages de
M. Degas ; puis la persistance de cette même volonté et de cette
tradition dans ses interprétations des sujets les plus actuels ;
enfin l'admirable apogée de son génie toujours plus original
et toujours plus classique.

Léon BÉNOUVILLE

est connu par sa *Mort de saint François*, qui est au Louvre, une
honnête peinture, et par quelques dessins dont plusieurs ont
servi à Saint-Germain-en-Laye aux travaux d'Amaury-Duval.

TIMBAL

élève de Drolling, a profité sans grand éclat des bonnes doctrines de M. Ingres. On connaît la *Muse et le Poète*, du Louvre.
Il a peint la chapelle Sainte-Geneviève à Saint-Sulpice, celle de
la Sorbonne et deux ou trois panneaux (dont un, charmant,
la *Présentation*) dans la chapelle des Catéchismes à Saint-
Étienne-du-Mont. Il abonde en fadeurs qui font pressentir
Cabanel.

AMAURY-DUVAL

Le délicieux, le tendre Amaury-Duval mériterait une étude
approfondie. Il a écrit des *Souvenirs de Jeunesse*, et un livre
plus connu sur *l'Atelier d'Ingres*. C'est à cette dernière publication qu'il doit de n'être pas entièrement oublié. Il s'y montre
respectueux à l'égard du Maître, mais sans docilité ni faiblesse ;
sa lettre à Sarcey sur le prix de Rome et l'École des Beaux-
Arts, ses pages sur l'organisation du Salon et contre le Jury,
sont des morceaux de fine critique qu'il faut relire ; et je ne

parle pas d'une douzaine d'anecdotes significatives et spirituellement contées. Cet homme intelligent, cultivé, audacieux, avait exposé avec de Lassus en 1839 des dessins pour la Monographie de Chartres. Il aimait le Moyen-Age ; il avait voyagé en Grèce, en Italie. Amoureux des Primitifs, il avait pris à l'atelier d'Ingres (atelier dont il fut l'un des premiers élèves, le fondateur, pourrait-on dire) une attitude qu'on eût qualifiée en notre temps de décadente. Son archaïsme, sa passion pour le gothique lui valut d'être rabroué par M. Ingres et ridiculisé au Salon par les plaisanteries du public. Il développait, il affinait son sens de la forme par la fréquentation des Quattrocentisti : c'est ainsi qu'il en vint à réaliser des simplifications hardies, vraiment décoratives et d'une expression jamais indifférente.

Il ne faut pas le juger sur les figures nues, d'ailleurs élégantes, qu'on voit de lui dans les Musées, à Rouen, par exemple, ou à Arras. et que la gravure a popularisées : les plus récentes sont médiocres, comme la plupart des œuvres de la vieillesse des élèves d'Ingres.

Il faut voir à Saint-Merry la chapelle Sainte-Philomène et surtout la *scène du Pont* et le tableau d'autel ; à Saint-Germain l'Auxerrois, dans la chapelle des Catéchismes, chapelle malheureusement trop peu éclairée, la petite *Assomption* et le grand *Couronnement de la Vierge*, fresques admirablement conservées. L'intention ici évidente d'imiter Fra Angelico et les Maîtres italiens du xve siècle appelle la comparaison avec l'école allemande d'Overbeck, et c'est au profit de l'élève d'Ingres. La piété tendre des figures d'Anges qui allongent, entre les nervures de la voûte. leur corps souple de vierges romantiques, le beau caractère des figures de Saints qui environnent l'autel, la fraîcheur du coloriage, tout dans cette décoration mérite qu'on aille réveiller pour la voir l'apathie des sacristains.

On peut aussi, dans les verrières de Sainte-Clotilde, étudier le beau style de ses draperies et toujours le charme de ses têtes d'anges, têtes de pâles ingénues, aux bandeaux lourds, aux yeux d'amandes, toutes semblables à celles qu'imaginaient les poètes de l'époque.

A Saint-Germain-en-Laye, et surtout dans les panneaux de la nef, les plus beaux. — la volonté de faire noble, le parti pris d'éteindre, de griser les couleurs, la science architecturale de la composition, ne vont pas sans quelque froideur. C'est cependant une des meilleures décorations d'église qui soient en France. Elle a été exécutée à *buon fresco* entre 1850 et 1855. On l'apprécia peu. Delaborde qui vantait d'autre part « la fine sobriété de sa manière, son élégance dans le style » raconte qu'on comparait sa naïveté à « l'ingénuité d'une veuve de quarante ans demandant si les enfants se font par l'oreille »; il trouve d'ailleurs sa naïveté un peu trop érudite.

Sur la fin de sa vie il décora, au château de Linières en Vendée, une salle à manger, de figures allégoriques dans des ornements pompéiens, et plusieurs salons où il a représenté entre autres scènes, autour de son ami Émile Augier, lisant les *Fourchambault,* un certain nombre de célébrités contemporaines. Nous avons pu feuilleter des cartons de dessins de lui d'un intérêt infiniment varié ; d'excellents dessins à la sanguine rehaussée de blanc et de quelques couleurs, comme le portrait de Madame Édouard Bertin, contribuent à préciser ce talent délicat. Novateur en 1837 lorsqu'il peignait la *Femme verte,* portrait qui fit scandale ; écrivain charmant, causeur ingénieux ; homme de goût avisé qui sut admirer à la fois Ingres et Delacroix et plus tard deviner la valeur de G. Moreau et de Puvis de Chavannes : décorateur de premier ordre, Amaury-Duval ne mérite-t-il pas mieux que l'indifférence et l'oubli ?

On disait, dans son entourage, de son ami

STÜRLER

qu'il aurait été un peintre parfait si à ses dons de composition il avait joint le dessin d'Amaury. On vantait ses audaces et son originalité. Par amour des Primitifs il se fixa à Florence et l'habita pendant une partie de sa vie. Que reste-t-il de Stürler ? On s'en inquiète quand on connaît ses trois cahiers de dessins pour illustrer la *Divine Comédie* (1859) : œuvre bizarre où les supplices de l'enfer et les rondes d'anges sont dessinés avec une naïveté sans fraîcheur, une monotonie d'imagination fastidieuse : mais quelle volonté partout ! Oserais-je dire que dans le genre Walter Crane ou Grasset ceci est très supérieur ?

VICTOR MOTTEZ

Mottez, le fort Mottez, au dessin robuste et large nous a été révélé à la Centenale de 1900 par un pur chef-d'œuvre, le portrait de sa femme peint sur un mur d'atelier à Rome, et enlevé par l'« ordre » de M. Ingres[1]. C'est je crois à M. Roger Marx que nous devons de connaître cette belle chose : M. Henri Mottez l'a depuis donnée au Musée du Luxembourg. Un morceau de cette valeur n'est pas isolé dans l'œuvre de Mottez. Le portrait de Mme Armand Bertin est d'une grande beauté classique, quelque chose comme un Delaunay excellent ; celui de Mme Édouard Bertin, en robe blanche et châle noir sur un fond de paysage très vrai, appelle la comparaison avec certaines œuvres, les meilleures, de Legros ; le portrait de Guizot est d'une noblesse, d'une gravité admirables. Il y a des qualités de premier ordre dans des tableaux comme le *Melitus* de Lille, le *Zeuxis* de Chantilly. Mais c'est surtout le décorateur, le fresquiste qu'il convient de connaître et d'apprécier. Son long séjour en Italie (1835-1842), il l'avait mis à profit pour étudier les peintures de Pompéi (il en a fait de remarquables copies, elles sont à l'École des Beaux-Arts), et pour s'assimiler les procédés des fresquistes du Moyen-Age. Nul n'a mieux que lui pénétré les secrets de ce beau métier, nul n'en a comme lui possédé la pratique. C'est à lui qu'avaient recours pour la technique de leurs décorations les autres élèves d'Ingres. On lira avec fruit son excellente traduction du *Libro del Arte* de Cennino Cennini, et l'appendice qu'il y a ajouté à l'usage des praticiens modernes[2].

La chapelle de Saint-Martin à Saint-Sulpice est la seule qui soutienne l'examen après qu'on a vu la chapelle des Saints-Anges de Delacroix. L'ampleur, la santé de la forme y font aisément oublier l'aigreur de certains bleus. Les modelés ne servent ici qu'à souligner, qu'à affirmer la volonté des silhouettes : celles des moines sont inoubliables. Toute la scène du Miracle est d'une parfaite beauté. La gamme en est très colo-

---

1. M. Ingres disait : C'est aussi beau qu'André del Sarte.
2. *Bibliothèque de l'Occident*, 1911.

réc : anges roses, colonnes rouge brique, et les tons bruns des
bures ; elle accentue à souhait l'expression du sujet.

Un autre *Saint-Martin* à Saint-Germain l'Auxerrois, avec
son cheval gris, si curieusement dessiné, et l'anatomie délabrée
du mendiant est une de ces œuvres qui ont dû agir sur la formation de Puvis de Chavannes. Il ne reste rien du porche de
la même église, que quelques belles masses attestant le solide
établissement de la composition : on sait quel en était le parti
pris gothique, le fond d'or, les auréoles en relief : on sait aussi
que des fissures de la voûte, des poussières de matériaux em-
magasinés là, et enfin un fâcheux nettoyage ont irrémédiablement perdu cette fresque. Il ne reste rien non plus de la fresque de la chapelle Saint-François de Sales à Saint-Séverin, où
se voit seulement encore la chapelle Sainte-Anne, bien conservée.

Singulière malchance du plus habile fresquiste de cette
école ! Il avait peint dans le salon d'Armand Bertin, alors directeur du *Journal des Débats,* deux grands panneaux *la Musique* et *la Danse,* d'un intérêt exceptionnel, qui furent sacrifiés
pour des raisons mesquines. On ne peut les juger que sur les
photographies. C'était l'époque où Théodore Chassériau travaillait à la Cour des Comptes. Il semble bien que Victor
Mottez ait eu des audaces analogues à celles de son ami, au
moins dans l'un des deux panneaux, celui où une ronde de
femmes s'éploie dans un majestueux paysage. On regrette
d'autant plus la disparition d'ouvrages d'une si ferme élégance
qu'à l'intérêt d'art s'en ajoutait un autre, documentaire. Dans
la *Musique,* en effet, figuraient, revêtus de costumes antiques,
les illustres habitués du salon de Bertin : de Sacy, Reber,
Cuvillier-Fleury, Hugo, Théophile Gautier, et des femmes qui
furent délicieuses, Henriette Brown, Adèle Hugo, Mesdames
Jules Janin, Cuvillier-Fleury, Léon Say, Mottez, etc. — et
l'extraordinaire Louise Bertin.

A Lille, autre série, *Orphée et les Sirènes,* où il faut remarquer le goût très neuf des bordures ornementales. A Londres,
où il résida plusieurs années, il peignit sous le titre de la
Chasse et de la *Pêche* des figures de femmes et d'enfants d'une
robustesse digne de l'antique.

Les mêmes recherches de style s'affirment dans ses tableaux

les plus ennuyeux et dans ses nombreux dessins dont plusieurs
sont de toute beauté. Original parfois jusqu'à la gaucherie, il
est le seul peut-être des élèves d'Ingres dont on ait pu dire :
bons ou mauvais ses tableaux sont de lui, lui seul peut les si-
gner : c'est un bien grand mérite, et bien rare[1].

Théodore CHASSÉRIAU

De tous ceux qui quittèrent l'atelier du Maître, c'est celui
dont la défection fut la plus absolue et la plus éclatante. Le petit
créole admis par faveur dès l'âge de dix ans chez M. Ingres, et
que celui-ci désignait alors avec enthousiasme comme le futur
Napoléon de la peinture : ce surprenant petit prodige fut aussi
précisément l'enfant prodigue sur qui pleura M. Ingres, et
qui ne revint jamais. « Ne me parlez jamais de cet enfant-là »,
disait plus tard M. Ingres.

Toutefois il demeura fidèle à travers les excès de l'orientalisme au culte de la beauté selon les Grecs : les féeries de la palette romantique ne lui firent jamais perdre le sens de la forme
et de la ligne. Il ne se lassa pas d'atteindre au style. L'influence
d'Ingres, si visible dans ses œuvres de jeunesse, persista jusqu'à la fin. sinon dans ses tableaux de chevalet, dans les sujets
mauresques, du moins dans ses dessins à la mine de plomb, si
expressifs, si purs, et dans les plus parfaites de ses peintures
monumentales.

Aussi bien, Chassériau était trop ardent, trop inquiet pour
n'hésiter pas entre la Tradition et le Romantisme. S'il subit les
volontés ingristes à un âge où il serait à souhaiter que tous les
jeunes peintres fussent soumis à une discipline aussi intelligente,
il manifestait dès 1839 des velléités d'indépendance avec la
Suzanne au bain du Louvre, et la *Vénus marine*. M. Ingres en
partant pour Rome en 1834 lui avait offert le séjour à la Villa
Médicis. Ce n'est qu'en 1840 qu'il fit son voyage d'Italie. Il peint
alors l'extraordinaire portrait de Lacordaire en retraite à Sainte-
Sabine. Il revient à Paris, toujours hésitant, et donne la même
année (1843), c'est le point culminant de cette première période, le portrait des *Deux Sœurs* et la chapelle de Saint-Merry.

1. Amaury-Duval : *L'Atelier d'Ingres.*

Après *l'Apollon amoureux de Daphné* (1845) et la série d'Othello, il expose le *Khalife de Constantine*. La rupture est désormais complète entre le Maître et l'élève. Il a pensé trouver une conciliation entre la couleur robuste de Delacroix, et le dessin décoratif d'Ingres. A la vérité, il réalise alors son œuvre capitale, les fresques de la Cour des Comptes, 1844-48.

Ces fresques, qui ne sont que des peintures à l'huile sur enduit, ont subi, on le sait, toutes les vicissitudes. Après avoir échappé en partie à l'incendie de la Commune, elles furent lors de la démolition des Ruines, offertes par la Compagnie d'Orléans à un comité composé de MM. Bénédite, R. Marx, Ary Renan, Ephrussi, Arthur Chassériau, qui réunit les fonds nécessaires à l'enlèvement des fragments de murs où subsistaient encore des peintures. On ne trouva pas de quoi les faire rentoiler complètement. Hospitalisés dans les magasins du Musée du Louvre, ces fragments attendent que l'État ou la Ville de Paris apporte enfin à l'initiative privée un concours efficace, pour sauver définitivement et présenter à l'admiration du public cette œuvre si importante dans l'histoire de l'Art Français et de la Peinture décorative [1].

La fatalité qui s'est attachée à ce grand ouvrage a rendu plus évidentes encore par ces ruines effritées les analogies réelles entre l'art de Chassériau et les fresques antiques retrouvées dans les décombres de Pompéi. Les frises, les grisailles, les grandes figures allégoriques, les scènes dramatiques ou sereines, tout dans ces peintures est d'une inspiration grandiose et d'une noblesse dignes des meilleurs classiques. La tonalité murale de la couleur, et bien des arrangements de groupes, l'intention même de certaines figures, ont eu l'influence que l'on sait sur Puvis de Chavannes : et l'aspect des premiers panneaux du Musée d'Amiens est de tous points le même.

S'il est juste, après avoir signalé les décorations de la Cour des Comptes, de prendre un moindre intérêt à l'hémicycle de Saint-Philippe du Roule, ou à la chapelle des fonts baptismaux, à Saint-Roch, qui sont trop visiblement inspirés des procédés

---

1. On a pu en voir deux fragments à l'Exposition de 1900 ; il y en a un autre au Musée Carnavalet.

Plusieurs fragments importants sont maintenant exposés au Louvre (N. de l'É.).

de Delacroix, il convient de revenir à l'exquise chapelle de Saint-Merry, où Chassériau a donné de sainte Marie Egyptienne, une si belle silhouette drapée ; des anges aux purs contours, aux bras ronds, apparaissent victorieusement parmi des scènes, maintenant effacées, qui retraçaient avec quelle poésie ! la légende de la sainte : une esquisse au Musée de la Ville, et les descriptions de Gautier en précisent le souvenir.

Le peintre qui, à cette époque lointaine (1843), s'essayait avec toutes les ressources d'une jeunesse fougueuse mais disciplinée, au renouvellement de la peinture murale, était-il conscient de l'évolution d'art qu'il devait déterminer ? On voit mieux maintenant, du recul où nous sommes déjà, le peu d'influence de Delacroix et de ses imitateurs sur les tentatives d'art qui les ont suivis. On reste stupéfait en revanche de tout ce que signifie, au point de vue décoratif, et au point de vue de l'Art français, une œuvre nette de ton, franche de silhouette, modelée en pleine lumière, comme les *Deux Sœurs* — chronologiquement placée entre la *Belle Zélie* et la *Loge* de Renoir, entre l'*Odalisque Valpinçon* et l'*Olympia* de Manet.

CHENAVARD

Quoi qu'en ait dit Gustave Planche (*R. des Deux Mondes*, 1852) : « Dans son immense voyage à travers le passé, il n'a pas oublié un seul jour les conditions et les limites de la langue qu'il avait choisie... M. Chenavard a appris où commence et où finit le domaine de la peinture. » — il faut placer Paul Chevanard à l'extrême limite du côté de ceux qui ne sont pas peintres. Il a très peu vécu avec le Maître. Il n'a jamais aimé la pratique de son art ; il ignora toujours la séduction des plus beaux ouvrages de M. Ingres, mais exagéra jusqu'au fanatisme le dogme de la Suprématie de la Ligne. Théophile Sylvestre, cependant son ami, l'appelait un Orateur en peinture, et Baudelaire écrivait : « Le cerveau de Chenavard ressemble à la ville de Lyon : il est brumeux, fuligineux, hérissé de pointes comme la ville des clochers et des fourneaux. Dans ce cerveau, les choses ne se mirent pas clairement, elles ne se réfléchissent qu'à travers un milieu de vapeurs. Chenavard n'est pas peintre : il méprise ce que nous entendons par peinture. Il serait

injuste de lui appliquer la fable de la Fontaine (ils sont trop
verts, pour des goujats) : car je crois que quand bien même
Chenavard pourrait peindre avec autant de dextérité que qui
que ce soit, il n'en mépriserait pas moins le ragoût et l'agrément de l'art. »

Cet homme très intelligent et peu artiste, a laissé en effet un
petit nombre de tableaux, quelques portraits, mais surtout des
cartons de cette décoration fameuse qu'il avait conçue pour le
Panthéon, et où il espérait fixer en une gigantesque suite de
sujets historiques et allégoriques la philosophie de la Palingé-
nésie universelle. Il faut le reconnaître, quoiqu'elles manquent
totalement de charmes, quelques-unes de ces compositions
intéressent, par la forte structure des ensembles, par la vigueur
mathématique des combinaisons de masses et de lignes.
Les *Temps d'Auguste*, les *Catacombes*, le *Paradis* par exemple,
sont des mosaïques assez puissantes d'éléments académiques.

L'homme n'est pas nul, qui amusait Delacroix, dans la conversation, de ses ressources de dialecticien adroit ou de causeur
spirituel. Et certains morceaux révèlent un beau peintre, sous
l'ennuyeux allégoriste.

Dans son énorme entreprise du Panthéon il se fit aider par
plusieurs artistes de l'école d'Ingres, Comairas, Bézard, Brémond[1], etc. Un des plus remarquables est

Dominique PAPETY

faible talent, mais curieux esprit, tour à tour ingriste, néo-
grec et romantique. Il étudia l'un des premiers, dans un voyage
au Mont Athos qu'il a raconté dans la *Revue des Deux-Mondes*
et dont il a rapporté des relevés intéressants, le hiératisme de
l'art byzantin. Outre un tableau agréable et heureusement dessiné, le *Rêve du Bonheur*, à Compiègne, il produisit un grand
nombre de lithographies sentimentales qui ont contribué à
vulgariser l'Italie fausse des romances. Après avoir dessiné
suivant la méthode de M. Ingres, il fut de ceux qui appliquèrent
misérablement le procédé des deux crayons, lequel caractérise
l'époque la plus lamentable de l'enseignement populaire du
dessin, au cours du XIXe siècle.

1. Voir l'article déjà cité d'Albert Besnard.

JANMOT

Le mysticisme parfois mièvre de Janmot plaisait à E. Delacroix pourtant difficile, on le sait, à l'endroit des gothiques :

« Il y a chez Janmot, écrit-il, un parfum dantesque remarquable. Je pense en le voyant à ces anges du purgatoire du fameux Florentin ; j'aime ces robes vertes comme l'herbe des prés au mois de mai, ces têtes inspirées ou rêvées qui sont comme des réminiscences d'un autre monde. On ne rendra pas à ce naïf artiste une parcelle de la justice à laquelle il a droit. Son exécution barbare le place malheureusement à un rang qui n'est ni le second, ni le troisième, ni le dernier ; il parle une langue qui ne peut devenir celle de personne ; ce n'est pas même une langue ; mais on voit ses idées à travers la confusion et la naïve barbarie de ses moyens de les rendre. C'est un talent tout singulier chez nous et dans notre temps : l'exemple de son maître Ingres, si propre à féconder par l'imitation pure et simple de ses procédés cette foule de suivants dépourvus d'idées propres, aura été impuissant à donner une exécution à ce talent naturel qui pourtant ne sait pas sortir des langes, qui sera toute sa vie semblable à l'oiseau qui traîne encore la coquille natale et qui se traîne encore tout barbouillé des mucus au milieu desquels il s'est formé. »

Baudelaire vantait « son dessin fin, sa couleur un peu crue rappelant les anciens maîtres allemands », et « l'alliance de ces tons verts, roses et rouges un peu douloureux à l'œil » (Salon de 1845). Plus tard il reconnaissait « qu'au point de vue de l'art pur il y avait dans la composition des scènes du *Poème de l'Âme*, et même dans la couleur amère dont elles étaient revêtues, un charme infini et difficile à décrire, quelque chose des douceurs de la solitude, de la sacristie, de l'église et du cloître, une mysticité inconsciente et enfantine. »

Il ne faut pas le juger sur la chapelle de Saint-Étienne à Saint-Étienne du Mont, qui est d'art académique ; ni sur le tableau du Rosaire, œuvre de sa vieillesse à Saint-Germain-en-Laye : quand il est fade et banal, il l'est jusqu'à l'écœurement. Des Lyonnais prétendent que son chef-d'œuvre est une Sainte Cène à l'hospice de l'Antiquaille, et qu'il a peint à l'église

Saint-François-de-Sales de Lyon des décorations remarquables. Il y en a aussi à Bagneux, dans une propriété privée. Mais on peut voir à Paris, aux Capucins de la rue Falguière, deux fresques admirables. Les difficultés du métier de la fresque ont soutenu, virilisé son charme fragile. Quelle imagination ! quelle vraie naïveté ! Cette Vierge et ce Saint François nous évoquent l'idéal mystique de 1850 ; le sentiment religieux qui les inspire est celui des *Poètes franciscains* d'Ozanam : c'est d'une incomparable tendresse[1].

Le *Poème de l'Ame,* édité chez Thiollier à Saint-Étienne en 1881, contient des vers du peintre lui-même, et les photographies d'une série de tableaux exposés, en partie, et pour la première fois en 1851. L'intention philosophique du livre est de raconter l'histoire d'une âme depuis sa naissance au sein de Dieu jusqu'à son retour dans l'Infini. Il y a là des inventions charmantes, parfois comme le dit Baudelaire, une remarquable entente du fantastique, et aussi des choses tout à fait de la rue Saint-Sulpice. Qu'on ne se rebute point de ce mélange et qu'on examine avec soin les planches intitulées : la *Génération divine,* le *Rêve des enfants,* la *Première Communion, Virginitas, Rayons de Soleil, sur la Montagne, un Soir, Solitude* : et l'on aimera j'en suis sûr l'art de cet homme, sa sensibilité et la qualité de son intelligence. C'est lui qui, dès l'atelier, stupéfiait M. Ingres, — un jour que celui-ci répétait sa fameuse phrase : « les anciens ont tout vu, tout compris, tout senti, tout rendu » — en lui répondant ceci : « Mais Monsieur, les anciens n'ont pu exprimer que Jésus-Christ était doux et humble de cœur et qu'il disait : « Heureux ceux qui pleurent et qui ont faim et soif de la justice » et que pour racheter les hommes et par amour pour eux, il est mort sur la croix, car ils ne l'ont pas su ». C'est lui qui plus tard, dans le salon de Madame de Reïssac, comprit et encouragea un des premiers le jeune talent mystérieux d'Odilon Redon. C'est lui qui forma cet extraordinaire Borel, dont Huysmans a fait dans *la Cathédrale,* un si touchant éloge.

Il faudrait encore parler de ses dessins, des crayons qu'il

---

1. La persécution religieuse de 1901 a été fatale à cette belle œuvre. Une imprimerie s'est installée dans la chapelle des Capucins, et il ne reste plus rien des fresques de Janmot.

fit d'Ozanam, de Lacordaire, et du curé d'Ars ; de la candeur
de ses draperies, de la chaste volupté de ses études de femme.
Il suffit d'avoir attiré l'attention sur ses principales œuvres.
Ajoutons cependant qu'il a publié un livre : *Opinion d'un artiste
sur l'Art* (Lecoffre, 1887), qu'il est indispensable de lire pour
connaître l'état d'esprit du plus paradoxal des élèves d'Ingres.

*
. *

Parvenu à un âge avancé, Janmot écrivait : « Peut-être la
tendance actuelle et dominante à restreindre l'art au domaine
de la sensation en le désintéressant de tout autre, est-elle plus
près de son déclin qu'on ne le pense » (Préface du *Poème de
l'Ame*. 1881).

De son côté, l'auteur de *l'Atelier d'Ingres* (1878) mesurait
avec tristesse et découragement le résultat du grand mouvement d'art auquel il avait participé : « Je crois fermement
qu'en ramenant l'art à un accent plus vrai de la nature, M. Ingres a renversé l'école de David, et a fait naître par cette révolution le réalisme qui nous déborde aujourd'hui. Mais qu'importe? Faut-il reprocher à Michel Ange toute la suite de
Bernins qu'il a créés ? Tant pis pour les Bernins et pour ceux
qui les admirent ! »

Or c'est du « domaine de la Sensation » c'est-à-dire de l'impressionnisme, que devait sortir, par l'effet de l'évolution perpétuelle
et nécessaire des formes d'art, le salut qu'ils attendaient.

En délivrant l'esprit français des préjugés pseudo-classiques
qui se traduisaient avant eux en peinture par le genre pompier,
en architecture par l'éternel fronton, la colonnade et la feuille
d'acanthe, les gothiques de 1840 ont permis à ceux qui les ont
suivis de renouer avec le passé, avec la tradition nationale.
Dût-on regretter quelques-uns de leurs archaïsmes sans fraîcheur, et critiquer Sainte-Clotilde, il faut y voir le principe des
meilleures tentatives d'art de notre temps, de celles qui manifestent le mieux la sensibilité de notre race. C'est dans les appli-
cations du romantisme archéologique que nous avons pris conscience du génie national et de notre beauté.

S'il est admis d'autre part, qu'à toutes les époques (Époque
gallo-romaine — Charlemagne — Renaissance — xviie siècle

— Révolution) l'art français s'est toujours heureusement assimilé, sous les formes les plus variées, l'aliment sans cesse renouvelé de l'antiquité classique, il faut savoir gré à ces mêmes gothiques, aux élèves d'Ingres, d'avoir dégagé la connaissance certainement plus scientifique et plus adéquate du génie grec, une poésie nouvelle, une interprétation très noble de la beauté humaine, le style de Chassériau, de Mottez ou de Chavannes, dont s'est enrichi notre art déjà pénétré, et de longue date, par les magnifiques latinismes du Poussin. Mais c'est surtout du Moyen-Age que procédaient directement leurs innovations les plus durables : par exemple le souci méticuleux et naïf de la nature, l'intelligence des lois de la décoration murale, la renaissance enfin, dans les arts, de l'esprit chrétien...

Il eût suffi d'exposer ces idées aux derniers élèves d'Ingres sur la fin de leur vie, alors que l'académisme décadent de leurs successeurs finissait en je ne sais quel naturalisme imbécile et froid, et qu'eux-mêmes s'inquiétaient de l'avenir, pour les consoler de l'effondrement apparent de leurs théories, et du discrédit momentané où tombait l'enseignement qu'ils avaient reçu. Ils se fussent enorgueillis à juste titre d'avoir pieusement conservé le culte du Style et des Méthodes constructives, à une époque où d'autres peintres plus épris de la vie vivante, des réalistes, ceux qui « tendaient à restreindre l'art au domaine de la sensation », accumulaient des trésors inépuisables de visions neuves et de matériaux encore inusités. Aussi bien, ce sont, ensuite, les disciples les plus audacieux des impressionnistes, qui souhaitèrent le plus sincèrement coordonner par quelque forte discipline la multiplicité et l'incohérence de leurs émotions ; se soustraire à l'empirisme et au hasard dans la technique de l'objet d'art ; se créer des méthodes pour atteindre à plus d'expression par plus d'harmonie.

Que n'ont-ils aperçu, les élèves d'Ingres, la réaction, je dirai synthétiste que voici ; et qu'après Manet, et Puvis, et Degas, et Cézanne, on revient maintenant, avec quelle ferveur, à leur Idéalisme, aux Primitifs qu'ils ont découverts, à la Rome classique qu'ils ont tant aimée, à Raphaël, aux Grecs ; à la Tradition et à la Méthode ; c'est-à-dire, en somme, à la doctrine de M. Ingres !

QUELQUES NOTICES

I

UN CHEF-D'ŒUVRE INCONNU DE LA PEINTURE FRANÇAISE AU XVe SIÈCLE[1]

A. M. H. Bouchot.

À trois ou quatre lieues du Faouet[2], parmi des bois et des landes, la route de Guéméné traverse un peu au-dessus du château de Pont-Callech, la rivière de ce nom, affluent du Scorff. Enfoui sous de hautes futaies au bord d'un vaste étang, dans un site austère, Pont-Callech conserve le souvenir du jeune marquis qui du fond de cette terre conspira contre le Régent : il paya cette aventure de sa tête à 21 ans (1720) ; et c'est le sujet d'une touchante élégie du Recueil de La Villemerqué. L'admirable paysage pour de tragiques légendes ! Ici près commence la belle vallée du Scorff que Brizeux a chantée, avec ses sinuosités, ses cascades, ses rochers et ses chênes. Rudes comme la nature qui les environne, les hommes de ce pays portent le costume écru, avec les guêtres sombres sur la culotte courte, et les femmes, toujours en deuil, se couvrent la

---

1. *L'Occident*, juin 1904. La plupart des notices qu'on va lire, comme d'ailleurs presque tous les chapitres qui font la matière du présent livre, ont été publiées à *l'Occident*. Je me félicite que l'amitié d'Adrien Mithouard et d'Albert Chapon ait obtenu de moi cette longue collaboration à une revue qui a replacé les arts et les lettres dans l'atmosphère de la tradition, et qui a déjà exercé une si profonde influence sur la pensée contemporaine.

2. Le Faouet, arrondissement de Pontivy (Morbihan). Outre ses paysages qui sont d'une beauté grandiose, cette commune offre au voyageur des monuments très remarquables : la chapelle Sainte-Barbe, ornée de flamboyants vitraux, s'accroche à des rochers escarpés qui dominent l'Ellé ; on y accède par des escaliers majestueux qui rappellent ceux de la Place d'Espagne à Rome. La chapelle Saint-Fiacre contient des vitraux du jubé du XVe siècle, et un extraordinaire bas-relief (Saint-Sébastien) qu'on dirait une métope de Sélinonte. Il y a aussi l'antique halle aux charpentes logiques et compliquées...

tête d'une triste capeline que surmonte un haut bonnet de velours noir.

C'est à peu de distance du manoir de Pont-Callech, sur la paroisse de Saint-Caradec-Trégomel, que la route atteint le village de Kernascléden, si pauvre et si humble qu'on s'étonne d'y apercevoir l'élégante silhouette d'une grande église.

Or il y a dans cette église — chapelle plutôt puisqu'elle n'est pas paroisse — outre d'excellents détails d'architecture et de curieuses statues, un des ensembles, les plus complets, les mieux conservés et les plus caractéristiques de la vieille peinture française. Le bon poète et peintre Albert Cloüart me l'avait signalé : je l'ai visité deux fois, longuement, toujours avec le même plaisir : j'y ai passé des heures exquises ; j'y ai fait des croquis ; M. l'abbé Kervégan, qui en est le desservant, m'a très aimablement communiqué tous les renseignements qui pouvaient m'être utiles, et voici mes notes.

*
* *

Il y a le transept et il y a le chœur.

Négligeons le transept de droite où l'on aperçoit mal sous le badigeon qui le recouvre encore presque entièrement une Danse des Morts.

Dans le transept de gauche, à la voûte, huit anges vêtus de robes lilas, rose, vert, jaune, auréolés de vert émeraude, chantent en s'accompagnant d'instruments, viole, harpe, tympanon : quelques-uns déroulent des cahiers où le chant est écrit en belle gothique et noté en notation carrée. La couleur est tout en rapports de blancs, et de quels blancs savoureux ! avec deux ou trois valeurs fermes parmi des nuances. Dans les visages délicieusement blonds, encadrés d'une abondante chevelure, dessinés avec art, les yeux ont une importance toute française, comme chez Nattier, comme chez Renoir. La grâce des formes, la souplesse des draperies ne se peuvent décrire. Point de plis cassés, point de détails inutiles. Comme dans le plafond de l'hôtel de Jacques Cœur, qui peut-être est moins aérien, moins mystique, les ailes des anges, chargées d'ornements, contrastent à souhait avec la simplicité des figures. Est-ce de Memmi, est-ce d'Outamaro, ces anges femmes d'une élégance si raffinée qui s'alanguissent dans ces longues robes pâles ?

Et voici la description du chœur.

A part une Résurrection de Jésus-Christ sur l'arc triomphal et sept tympans de peu d'intérêt, toute la décoration du chœur raconte l'histoire de la Sainte-Vierge, d'après les évangiles apocryphes, en vingt-quatre scènes dont plusieurs n'ont été que rarement représentées par les peintres : en revanche, il y manque des faits essentiels, comme les Noces de Cana. Marie au pied de la Croix.

La voûte ogivale est partagée à son sommet dans le sens longitudinal, et transversalement suivant l'axe des colonnes en trois travées à droite et trois à gauche, qui sont divisées à leur tour verticalement par le milieu des arcades latérales : les rectangles ainsi formés sont partagés en deux triangles par les arcs diagonaux.

Ainsi chacun des 6 caissons de la voûte se décompose en 4 triangles juxtaposés, les 2 externes ayant leur base au sommet de la voûte, les 2 internes ayant pour base l'arc ogival du tympan qui surmonte chaque arcade.

A gauche, première travée. Le sacrifice de saint Joachim : l'annonciation à saint Joachim retiré dans le désert : l'annonciation à sainte Élisabeth : la rencontre à la Porte-Dorée.

Seconde travée. La présentation de Marie au Temple ; le mariage de Marie : l'annonciation (une des plus belles peintures et des mieux conservées) ; la visitation.

Troisième travée. La Nativité de Jésus-Christ ; la Circoncision : l'apparition aux bergers (les détails des costumes de paysans sont très curieux, en particulier les sabots) ; l'adoration des mages.

A droite, en continuant du côté de l'autel, première travée. Le massacre des Innocents, qui occupe trois surfaces ; la fuite en Égypte.

Seconde travée. La vue de Jérusalem ; Jésus au milieu des docteurs ; Annonciation de la mort de Marie ; Mort de Marie.

Troisième travée. Les funérailles de Marie ; l'Assomption ; Saint Thomas reçoit la ceinture de Marie ; Couronnement de Marie.

La tonalité générale de cette grande série est plutôt soutenue.

Ce qui domine : un brun rouge, un vert, un jaune d'ocre, un rose, un gris spécial qui formait les dessous des carnations et qui a reparu en maint endroit, bleuissant les figures ; un bleu de qualité médiocre qui a tourné au gris ardoise et quelquefois au bleu de Prusse.

Les noirs sont beaux et distribués avec un goût admirable. Ainsi dans les carrelages en damier qui remplissent les angles inférieurs des penditifs, l'artiste de Kernascléden par des combinaisons de noir sur un dessin géométrique, a obtenu un ornement d'une incroyable variété, et qui cependant relie étroitement les compositions entre elles. De surfaces fort difficiles à employer il a fait une base continue, une bande d'arabesques qui supporte et enrichit toute la décoration.

Devant cette adresse à tirer de quelques rapports simples une grande richesse ornementale, on songe naturellement aux maigres tentures, aux tapis banals qu'Ed. Vuillard sait transformer en décors somptueux, et qui emplissent ses tableaux de luxueuses harmonies. L'ensemble avec ses blancs et ses noirs, ses grandes différences de valeurs, ressemble assez, d'ailleurs, aux compositions si coloristes de ce peintre, et n'évoque nullement le souvenir des fresques italiennes dont la polychromie par teintes égales exclut presque toujours la subtilité des rapports de ton.

Les ailes d'anges, en plumes de paon, jouent un rôle analogue à celui des carrelages ; elles prétextent un semis d'ornements dans les angles, ceux du haut, où elles s'effilent en silhouettes héraldiques, tandis que le mouvement des draperies s'allonge par de savants contrastes, emplissant de formes élégantes et de couleurs l'exiguïté des surfaces. Il en résulte peut-être, pour l'aspect général, un peu de confusion : cela manque d'air (ce n'est qu'aux grandes époques classiques qu'on connaît l'importance et la beauté des vides).

Les personnages paraissent plus petits que nature.

Le dessin est souple, élégant, distingué sans trop de sécheresse : tout à fait exempt de cette affectation de réalisme mesquin dont les peintres du Nord et même les Florentins du xve siècle ont fait un si disgracieux abus. Comme chez les Japonais du xviiie siècle et les vieux Siennois, cette élégance du trait, ce style aristocratique ne va pas sans quelque mièvrerie. Les

Français de cette époque, même dans la statuaire, donnent volontiers l'impression du maniéré. Ils sont idéalistes, quand ils le sont, avec morbidesse. Mais quel goût ! quelle sensibilité !

Si le peintre de Kernascléden aime le luxe des costumes et des tentures, les baldaquins de damas, les pavillons multicolores ; s'il multiplie les équipements curieux dans cette scène de carnage (le massacre des Innocents) qu'il a voulu peindre trois fois pour affirmer sa connaissance pittoresque des hommes de guerre et des armures ; il sait mieux encore, et avec quelle charme, rendre la grâce féminine, et exprimer la piété mystique. L'attrait qu'il manifeste pour l'éclat de la vie seigneuriale ne fait pas qu'il ignore les sentiments tendres. On imagine volontiers qu'il a pu prendre pour modèle de ces vierges, si humblement prosternées dans leurs jupes, quelque belle et chaste princesse comme cette Françoise d'Amboise, veuve de Pierre II, qui mourut en odeur de sainteté aux Carmélites de Nantes.

La chapelle de Kernascléden ne dépendait pas du domaine de Pont-Callech qui est tout proche, mais du château de Rohan-Guémené qui est plus loin, vers Guémené. Qui sait s'il n'existe pas dans les archives de cette famille des documents fixant, de façon certaine, la date de l'ouvrage et le nom de l'artiste ? Approximativement, d'après les costumes et la manière du peintre, il me paraît que Kernascléden fut peint après 1450, vers le même temps que l'hôtel de Jacques Cœur, lorsque, la guerre de Cent ans terminée, la Bretagne se reprenait à vivre. C'était la Renaissance. François II fondait l'Université de Nantes, y installait la première imprimerie, établissait à Vitré une fabrique de soieries, une manufacture de tapisseries à Rennes : Michel Colomb commençait d'être célèbre. Aussi bien j'ajoute cette remarque essentielle : aucun détail d'architecture ou de mobilier ne rappelle dans ces peintures, ni l'Italie, ni l'Antiquité. Dans le même temps, à Tours, Jehan Fouquet meublait au contraire ses fonds de tableaux et ses miniatures de savantes archéologies.

. .

Le peintre qui écrit ces lignes n'est pas de ceux qui admirent

aveuglément l'antique peinture française. Il estime que l'art de
nos vitraux, de nos tapisseries, de nos cathédrales, que notre
statuaire du xiii° et du xiv° siècle sont tellement supérieurs que
même un choix de nos Primitifs ne soutient la comparaison. Il
avoue préférer à nos anciens peintres les grands giottesques
ancêtres de Raphaël et les quattrocentisti Florentins dont
l'œuvre fut si passionnée, si expressive.

Et cependant il aime Kernascléden à l'égal d'une belle chose
italienne. Il s'étonne que les Français amoureux d'art qui vont,
par exemple, à Spello pour une chapelle de Pinturrichio, à
Spolète pour une demi-coupole de Lippi, à San Gimignano
pour trois Ghirlandaio et des Gozzoli — ignorent les admirables
fresques de l'humble église bretonne ! Ah, si de telles peintures
étaient à la voûte d'une église ombrienne ou toscane, elles
seraient depuis longtemps célèbres ! Nous aurions des photographies. Elles seraient soignées, protégées contre les injures
du temps, contre les restaurations maladroites : des prix de
Rome les auraient copiées! elles feraient vivre une petite
ville !

Hélas, la chapelle de Kernascléden est à ce point ignorée
que la Commission des monuments historiques qui en a
classé, je crois, l'abside et le clocher, n'a pas même signalé
les peintures. Il n'y a rien qui les rappelle au Trocadéro,
rien à l'Exposition des Primitifs ; pas un relevé, pas une photographie, pas une description.

Je supplie M. Bouchot de visiter Kernascléden[1].

II

LE PEINTRE DE BEAUNE[2]

Qui connaît la peinture française ? A peine depuis quelques

---

1. M. Bouchot est mort, je le crains, sans visiter Kernascléden. Aucune monographie depuis 1904 n'a été publiée. Et les peintures n'ont pas été encore classées.
   Il est vrai que M. Dimier affirme : « Sérieusement, il n'y a pas *des*, il y a *un* primitif français : Enguerrand Quarton, etc.... » (*Action française*, 14 décembre 1911)
(N. de l'É.)
2. *L'Occident*, décembre 1901.

années nous ont été révélés par des ouvrages savants, par la Centenale, et par d'encore trop rares photographies, les chefs-d'œuvre des Musées de province. Tout de même on comprend l'indifférence des touristes : la France est si riche en monuments d'architecture, en verrières, en tapisseries ! Ce qui déconcerte c'est l'apathie des municipalités et des industriels. Alors que chaque ville d'Italie entoure de réclames ingénieuses les gloires du musée local et que les photographes y multiplient les documents précieux aux touristes, — on cherche en vain à Caen un souvenir du Pérugin, à Beaune le R. Van der Weyden, à Rennes le Lenain, ou à Nantes Madame de Senones.

S'il s'agit de peinture murale, tout est à découvrir. Sans doute, les spécialistes ont catalogué les vestiges de fresques : des relevés d'architectes dorment au fond des cartons des collections publiques. Mais aucun guide ne signale, par exemple, la *Procession* de la cathédrale d'Autun. Dans un pays fréquenté des peintres, l'admirable chapelle de Kernascléden (Morbihan) n'est pas visitée ; et à Toulouse la Savante, on ne trouverait pas la moindre photographie du beau plafond de Saint-Sernin.

C'est tout à fait par hasard que j'ai vu récemment à N.-D. de Dijon les belles fresques des bas côtés. Les guides indiquent la fresque, trop restaurée d'ailleurs, et de goût flamand, du transept : ils ne mentionnent pas la *Vierge à l'enfant*, la *Sainte Venisse*, la *Circoncision* et le *Baptême*, qui sont des ouvrages français, clairs, colorés, construits.

A Beaune, on achève de gratter le badigeon dans la chapelle du Grand-Christ, à Notre-Dame. C'est d'un art très fin, très ferme, sans minutie, de couleur distinguée. La fin du xve siècle : *Martyre de saint Étienne*, bourreaux aux figures violentes. La fenêtre du fond est sertie d'ornements élégants et d'armoiries. Une *Sainte Madeleine* très dessinée. A gauche, le grand panneau représente la *Résurrection de Lazare*, des personnages de grandeur naturelle, vêtus à la mode de 1640, dans un paysage précis où se hérisse la silhouette dentelée de campaniles d'une ville bourguignonne. L'arrangement et quelques détails rappellent le triptyque de Nicolas Froment aux Uffizi. C'est une belle chose délicate.

M. Mathieu Faivre, trésorier de la fabrique, qui a deviné et

patiemment découvert avec le couteau à palette cette peinture,
affirme, d'après les archives de l'église, que l'artiste est Guillaume Spicker ou Spicre (originaire de Hollande comme le
sculpteur Claux Slutter), peintre verrier du duc de Bourgogne,
et père de Pierre Spicker, lequel a dessiné les « patrons » des
tapisseries de Beaune ; il travaillait pour le cardinal Rollin, fils
du chancelier Nicolas Rollin, fondateur de l'hôpital célèbre.
Ainsi, un intérêt historique s'ajoute à l'exquis agrément de cette
œuvre d'art. On pénètre plus avant dans la connaissance d'une
belle époque d'art français. Le nom de Spicker, attaché désormais à la chapelle du Grand-Christ comme aux tapisseries,
devient un des plus notables parmi ceux des maîtres bourgui-
gnons qui, après Melchior Broederlam, ont francisé l'art des
Flandres.

III

EXPOSITION FRANÇOIS VERNAY[1]

On doit à la piété artistique de Mme Cornillac une exposition[2]
de François Vernay, peintre de Lyon, né à Milan en 1822,
mort en 1895. Dessins rehaussés, fusains, croquis, quelques
peintures ; natures mortes et paysages : tous beaux aspects de
nature, interprétés en simplifications de lignes et de valeurs,
d'une noblesse et d'une austérité qui approchent du grand
style. Ignorant d'ailleurs le total de sa production, on est amené
à considérer Vernay surtout comme un décorateur méridional
et à le situer — assez loin de ses contemporains et compatriotes
Carrand et Ravier, — entre Hubert Robert, élève de Panini,
et Cézanne d'Aix en Provence. Il est singulier qu'il ait si complètement échappé à toute influence du Nord, et au pittoresque
animé de l'école de Fontainebleau. Sur quoi je me sépare tout
à fait de Claude Anet, lequel dans la préface du Catalogue,
nomma pour expliquer Vernay, le germain Dürer et le français K.-X. Roussel. Claude Anet me pardonnera de lui con-
tester ce rapprochement qu'il qualifie lui-même d'inattendu.

1. *L'Occident,* mars 1902.
2. Aux bureaux de *la Revue Blanche.*

J'aime au reste cette Préface, et ce qu'elle nous apprend des
idées de Vernay valait d'être recueilli et cité. Il y a profit à relire
des axiomes comme ceux-ci, écrits de la plume du vieux maître :
« La lettre tue et l'esprit vivifie : l'on ne connait jamais assez
la lettre, et l'on ne possède jamais assez l'esprit. — Ne donne
rien au hasard, mais laisse au sentiment. — L'art ne peut et
ne doit être que création. — Avec l'amour de la vérité, élevez-
vous jusqu'à l'art pour convaincre. — La nature consent à
nous donner des leçons, les ayant méritées. »

Vernay parle ailleurs, et je l'approuve moins, des « efforts
inutiles. » Lui, sans doute, n'en a point fait. Mais y a-t-il des
efforts inutiles ? L'effort, par exemple, d'un Cézanne, dans le
même sens de sincérité et d'harmonie n'aura pas été un effort
inutile. Outre qu'il contribua à faire plus complètes les réalisations du peintre, il comporte en soi plus de raison, plus de
volonté, plus d'humanité. A voir de Vernay, au lieu d'esquisses,
des œuvres laborieuses, nous aurions pris moins de plaisir, je
veux bien le croire, qu'à ses admirables, mais faciles croquis ;
du moins nous risquions, le connaissant mieux, de lui conserver
un respect définitif.

IV

EXPOSITION ODILON REDON[1]

Alors que dans ses premiers ouvrages, ses peintures, dont
quelques-unes, et des copies, sont ici[2] exposées, et surtout ses
fusains et ses lithographies, Odilon Redon manifestait je ne sais
quelle austérité savante et la tristesse d'un sage déjà parvenu
au sommet de son œuvre, fatigué d'avoir tout compris et tout
imaginé, voici qu'il nous montre maintenant des bouquets, des
portraits, des compositions d'une fraîcheur, d'un éclat, et pour
tout dire d'une jeunesse qui étonnent. Depuis quelques années
déjà, il se transforme, il évolue. Il a abandonné sans remords,
et poussé par une force mystérieuse, les somptueuses harmonies de noir et de blanc où il excellait, il s'est abandonné au

1. *L'Occident* avril 1903
2. Chez Durand-Ruel

plaisir de fixer désormais la splendeur des fleurs diaprées, la sensualité joyeuse des couleurs.

Par quel miracle ces coquelicots, ces fleurs des champs, de sève si intense conservent-ils tout de même le charme étrange qui nous passionnait dans les nocturnes et romantiques lithographies d'autrefois?

Suffit-il d'observer que le métier est toujours le même, simple à la fois et raffiné, et que le hasard ou la gaucherie ou comme on voudra l'ingénuité y joue, quel que soit le sujet, rêve ou nature morte, le même rôle *déterminé* et déterminé, semble-t-il, par une conception invariable et très saine de l'œuvre d'art?

Dans tel pastel, la *Fuite en Égypte*, ou les *Barques*, ou *Fragment de vitrail*, ou *Profil sur méandres rouges*, le dessin précis, savamment et ingénument déformé, se joint par je ne sais quelle harmonie secrète aux fantasmagories, d'un goût parfois tendre, parfois violemment exotique, qui l'entourent, qui l'auréolent et qui l'écrasent comme pour signifier que l'individu est livré, parcelle infime, aux caprices de l'inconscient. C'est pour Redon l'ancienne formule. En voici une autre. Le fond, ou mieux le décor, ces fleurs, ces flamboyantes gemmes, ces lumières, ces scintillements, ces moisissures, se concertent, forment un tout localisé, cette fois, dans un plan, et en arrière de la figure dominante dont le fin profil, le modelé, par contraste apparaît plus précieux, plus expressif. Ce sont les portraits de Mme X..., de Mme A. F..., et surtout de Mlle C...

Or en ces derniers temps, Redon s'est révélé, on le sait, prodigieux décorateur. Son imagination qui déjà traduisait merveilleusement en noir et blanc l'esprit d'un livre, s'est appliquée à revêtir d'irréel les murs d'une salle à manger, d'un boudoir, à enrichir de poésie le luxe d'un ameublement.

Mais cet art ornemental il l'a compris hors de toute idée de forme, de dessin, de silhouettes plastiques. Il l'a réalisé par contrastes et analogies de tons et de teintes : pour le rendre expressif, il lui a suffi de combiner mille taches rayonnantes, sans les troubler d'un geste, d'un seul geste humain. C'est pourquoi il aborde maintenant la figure humaine avec un nouveau respect : il la différencie des fonds : il lui donne un plan c'est le premier. Il se conforme, enfin, à la hiérarchie de la Nature.

Nous écoutons avec ravissement les pures mélodies qu'il fait surgir du fond symphonique et compliqué où son ancien panthéisme agonise.

V

EXPOSITION K.-X. ROUSSEL[1]

M. K.-X. Roussel exposa naguère une suite de paysages de l'Ile-de-France d'une beauté déjà très générale : larges aspects de terres nues, bois dépouillés, frondaisons d'automne, coteaux, silhouettes d'arbres, profils blancs de nuages entrevus dans des ciels clairs ; — ou bien encore c'était la Normandie, grasse et verdoyante, où les pommiers alignent leurs masses sombres, où la mer grise apparaît par de là les toits gais des villas, et les fermes.

Cette remarquable série de notations, pastels et dessins rehaussés, qui eût suffi à établir la réputation d'un peintre, n'était que des croquis, des études pour des tableaux dont nous venons de voir, soit des états achevés, soit des esquisses. Les souples caprices d'une technique très libre et ces délicatesses d'œil ne devaient servir qu'à enrichir, à meubler de réalités, une imagination toute apte à créer des ensembles, à faire vivre des personnages de rêves dans des décors vrais, à inventer des scènes où l'Être humain occupe dans la nature la place classique.

Les trente tableaux, récemment exposés chez Bernheim, ont permis d'apprécier par quel effort Roussel discipline l'apport quotidien d'une sensibilité toujours en éveil, par quelles méthodes il s'affranchit de plus en plus de l'empirisme impressionniste. Mythologies, faunes, dryades, nymphes assises dans des paysages, et cette suite sur Jouvence qui évoque la sérénité des compositions antiques, et Hylas

His adjungit Hylan nautæ quo fonte relictum
Clamassent, ut litus Hyla Hyla omne sonaret...

[1] *L'Occident*, décembre 1903.

il renouvelle tout, rafraîchit les sujets fanés, ressuscite les divinités champêtres et le paysage historique. C'est à des motifs de Théocrite ou de Virgile qu'il accroche ses sensations, qu'il appuie ses expériences. Les Muses, *Sicelides Musæ,* lui inspirent d'antiques prétextes par quoi il groupe et concentre les visions très neuves que lui fournit la nature. Comme Poussin à qui K.-X. Roussel a été déjà si justement comparé, on sent que c'est ici une nécessité d'associer à l'amour de la terre française le sensuel cortège des dieux de la Fable, de peupler de formes sereines les beaux sites qui lui sont familiers.

Tout près de Paris, dans la solitude, oublieux de l'agitation de la vie moderne, Roussel augmente incessamment un répertoire de formes, d'harmonies et de sujets où il puisera désormais les éléments d'œuvres plus vastes et définitives. Par le modelé des figures, l'agencement des groupes, par des recherches de tonalités et de techniques, il sait relier intimement à des paysages précis le charme virgilien de ses pastorales. Il s'est institué ses formules. Il est en possession d'un art complet.

Il peut, il doit pousser jusqu'aux derniers détails cette homogénéité d'expression. C'est ainsi qu'il s'apparente aux plus grands Maîtres, poètes et peintres, de notre xvii siècle, *Saturnia regna !* Il fait revivre l'âge d'or de la peinture d'histoire.

VI

CAMILLE PISSARO[1]

Venu des Iles où le soleil échauffe et dore tous les spectacles, où la prunelle des hommes prend comme leurs vêtements et leur peau des reflets torrides, Camille Pissarro aimait plus que tout, les bleus, les violets, les verts de nos paysages de Normandie et d'Ile-de-France. On peut distinguer les périodes successives de sa production, analyser les influences qu'il subit, — Corot ou Cézanne, ou Seurat, ou peut-être, récemment, Luce. — Mais ce qui n'a pas varié c'est son goût pour la couleur humide de nos climats. Soit qu'il peigne les Ports de Rouen à

1. *L'Occident,* décembre 1903.

midi, ou l'Avenue de l'Opéra en plein été, et surtout si quelque prétexte lui est fourni par le sujet (nos prairies mouillées, la neige, nos brumes), il semble qu'il se refuse à traduire l'éclat du soleil par le jaune et l'orangé, comme le veulent les théories de couleur dont il se réclamait. Ainsi la lumière solaire apparaît d'une blancheur crayeuse, laiteuse, parmi les ombres violettes, les prairies verdoient entre les taillis bleutés. Son regard chaud, d'ombre et d'or, dans son visage brun, — d'hébreu, d'espagnol, de créole, — prenait plaisir à refléter le pâle azur de notre ciel.

C'est par amour pour nos paysages et leur lumière qu'il fut impressionniste : même l'appellation de plein-airiste lui eût, je crois, suffi ; car de toutes les découvertes de l'école, une seule lui tenait à cœur, celle du soleil ! Il oubliait volontiers que Rousseau, Millet et Corot lui-même avaient peint le soleil. Je lui parlai un jour de Claude Lorrain ; mais c'étaient des soleils couchants ! Ce qui le surprit davantage c'est ce que je lui racontai d'un Primitif[1] du Musée de Sienne qui, pour exprimer le désert ensoleillé, avait peint des palmiers avec leur ombre portée sur fond d'or. Le soleil de Pissarro n'était pas celui du Primitif siennois, c'était une blanche et discrète lumière tamisée par l'humidité de la Seine.

Singulière acclimatation ! Il offrait le même contraste lorsque, de sa voix très douce, très séduisante, il prophétisait la société future. Alors le Messianisme du sémite s'appropriait les plus pâles, les plus médiocres utopies des rêveurs d'Occident, entrevoyait les temps heureux où nul talent ne romprait la monotone égalité des hommes. Il expliquait le fonctionnement des magasins nationaux, dispensateurs gratuits de toutes denrées, avec la même satisfaction souriante qu'il éprouvait aussi à peindre un humble paysage sans mystère et sans faste, un petit verger normand, gras et borné.

La libre, la souple technique impressionniste avait permis à Monet, à Sisley, à Renoir, à Berthe Morizot, d'exalter les belles couleurs pures, de créer dans la clarté des harmonies étincelantes comme la Nature en fête. Pour Pissarro, c'étaient les gris qu'il cherchait, et qu'il obtenait au prix des plus savantes

1. Giovanni di Paolo.

combinaisons de teintes. Il divisait pour neutraliser. C'est à des
tapisseries éteintes que font penser ses paysages du Vexin. De
nos plus radieux soleils il faisait des « Verdures ».

Mais quand il peignait les marchés normands, les paysans
courbés au labeur de la terre, la cueillette des pommes, alors il
trouvait, surtout dans ses gouaches, des tons frais, chantants,
parfois acides, où dominaient encore les verts, les bleus, les violets préférés. Bien loin d'exprimer l'âme et la vie des paysans
comme fit Millet, — dont le romantisme, d'ailleurs, idéalisait
exagérément, — il les observa avec la curiosité d'un Gauguin
avide d'exotisme. De l'ethnographie du Normand abruti de
bien-être, il donna des illustrations pittoresques. C'est les co-
tonnades qu'il aima, les fichus, les tabliers, le coloriage des
étoffes bon marché : il en égayait la silhouette trapue des filles
de ferme. Plus que l'odeur du terroir, sa peinture fleure l'apprêt des blouses neuves.

Ni lyrique, ni vulgaire, il s'appliquait à construire par masses et par valeurs, solidement, ces figures, et les sites campa-
gnards dont les verdures opaques, mais nuancées, restituent
l'accueillante bonté de la Vallée de la Seine.

VII

A PROPOS DE L'EXPOSITION DE CHARLES GUÉRIN[1]

De tous les dons de Ch. Guérin, le plus rare, sans doute,
est sa volonté d'être exclusivement peintre. Il a essentiellement
la notion de la peinture. Dès ses débuts il manifesta une singulière intelligence de son art, des moyens, du but et des
limites de son art. On s'étonna d'apercevoir chez un jeune
homme tant de logique, de pondération, de sagacité. La série
d'œuvres de plusieurs époques que M. Druet a eu le bonheur
de réunir permet de mieux juger ou tout au moins de définir
l'effort du peintre, en même temps qu'elle fournit un rensei-
gnement nouveau sur l'évolution de la jeune peinture.

Peu d'artistes ont rejeté aussi complètement que Guérin tous

1 L'Occident, mars 1905.

les éléments accessoires de l'œuvre d'art, toute littérature, toute sentimentalité, toute expression autre que l'expression pittoresque. Que son œuvre, cependant, intéresse, c'est la preuve que la peinture tend à ne plus être un art d'imitation. C'est délibérément qu'il s'est astreint à ne traduire que la mathématique colorée des choses, les rapports logiques des valeurs entre elles, à ne peindre, en somme, que des abstractions. Ses rêves de peintre, il les appuie sur la science, sur la tradition, point sur la nature.

De là le vague des sujets qui lui suffisent à motiver ses recherches d'accords, ses inventions décoratives : réunions galantes, promenades, sérénades, dames parées d'amples atours, fillettes accoudées à des balustrades, promeneuses dans des parcs chimériques, baigneuses.

Il en vient à négliger les ressources d'un dessin, qui pourrait compter beaucoup, pour se contenter de la seule polyphonie des couleurs. Prodigue de contrastes et de tons éclatants où dominent les rouges les plus sonores et les verts les plus délicats, il a imaginé des ensembles pompeux et inédits.

Encore un coup, dans ses compositions, et dirai-je même dans ses nature-mortes, pourtant si consciencieuses, rien n'indique le souci naturaliste, la volonté de traduire la nature et la vie. Sans doute, dans certaines têtes de femme, l'émotion transparaît avec un charme singulier ; mais le plus souvent les objets où son regard s'arrête pour en tirer prétexte à des inventions pittoresques, ce sont déjà pour lui des éléments de peinture, une marqueterie de tons, des motifs d'harmonie, déjà transposés. Même son étude d'après nature ne comporte rien de plus qu'une surface plane recouverte de couleurs en un certain ordre assemblées, selon l'exemple de Cézanne ; et c'est à Cézanne qu'il est redevable, comme tous les modernes, de la conception vraiment « peintre » du tableau.

Précisons un autre point de vue.

On sait par l'exposition récente des admirables copies de Fantin à quel point la fréquentation des Musées fut utile à l'auteur des fantaisies wagnériennes. Les teintes assoupies d'un bouquet suffisaient, c'est vrai, à lui suggérer telle composition vaporeuse. Mais les chefs-d'œuvre du Louvre eux aussi excitaient, et de la même façon que la nature elle-même, l'imagination de Fantin-Latour. Son lyrisme, de même que le mysticisme archéologique de Gustave Moreau, s'alimentait aux mêmes sources que l'intelligence pittoresque et décorative de Guérin. Un nouveau mode d'inspiration nous est ainsi révélé : l'impressionnisme ayant élargi, aéré, spiritualisé notre idée de la Nature, il est plausible que par un suprême raffinement les ouvrages classiques provoquent à leur tour des émotions aussi originales que les spectacles de la vie ou les plus beaux paysages. Il y a loin de l'attitude des individualistes modernes devant les Maîtres, au sentiment docile, à la curiosité technique avec lesquels les élèves d'autrefois interrogeaient les anciens. Naguère des jeunes gens s'abstenaient d'aller au Louvre de crainte d'y laisser leur personnalité, sans doute bien fragile. Des natures plus robustes et plus cultivées, comme Guérin, y trouvent au contraire l'exaltation d'eux-mêmes.

Nous vivons dans les Musées, les théâtres, les concerts, parmi des sensations d'art : nous y perdons peu à peu la notion de la vie ; notre sensibilité exige de plus en plus des émotions purement esthétiques. En même temps la vie perd chaque jour un peu plus de caractère. Nos rues sont froidement laides, nos intérieurs banals ; le confortable détruit le pittoresque de la vie intime, la police supprime toute fantaisie dans les spectacles de la vie sociale. A dépeindre les attitudes d'un peuple « policé » la photographie suffit. Aussi bien aucune manifestation plastique ne traduit nos préoccupations intellectuelles, c'est-à-dire notre vie véritable qui est la vie de l'esprit ; est-ce que les sports, la guerre, l'effort industriel, seuls témoignages de notre énergie physique, est-ce que les cérémonies officielles révèlent quoi que ce soit de notre sensibilité ? Il en était tout autrement à des époques mieux équilibrées. La naïve callocagathie des Grecs transparaît dans la simplicité des contours qu'ils empruntèrent à l'humanité encore normale de leur temps. Et de même le réalisme des Vénitiens traduit à la fois les mœurs pompeuses, la violence des passions de la Renaissance et l'orgueil des humanistes. Si les peintres de la fin du xixe siècle ont tenté de rendre les vicissitudes de la lumière, c'est que cela seulement symbolisait à peu près nos états d'âme de malades avides de grand air, de vie physique et de santé ; et c'est ce qui explique l'excroissance du Paysage...

Mais au peintre de tempérament romantique, naturellement épris de belles formes décoratives et du jeu tragique des masses colorées, la vie n'offre plus guère d'éléments plastiques. La contemplation des œuvres des Maîtres tend à devenir notre émotion la plus profonde, le seul rafraîchissement de nos sens fatigués. Et c'est être sage que de renoncer à traduire le spectacle menteur d'une vie où la banalité des apparences dissimule le vrai caractère de nos âmes : c'est reconnaître que l'art ne résume plus la vie. L'abus des théories, les subtilités de l'esprit critique, l'excès psychologique, les complications de l'individualisme, tout prouve, d'ailleurs, que notre époque préfère les abstractions à la réalité.

Élève à la fois de Gustave Moreau, savant archéologue, et de Cézanne, classique instinctif, Charles Guérin marque une nouvelle étape de l'évolution de la peinture en dehors de l'imitation de la nature. La génération dont il fait partie n'aura pas connu les scrupules et les gaucheries des impressionnistes et de leurs plus immédiats successeurs. En dépit des affirmations naturalistes et vitalistes, c'est bien décidément vers l'abstraction de Beauté que tous les arts s'acheminent, — oui, vers un idéal abstrait, expression de la vie intérieure ou simple décor pour le plaisir des yeux.

VIII

MARIE-CHARLES DULAC[1]

M. Lanoë, auteur d'une *Histoire du Paysage français*, soutient cette thèse originale que les paysagistes sont les peintres de sainteté de notre temps. Ce sont eux, prétend-il, qui savent le mieux dégager le divin des choses, et en l'absence de Maîtres inspirés par le Dogme chrétien, comme Fra Angelico ou Rembrandt, ce sont eux qui perpétuent dans l'Art le sens religieux. Il tire cette conclusion, non seulement de l'examen des œuvres, mais aussi de la vie intime des peintres : Millet et Corot, par exemple, illustrent cette théorie d'exemples impressionnants.

1. *L'Occident*, décembre 1905.

Il y a, d'autre part, des peintres d'histoire comme M. Degas pour qui l'appellation de paysagiste est péjorative, s'appliquant à la vérité le plus souvent à des artistes de peu d'idéal, incapables de traduire l'expression de la figure humaine, et qui se contentent de reproduire littéralement, en fumant des pipes et le dos au soleil, des effets quelconques, sans poésie et même médiocrement pittoresques.

J'indique ces deux points de vue à propos d'un peintre de paysage, œil fin et âme délicate, Marie-Charles Dulac, mort il y a quelques années, dont les lettres viennent d'être éditées par les soins pieux de deux de ses amis, le R. P. Louis et M. Henry Cochin[1]. M. Lanoë trouverait à les lire, un nouvel argument en faveur de sa thèse. Ce sont les lettres d'un Saint et la préface biographique du P. Louis est à proprement parler une hagiographie. Pour le paysagiste Dulac, la nature est *le livre qui contient la parole de Dieu*. En peignant, son but est *de servir, louer Dieu, chercher à le faire aimer davantage. Je suis*, disait-il encore, *un intermédiaire bienheureux*.

Les résultats de ces mystiques tendances, nous les avons vus autrefois dans des expositions de jeunes, chez le Barc de Boutteville, ou plus récemment, en 1899, chez Vollard, en un groupement posthume. Ce sont des lithographies synthétiques sur le sujet du *Cantique des Créatures*, et des peintures de petit format entre lesquelles nous gardons plus particulièrement le souvenir de vues prises à Vézelay, en Provence, en Toscane, en Ombrie. Construites avec une rigoureuse compréhension de l'ensemble et peintes d'après un système de valeurs de ton qui rappelle la solidité et la délicatesse de Corot, ce sont des œuvres d'une valeur d'art très objective. Les qualités d'âme n'en diminuent en aucune façon l'intérêt pictural. Outre l'évidente conscience et la sincérité du peintre, elles manifestent encore des qualités de goût, d'intelligence, le sens de la belle matière, des dons de coloriste.

Mais Dulac n'était pas un paysagiste ordinaire. Si remarquable que fût son métier, il n'en faisait que le moyen d'une œuvre évocatrice de ses états d'âme. Dans ses paysages, aussi bien que dans ses lettres, on voit comme il aimait les sites in-

1. *Lettres de Marie-Charles Dulac* (Blond et Cie, Paris).

comparables du Val d'Arno et de la haute vallée du Tibre. Ce qu'il éprouvait d'émotion devant ces beaux paysages nous le savions par ses peintures. Mais les descriptions de ses lettres ont aussi bien de la saveur : ce qu'il dit de San Gimignano et d'Assise réveille en nous la nostalgie de ces villes de légende accrochées au flanc des montagnes, de ces horizons bleus et roses d'une pureté infinie ; et l'on évoque les soirs mélancoliques, les blanches matinées de Toscane et d'Ombrie : l'air y est si léger et la lumière si douce, et telle est aussi la perfection des formes de la Terre que l'âme éprouve là devant une immense béatitude, le détachement de tout, et comme un avant-goût du paradis. Nul spectacle n'est plus propice à la méditation, à l'extase. L'intense poésie de ces lieux il l'a su mettre dans les portraits pourtant fidèles qu'il en a faits. Ses études d'après nature sont comme les *compositions de lieu* de ses exercices spirituels, comme les thèmes de ses oraisons. Il dit quelque part : *il y a des jours où les arbres sont des bûches* : mot profond qui exprime bien la bassesse possible du paysagiste, et qui sous-entend sa grandeur. Ces jours-là, Dulac ne devait pas peindre...

La piété de cet homme, comme son art, était lyrique et positive. La vie que ses lettres racontent au jour le jour et sans nulle attitude, est toute droite, toute simple, et cependant très belle. La pensée du R. P. Louis est qu'il y a avantage spirituel à la lire et à la méditer : je le crois aussi : et comme j'ai vu dans ses tableaux un peu du regard de Corot, j'aperçois dans ses lettres un peu de l'âme de Saint François d'Assise.

IX

PAUL SÉRUSIER[1]

Sérusier est maintenant professeur : il enseigne à l'Académie Ranson. Mais il l'a toujours été ; il a enseigné chez Julian, à Münich, en Bretagne, partout où il a passé, et je me souviens que lorsqu'il était massier des petits ateliers Julian, il m'ensei-

---

1. *L'Occident*, décembre 1908.

gna, à moi nouveau, la philosophie de Plotin, avant de me
révéler la technique et l'esthétique de la peinture synthétiste
qu'il tenait de Paul Gauguin rencontré en Bretagne. Après
avoir exposé au Salon des intérieurs minutieux et sombres,
Sérusier avait été présenté à Gauguin, par E. Bernard, à la fin
des vacances de 1888, chez la mère Gloanec, à Pont-Aven. C'est
de là que date sa véritable vocation. Esprit cultivé, raisonneur,
à la fois logique et paradoxal, il s'attache à découvrir le lien
des différentes formules que vivifient la parole et l'art de Gauguin. Il y met de l'ordre, il les systématise, il en tire une doctrine qui d'abord se distingue mal de l'impressionnisme, avant
d'en devenir l'antithèse ; et cela se passe précisément à l'époque
où de la réunion des peintres et des poètes naît le Symbolisme.

J'ai démêlé depuis que la part de Sérusier a été grande dans
l'élaboration de cette doctrine synthétiste, symboliste ou néo-
traditionniste, dont j'attribuais la paternité à Gauguin, à Van
Gogh, à Cézanne. C'est à lui que je dois la lucidité avec laquelle dans l'article d'*Art et Critique* je fixais les points essentiels du système ; le tableau, une surface plane recouverte de
couleurs en un certain ordre assemblées ; l'art, sanctification
de la nature ; l'expression par l'œuvre elle-même et non par le
sujet représenté ; etc.

Peu après, Sérusier découvrait l'Italie et les Primitifs allemands, Gauguin était parti pour Taïti, et ce qui dominait maintenant dans les préoccupations des peintres c'était plutôt le
symbolisme littéraire. Nous avions la prétention de renouveler
l'art du décor de théâtre, et les essais d'Ed. Dujardin, ou de
Paul Fort, ou de Lugné, entraînaient notre collaboration assi-
due, Sérusier commença à ce moment sa carrière de peintre de
décors : il a été longtemps l'auxiliaire des audaces de *l'Œuvre*.

En même temps il prenait l'habitude de séjours plus prolon-
gés en Bretagne. Abandonnant le littoral et les endroits fré-
quentés, il se fixa d'abord à Huelgoat, puis à Châteauneuf, où
il s'est maintenant installé définitivement.

Un de ses premiers élèves, devenu bénédictin, le P. Verkade, attira plusieurs fois Sérusier en Allemagne au Couvent
de Beuron, ou en Italie au Mont-Cassin. Sérusier confronta ses
propres doctrines avec celles du P. Didier, et ce fut pour lui

l'occasion de traduire la brochure du P. Didier, *l'Esthétique de Beuron*, traduction parue à *l'Occident*. Le hiératisme, la mathématique rigoureuse de l'école bénédictine, s'accordent d'ailleurs médiocrement avec l'imagination plutôt gothique et avec le subjectivisme de Sérusier.

On a pu suivre à l'exposition Druet qui vient de se clore, l'évolution de ses idées à travers toute sa peinture, depuis l'époque des paysages à figures inspirés de Gauguin, jusqu'aux derniers panneaux décoratifs, où ses élèves retrouveront ses plus récentes théories et par exemple, l'application de son cercle chromatique, et l'harmonie des couleurs obtenue par l'opposition des gammes chaude et froide sur des préparations de gris, également contrasté en chaud et froid.

On peut dire que chacune de ces toiles représente une expérience esthétique ou technique. La réussite de beaucoup d'entre elles, — et mes préférences vont aux nature-mortes, aux paysages bretons, aux études de figures, comme l'*Ève*, plutôt qu'aux sujets d'imagination pure — la réussite de ces toiles vient-elle de l'application rigoureuse des principes, ou de l'inspiration du peintre ? C'est ce que je n'ose décider. Mais personne ne peut mettre en doute que l'application intellectuelle n'apporte ici un élément d'intérêt considérable, et ne confère à ces œuvres un caractère de sérieuse volonté qui les différencie profondément de toutes les productions de notre temps.

Nul n'a approché Sérusier sans être par lui amené à réfléchir. C'est un professeur, je l'ai dit, et je répète que je lui dois beaucoup.

On peut discuter ses doctrines, ses partis pris, sa technique. Mais on doit admirer la conception élevée et rationnelle qu'il a de l'art. Dans la décadence, presque générale, en France du moins, des idées de 1890, je veux dire des tendances spiritualistes et symbolistes en art, Sérusier reste à l'avant-garde du petit nombre de ceux qui luttent pour la Pensée et le Style, de ceux qui croient que l'art a quelque chose à faire avec l'idée de Dieu et la Révélation chrétienne. C'est de ce dernier point de vue qu'on pourrait définir sa position par rapport au mouvement néo-classique qui entraîne une partie de la jeunesse d'aujourd'hui, tandis que l'autre se contente d'un art de sensations et de taches dont aucun idéal ne vient relever la médiocrité.

Sérusier apparaît alors comme une sorte de Savonarole ou mieux de prophète hébreux, de nabi austère, toujours en lutte contre les excès de la sensibilité, contre les tentations de l'instinct, et qui condamne également la sensualité demi-païenne, demi-renaissance, élégante, versaillaise et un peu académique des jeunes classiques ; — mais aussi la prétentieuse facilité des improvisateurs d'art nouveau, de ceux qui, en l'absence de toute esthétique et de toute tradition, n'ont de règle que le caprice individuel.

X

L'ŒUVRE DE PAUL RANSON[1]

Paul Ranson est mort au moment même où l'Académie qui porte son nom réussissait. Il l'avait fondée avec, autour de lui, ses amis, ses plus vieux camarades, ceux dont il avait fait connaissance autrefois dans une autre Académie, celle de Julian, alors que Sérusier y semait la bonne parole synthétiste. Ce rappel, ce rajeunissement d'une ancienne camaraderie, a été brusquement contrarié par la Mort. Une exposition s'organise où l'on pourra juger l'œuvre de notre ami. Cet ensemble de cartons, d'études, de tableaux fera voir quel artiste était Ranson, et ses dons de peintre, et son extraordinaire imagination. Il sera particulièrement intéressant de suivre à travers cette œuvre si variée l'évolution d'un artiste dont les débuts sont intimement liés à l'histoire du mouvement de 1890 — synthétiste ou symboliste.

Il y a trois parts à faire dans l'œuvre de Ranson.

D'abord, et c'est la plus ancienne, celle des recherches décoratives. Ranson avait un sentiment très neuf de la composition ornementale : les idées de Gauguin, les théories de Sérusier favorisèrent son goût naturel, et son imagination s'épanouit en même temps que sa raison découvrait les principes de l'art. C'est ainsi que loin d'être gêné par la technique, il s'appliqua à créer des cartons dont l'exécution et la matière devaient compléter, amplifier et magnifier la pensée. A une autre époque,

1. L'Occident, mars 1909.

Ranson eût été un prodigieux artisan, un chef d'atelier, aussi apte à diriger des tapissiers qu'à conduire des travaux céramiques. Seules les tapisseries dont il avait conçu de si curieux motifs existent, ont été réalisées, et par lui-même. On verra à l'exposition Ranson deux des tapis exécutés et plusieurs cartons, parmi lesquels le célèbre *Tigre*. La manufacture des Gobelins, maintenant dirigée par un écrivain qui fut des premiers à comprendre le mouvement de 1890, se doit d'acquérir pour son Musée un spécimen de ces tapisseries. Avec celles de Maillol, ce sont les plus intéressantes qu'on ait produites en France depuis vingt-cinq ans.

Lustral, l'Aiguillon de la Chair, et quelques autres toiles, peintes à l'encaustique ou à la *tempera,* ont un aspect mat et mural, qui ressemble à l'aspect de la fresque. Mais si l'on regarde la qualité du dessin, le choix des rapports de teintes, on s'aperçoit que c'est bien plutôt le métier du céramiste qui conviendrait ici, et l'on déplore que Ranson n'ait pas trouvé dans une société qui se préoccupe ou feint de se préoccuper d'art appliqué, un amateur avisé pour offrir des murs à des revêtements de faïences qu'il eût dessinées et peintes avec une entente parfaite de la forme ornementale et le sens le plus rare de la couleur par teintes plates.

Outre les cartons de tapisseries, les tapisseries, les peintures décoratives, Ranson fit vers la même époque des pastels et des tableaux à l'huile où son imagination abordait les régions du fantastique, du satanisme et de la sorcellerie, tout en l'autorisant à des approximations plus analytiques de la forme humaine et de la nature. Quelques-unes des scènes représentées dans cette série que j'appelle la série romantique, empruntent au paysage, à l'étrangeté de la lumière, à la sensualité des figures, un caractère d'extrême originalité. Le tableau intitulé *le Réveil* et qui représente cependant une scène familière, dont les personnages et tous les accessoires sont empruntés à la vie moderne, est un des plus remarquables en ce sens que le fantastique y est produit par le seul parti pris du pittoresque et de la simplification. C'est dans de telles œuvres qu'on surprend avec le plus d'imprévu l'originalité de Ranson.

Enfin une troisième série comprendra les paysages et les fleurs d'après nature. La plupart des paysages ont été dessinés avec un scrupule de Primitif, d'après des arbres aux troncs noueux, aux racines comme des tentacules, et dans des sousbois dont la lumière incertaine a le recueillement des intérieurs de cathédrales. Même lorsqu'il copiait un vase de géraniums, des feuilles de vigne vierge, des roses, Ranson inventait toujours des formes décoratives. Mais ce sont surtout les arbres qui fournissaient un aliment à son imagination. Il les a peints comme des monstres vivants.

Le public sera-t-il sensible à l'expression raffinée, à la poésie de l'œuvre tout entière ? A coup sûr, tout le monde comprendra l'élégance de son dessin ; et dans les paysages, le sentiment de la nature, la délicatesse de la couleur rallieront les suffrages de ceux que leurs préjugés empêchent de pénétrer le hiératisme des œuvres décoratives. Même si le Ranson décorateur lyrique, que nous préférons, devait rester incompris, il y a assez de talent dans ses moindres études pour exciter l'intérêt du public et justifier les sympathies admiratives de ses amis.

XI

LE PÈRE BESSON[1]

C'est un de mes meilleurs souvenirs d'enfance : je feuilletais un vieux *Magasin pittoresque*, et j'y découvris des croquis de jeunes femmes, des maternités d'une ligne souple, d'un mouvement ingénu et gracieux : j'appris que ces dessins étaient d'un moine, d'un Fra Angelico moderne, qu'il les avait faits d'après nature dans les rues de Rome ; et cette rencontre excita au plus haut point mon imagination d'enfant pieux. J'associai désormais dans mon ignorante sympathie, aux dessins capricieux de Topffer, que je préférais aux autres images parce qu'ils avaient l'air d'être faits à la main, la simplicité vénérable des croquis du P. Besson.

Depuis, je n'entendis plus parler de l'artiste dominicain, ayant été deux fois à Rome sans penser à visiter San Sisto ; et il fallut l'exquise conférence prononcée par Henry Cochin

1. *L'Occident*, novembre 1909.

à la Société de Saint-Jean pour ramener mon attention sur un peintre que la fréquentation des élèves d'Ingres aurait pu cependant me faire déjà mieux connaître.

L'ouvrage des PP. Berthier et Vallée sur l'*Œuvre artistique du P. Besson*, — ouvrage enrichi de reproductions excellentes, dues au talent d'André Marty — permet de justifier l'admiration de la famille dominicaine et de toute l'école catholique de 1850 pour ce fils trop peu connu de Lacordaire.

Je pense que je ne suis pas le seul à mal connaître l'histoire de la peinture religieuse au xixe siècle. Il y a un préjugé contre l'art religieux à notre époque. On compare le présent avec le passé et l'on affirme que l'indifférence du clergé et des catholiques en matière d'art est la cause de la décadence actuelle. On prétend que le clergé des grandes époques était plus cultivé, plus artiste que le nôtre, et que c'est à son influence que nous devons les chefs-d'œuvre de l'art religieux.

Je déclare que je ne suis pas dupe de cette affirmation. L'idée que les curés de Sacchetti ou de Boccace étaient des esthéticiens capables de sentir toutes les beautés, tous les raffinements de sensibilité des fresques giottesques et des madones siennoises, est une idée qui ne mérite pas d'être discutée. Et inversement, notre clergé du xviie siècle, si pieux, si éclairé, si abondant en œuvres, en doctrine, si éloquent et nourri de belles-lettres, quelle heureuse influence a-t-il donc eue sur l'art ecclésiastique de son temps ?

Il faut se rendre à l'évidence et constater que la supériorité ou la décadence de l'art religieux n'ont pas de rapport nécessaire avec la prépondérance intellectuelle de l'Église ; que l'art religieux a éprouvé dans le cours des siècles les mêmes vicissitudes que l'art profane, et que l'Église n'a jamais eu de monopole esthétique. Il est injuste de conclure de la décadence de l'art à la décadence de l'Église, et l'on n'a aucun droit d'accuser le clergé moderne de manquer à sa mission civilisatrice parce que notre art ne vaut pas celui du xiiie siècle. Est-ce qu'au xiiie siècle l'architecture civile était inférieure à l'architecture religieuse ? Il y a eu à cette époque et pendant tout le Moyen-Age une éclosion magnifique de toutes les énergies de l'Occident ; le catholicisme a su les cultiver, les ennoblir, faire prévaloir dans les méthodes et les techniques la logique de ses dogmes, sanctifier la sensibilité, mais il n'a jamais prétendu suppléer au génie de l'homme ou de la race, à l'enthousiasme créateur ou aux traditions de métier.

Or la race est fatiguée, l'homme dispersé, l'enthousiasme refroidi, et les traditions perdues. C'est le mauvais goût public, c'est la fausse science reçue dans les écoles, c'est le respect superstitieux du passé, l'esprit de routine, la fabrication industrielle, et non pas le clergé, qu'il faut accuser. Nous voyons la même médiocrité dans les mairies ou les palais modernes que dans les églises pseudo-gothiques bâties de nos jours. Pour moi je préfère infiniment, d'ailleurs, l'église de Fourvières ou le Sacré Cœur au Grand Palais. Et je ne vois pas qu'il y ait à blâmer davantage le prêtre qui achète un autel de style Viollet-le-Duc que l'honnête bourgeois qui commande un salon Louis XV ou une salle à manger Henri II.

Si l'on a soin de faire ces réserves, on est forcé de convenir que le XIXᵉ siècle, que la période d'art chrétien comprise entre les chapelles d'Orsel et Périn à Notre-Dame de Lorette et la décoration de la cathédrale de Viborg par Skovgaard, est une époque glorieuse. Que l'on considère, parallèlement, combien de jolies choses frivoles on a données pour décor aux cérémonies sacrées dans les deux siècles précédents, depuis les plafonds du Gesu jusqu'à San Antonio de la Florida. Le XIXᵉ siècle a mieux compris les lois de la peinture monumentale et quelle gravité comportent les sujets chrétiens. Ses meilleurs artistes ont été des croyants : ils ont mis au service de l'église le frémissement d'une foi inquiète, et la ferveur d'un sentiment quasi-évangélique de la nature. Des ensembles comme Saint-Germain-des-Prés, comme la chapelle des SS. Anges, comme la sainte Geneviève de Puvis de Chavannes, comme le Mont-Cassin ou comme San Sisto, témoignent d'une variété et d'une hauteur d'inspiration, et j'ajouterai d'une sensibilité religieuse qu'on ne connaissait plus depuis la Renaissance. Les noms de Cornelius, d'Overbeck, de Flandrin, d'Amaury-Duval, de Janmot, de Mottez, de Hunt, de Rossetti, de Burne Jones, d'Ivanof, du P. Didier Lenz, de Skovgaard suffisent à caractériser la multiplicité des manifestations de la pensée chrétienne dans l'histoire de la peinture moderne.

J'accorde que les Nazaréens, les élèves d'Ingres, les Préraphaëlites, la Beuronerschule ont souvent confondu le classicisme avec l'académisme, et le style avec l'archéologie. Je n'apprécie pas davantage la froideur de Signol parce qu'elle s'applique à des sujets sacrés, et sous prétexte de discipline, je ne défendrai pas la mauvaise peinture. Ce qui m'intéresse dans ces écoles, c'est une certaine qualité d'enthousiasme, l'ardeur d'une foi commune, la frénésie de l'idéal.

A l'origine de la conversion de Jean-Baptiste Besson, en pleine époque romantique, je trouve un de ces groupements de pensée, l'école de Buchez : « Là, dit M. H. Cochin, des étudiants, des artistes, des employés, des ouvriers aussi se donnaient rendez-vous pour entendre le maître, et pour s'enivrer autour de lui de discours et de discussions, réformant chaque soir la société, et chaque soir sauvant le genre humain, tout en maudissant d'ailleurs le gouvernement ploutocratique du pauvre Louis-Philippe. Tout cela était délicieux, humanitaire, évangélique et sans précision. »

A l'origine de sa vocation religieuse, voici la confrérie de Saint-Jean-Baptiste, fondée à Rome par Lacordaire pour le bien spirituel de Besson, du paysagiste Cabat et de M. Cartier, l'éloquent biographe de l'artiste dominicain. C'est de là que Besson entre au cloître ; et après avoir renoncé d'abord à ses pinceaux, il les reprend à la fois par goût et par obéissance. Devenu prieur de Sainte-Sabine, il commence la décoration de San Sisto. Nous sommes en 1852. Overbeck est encore à Rome, vieux et désormais sans influence. Quelle sera donc l'école qui fournira au P. Besson, dont la sensibilité a été formée par les Buchéziens et par Lacordaire, les formules esthétiques de l'œuvre entreprise ? Ce sera l'école d'Ingres, alors dans tout son éclat, et en faveur auprès des esthéticiens catholiques.

Les admirables reproductions, qui illustrent l'ouvrage édité par André Marty, permettent de discerner dans les peintures du P. Besson, la part de l'inspiration personnelle, — l'ingénuité tendre et pieuse de l'artiste — et son effort scolaire de réalisation.

C'est une chose digne d'attention que cet effort d'un religieux naïf vers une sorte de perfection factice qu'il demande à l'exemple des élèves d'Ingres. Sans avoir fait de longues expériences, presque sans études préalables, sans oser consulter le modèle vivant, ni pouvoir disposer librement de son temps, enfin dans les conditions de travail les moins favorables, il entreprend de traduire les effusions de son cœur avec des moyens plastiques qui lui sont étrangers, il essaie de nous donner l'illusion d'une science académique parfaite. Faut-il voir là le respect des idées reçues, de « l'autorité » de la toute-puissante école d'Ingres, ou la crainte que le reproche d'ignorance et de gaucherie atteigne à travers l'artiste, le religieux, son ordre et sa foi? ou l'adhésion pure et simple à l'académisme universellement admis alors par tous ceux qui s'intéressaient à l'art religieux? L'état d'esprit du P. Besson qui n'est pas un professionnel, qui va interrompre son travail pour aller en mission en Mésopotamie, est à ce point de vue fort différent de celui de Fra Angelico, ce fort technicien de la Renaissance, cet émule de Masaccio, passionné pour tous les problèmes d'art de son temps, qui y consacre sa vie entière et qui réalise pleinement avec une originalité parfaite de moyens, les plus subtiles inventions de son génie. Ce n'est pas non plus le moine de Beuron qui va de cloître en cloître pour décorer des murs selon des recettes précises, et à qui l'habitude du métier permet comme aux vieux giottesques de multiplier, en les variant selon l'inspiration du moment, les scènes traditionnelles et les synthèses ornementales.

Le P. Besson, c'est une âme radieuse, toute pénétrée des visions d'en haut et sensible aux émotions tendres et pures de ce monde, mais cette âme s'exprime par des formes qui n'ont pas été faites exprès pour elle, des formes qui ne correspondent exactement ni à ses dons naturels, ni à son véritable sujet.

C'est pourquoi, quelle que soit la réussite de certains morceaux, comme l'*Architecte ressuscité* ; le groupe des deux femmes et la figure du Saint dans la *Résurrection de l'enfant,* sur un fond de paysage de Cabat ; la scène tout entière de la *Résurrection de Napoleone Orsini* ; je préfère les médaillons en grisaille d'une exécution plus simple où l'âme apparaît toute nue, où le rêve délicieux du poète n'est pas alourdi par les moyens du peintre. Et dans les dessins, ce sont aussi les moins appris, les plus primitifs, les plus gauches, qui transmettent le plus directement la pureté de son émotion : je songe à la

Résurrection de Lazare, à la bienheureuse *Imelda*, et enfin à
ces croquis d'album de mon vieux Magasin Pittoresque, que je
regrette de n'avoir pas retrouvés dans le livre des PP. Berthier
et Vallée, où cependant ils eussent donné, auprès des œuvres
de pure imagination, la meilleure idée de son travail d'après
nature.

Le P. Besson restera comme une des plus nobles figures de
moines de la descendance spirituelle de Lacordaire. Nous
pourrons regretter que dans son œuvre trop tôt interrompue
il n'ait pas eu l'appui d'un métier plus solide et mieux adapté
à sa personnalité. Mais nous savons quels dons il avait et quelle
belle âme ! Le poème de San Sisto nous aide à mieux sentir
tout le charme de la vie du P. Besson écrite par M. Cartier.
cet autre poète catholique.

XII

HENRI-EDMOND CROSS[1]

Des jaunes pâlissent parmi des orangés. deviennent plus
clairs, contrariés vers le bas de la composition par deux lignes
noires d'outremer ; vers le haut, ils se dorent et s'exaltent au
contact d'un bleu de fond, se fortifient d'orangés vifs, passent
au rouge. — un rouge sombre où des verts émeraude noir-
cissent et qui lutte, en un point essentiel, sur un semis de rose
et de vert avec un blanc presque pur : nette dissonance, autour
de quoi tout chante et tout vibre dans les plus chaudes harmonies ; ah ! que j'aime ce tableau de Cross qui représente un
homme nu sous le ciel de Provence !

Et voici une sombre entrée de jardin. Il fait une chaleur
accablante : les lumières qu'on aperçoit dans le fond du tableau
évoquent la pesanteur de midi. Mais le sujet est dans l'ombre :
c'est tout ce qui se passe à l'abri du jour cru, le conflit des
rouges sombres avec des vers profonds, et les verts vont jusqu'au bleu et le passage des violets est heureusement esquivé,
parce qu'il détonnerait dans cette gamme majeure ; et les verts

1. Préface à l'exposition d'Henri-Edmond Cross, avril 1907, chez Bernheim.

rejoignent, en un contraste seulement de teintes, les rouges pourtant intenses qui claironnent aux géraniums et s'assourdissent aux troncs d'arbres.

Ailleurs, la monochromie d'un vert pâli de jaune, et qui signifie de fertiles cultures et des vignes, se relève de fortes dissonances où les laques, l'émeraude, l'outremer, la garance indiquent une ample frondaison, une treille, des figures occupées aux travaux des champs, ou bien encore le profil du cap Nègre, mosaïques de taillis symétriques et multicolores : splendide aspect d'une campagne du Midi, composé à souhait pour le plaisir des yeux.

Couleurs avant tout, couleurs telles que les marchands les vendent en tubes, couleurs de la gamme diatonique de Chevreul et qui cependant, par des mélanges parcimonieux de blanc et des oppositions savantes, arrivent à constituer des gammes variées : tapisseries où les formes et les silhouettes se balancent, s'enchevêtrent ou se contrarient, selon des rythmes rares. Mais c'est toujours le conflit de l'ombre froide et du soleil, les éclats et les vicissitudes de la lumière, que la volonté de Cross résume en des synthèses colorées.

Il disposait naguère les tons et les fragments de tons comme des soldats en bataille, petites unités blanches qu'il revêtait après coup, en glacis, d'uniformes de couleur variés selon le rôle de chaque élément, assignant à chacun son champ d'action, calculant d'avance les résistances, les réactions, les sacrifices à faire, supputant les qualités et les quantités des forces engagées, selon la théorie néo-impressionniste. De ces trop subtiles méthodes, où le romantisme d'un Signac trouve son appui et sa solidité, Cross a conservé le goût des accords de tons purs, non salis, et une science certaine des timbres et de l'orchestration.

Il y a vingt ans qu'avec plus de passion qu'aucun de nous, Cross s'essaie à créer du soleil. Il en vient maintenant, ayant beaucoup regardé, beaucoup réfléchi, multiplié les expériences, ayant été jusqu'au bout des théories, il en vient à substituer de plus en plus les jeux de la couleur aux jeux de la lumière. Sans doute, comme la plus jeune école d'à présent, il ne recule devant aucune crudité d'éclairage ; et j'aimerais que ses modulations fussent plus préparées et qu'un certain chromatisme à la Cézanne vint tempérer plus souvent de trop éblouissants contrastes.

Mais, outre que ce chromatisme existe dans quelques-unes des œuvres ici exposées, il est très évident que Cross a sur tous les jeunes novateurs l'avantage d'une science considérable, et que, loin de chercher d'aveuglantes et hasardeuses traductions de l'impitoyable soleil, il s'efforce d'imaginer des harmonies équivalentes, et d'instituer, avec la logique de ses moyens, le Style de la couleur pure. J'ai découvert, disait Cézanne, que le soleil est une chose qu'on ne peut pas reproduire, mais qu'on peut représenter. Cross a pris, comme les anciens maîtres, le parti de représenter le soleil non pas par la décoloration, mais par l'exaltation des teintes et la franchise des oppositions.

S'il évite les gris, ce n'est pas seulement parce qu'il renonce au mélange optique (c'est-à-dire à juxtaposer dans la même tache de lumière ou d'ombre les touches de ton local et les touches d'orangé solaire ou de ses réactions) ; — mais c'est surtout parce qu'il préfère donner plutôt une sensation de couleur harmonieuse qu'une sensation de luminosité intense. Et, par exemple, sur une figure nue en plein soleil, l'ombre d'un arbre ne se mélangera plus du ton de chair de cette figure, mais il sera résolument bleu, ou vert, ou orangé, etc., suivant que l'une de ces couleurs sera perçue subjectivement comme dominante.

Le soleil n'est plus pour lui un phénomène d'éclairage qui décolore et qui blanchit tout, mais un foyer d'harmonie qui réchauffe les couleurs de la nature, autorise les gammes les plus montées et fournit un motif à toutes les fantaisies de la couleur. Le tempérament de Cross y trouve le prétexte aux développements de la plus riche sensibilité, un thème inépuisable où se déploient les ressources de son imagination.

La comparaison entre les œuvres récentes et quelques paysages de Venise de date plus ancienne fait bien comprendre en quel sens s'effectue l'évolution de Cross. Il est moins littéral et plus sonore ; mais aussi il est plus construit. Tandis que Signac passe du naturalisme scientifique à une sorte de romantisme raisonné, Cross, délivré de la plupart de ses scrupules d'impressionniste, s'achemine vers une conception classique de l'œuvre d'art. Les rythmes de ses paysages ont un équilibre, une solennité dans le balancement des masses qui font songer je le dis sans paradoxe, à des inventions de Claude Lorrain. Les mythologies de l'an passé aux Indépendants et la *Clairière* de cette exposition-ci montrent des recherches de simplicité et d'architecture analogues dans la figure à celles qui donnent à ses paysages une beauté si générale, et de la grandeur. Le fidèle respect qu'il a de la nature, la sincérité de sa vision subsistent d'ailleurs, comme chez les classiques, au-dessous de ce travail de construction décorative. On trouve le même accent de vérité à des œuvres plus expressives et mieux organisées.

Ainsi en même temps que ses traductions sont plus libres et plus colorées, la manière de Cross s'élargit et se simplifie. Son art devient de plus en plus un art de synthèse et d'imagination. Le théoricien, le technicien expert que déjà nous admirions. laisse mieux apercevoir dans les toiles que voici, réfléchies et voulues, les dons du peintre et les dons du poète.

*
* *

Au détour du chemin qui suit la mer, quand on vient du Lavandou, on découvre d'abord une pittoresque cabane que Cazin, je crois, appela la Maison de Socrate. Au delà s'aperçoivent quelques toits de tuiles à travers les pins. C'est Saint-Clair. Des hauteurs roses, dressées en amphithéâtre, face à la mer, l'enserrent étroitement, en font un lieu isolé du reste du monde.

La maison de Cross est là parmi les arbres et les fleurs. Il vous accueille avec son bon sourire et ses yeux d'un bleu très doux ; et tout son visage est grave et recueilli comme celui d'un contemplatif, d'un saint François rythmant le Cantique des Créatures et chantant

> Spécialement messer le frère Soleil,
> Lequel nous donne le jour et nous illumine,
> Et il est beau et rayonnant d'une grande splendeur.

Dans ses yeux pâles d'homme du Nord, tout le lumineux Midi étincelle : son regard en conserve les reflets, et son œuvre en perpétue l'éclat pailleté et l'émotion.

*
* *

Henri-Edmond Cross[1], né à Douai le 20 mai 1856, est mort à Saint-Clair (Var), le 16 mai 1910.

On n'essaiera pas ici de dire la douleur que nous ressentîmes, ses camarades et ses amis, de sa longue et cruelle agonie, si stoïquement supportée, et de cette fin parmi d'atroces souffrances. Dans quel paradis, dans quel rayonnement de gloire, reverrons-nous ses yeux clairs, de tant de douceur et de droiture, et la noblesse de son front haut et la beauté de son sourire? Mais le souvenir ému que nous gardons d'un tel homme, nous voudrions que chacun pût, à travers son œuvre en connaître le bienfait, et retrouver dans ses peintures, avec l'expression vivante qu'il a donnée de lui-même, un peu du charme si fort de son commerce et de son amitié.

C'était un homme du Nord qui, sous des apparences froides, cachait avec une sorte de pudeur un cœur ardent. Il naît dans le brouillard de Flandre, à Douai, où il commence de peindre; il passe dans la cave de Bonvin et s'y lasse vite des vieux crus de la peinture sombre; puis il s'installe sur la côte de Provence, et c'est là qu'il meurt entre la mer bleue et les jardins fleuris. Toute sa vie d'artiste tient entre ce départ dans le noir et cette arrivée dans le soleil.

Entre 1884 et 1891, il expose ses premières toiles claires aux Indépendants. A cette époque et dans ce milieu, tout fermentait, tout était mis en question, tout se renouvelait; mais sous divers noms et, sous des apparences contradictoires, c'était l'idéalisme qui tendait à reprendre ses droits — les droits de l'imagination, cette « reine des facultés » du peintre — sur le réalisme des années précédentes. Autour des Impressionnistes qui évoluaient vers un art plus généralisateur, autour de Claude Monet, de Pissarro et de notre grand initiateur Cézanne, le petit groupe des néo-impressionnistes commençait de manifester. Seurat en était le fondateur, l'apôtre. Signac apportait au jeune mouvement la puissance d'un esprit précis et d'une

1. Préface à l'exposition posthume d'Henri-Edmond Cross, octobre-novembre 1910, chez Bernheim

volonté vigoureuse. Dubois-Pillet, Van Rysselberghe, Maximilien Luce, Angrand et, je crois, Petitjean furent les premiers séduits par la nouvelle théorie. Fénéon, qui lui aussi eut son rôle, sut la résumer dans les études qu'il écrivit alors, en pages claires et concises. Retenons seulement ici que si le but était de donner à la couleur toute sa force par les contrastes de ton et de teinte, le moyen était le mélange optique. Nulle théorie ne fut plus discutée, aucune n'eut une emprise plus forte sur les peintres qui y trouvèrent — car c'est là l'utilité des théories — le guide et l'appui de leurs premiers tâtonnements.

A cette technique systématique et, il faut bien le dire, singulière, Cross fut réfractaire d'abord. Cherchant la lumière, il se contenta d'éliminer les neutres et de peindre clair, jusqu'au jour où la cure de soleil qu'exigeaient ses rhumatismes l'amena dans le Midi, à Cabasson, devant des spectacles d'un tel éclat qu'il crut impossible de les traduire sans recourir à la division. C'était en 1892. Il avait exposé en 1891, l'année de la mort de Seurat, le grand portrait en pied de Mme Cross que nous vîmes à Saint-Clair et dont certaines parties sont divisées, selon la technique pratiquée depuis 1884 par Seurat et Signac.

Cependant, si sa technique change, son esthétique reste encore quelques années fidèle au naturalisme. Il persévère dans le travail direct d'après nature, il croit toujours au motif, et c'est pour plus de vérité dans la lumière qu'il applique le mélange simultané des couleurs.

Peu à peu son évolution se fait. Là-bas, sous le soleil, toujours avide d'en restituer l'éclat, il s'instruit de ses propres expériences. A Paris, chaque année, aux Indépendants et dans les petites expositions qui dès cette époque foisonnent, il voit quel travail s'opère, en apparence vers plus de liberté, en réalité vers plus de raison et d'ordre : un ordre nouveau, paradoxal, un ordre issu de la tourmente symboliste et dont le succès marque le triompphe de l'esprit de synthèse sur l'esprit d'analyse, de l'imagination sur la sensation, de l'homme sur la nature.

L'intelligence de Cross fit alors un effort admirable pour transformer, pour agrandir son procédé, et discipliner sa sensibilité au service de l'art plus noble qu'il entrevoyait. La conciliation difficile entre la recherche de l'unité et la recherche de

la nuance, entre la construction décorative et l'étude attentive
des effets, il pense la trouver d'abord par une patiente et plus
systématique complication de sa technique. J'ai expliqué, dans
une précédente préface. qu'il disposait les tons et les fragments
de tons comme de petites unités blanches, et qu'il les revêtait
après coup, en glacis, de couleurs variées selon le rôle de chaque élément, assignant à chacun son champ d'action, calculant
d'avance les résistances, les réactions, en vue de l'harmonie
finale à obtenir par de rigoureux contrastes. En même temps
il abrège la forme. il élague les accidents, il s'astreint, en vue
d'un plus grand style. à des déformations rythmiques. Puis le
travail du point strict le gène : il le rejette peu à peu, il augmente le format de sa touche, large et fondue comme celle de
Cézanne, mais il reste cependant fidèle à la polychromie de
couleurs pures, presque sans mélanges pigmentaires, et à la
propreté d'exécution de ses premiers tableaux.

« Cette liberté fut, écrit-il dans une lettre citée par Charles
Angrand (*les Temps Nouveaux*), la plus grande leçon que je
rapportai d'Italie. » En 1904, il avait été à Venise, et c'est de
Venise que datent, à mon gré. ses premières œuvres accom-
plies. En 1908. il visita la Toscane, Rome et l'Ombrie. Tout en
comprenant la grandeur des maîtres, « les Forces suprêmes »,
il était tellement préoccupé de la fraîcheur et du dégradé des
teintes que ce qui le frappe le plus dans ce voyage, c'est la
couleur pure de certains Primitifs, la teinte « variée comme
un pétale de pied d'alouette » de Pérugin ou de Pinturicchio.

En même temps que disparaissaient ses scrupules de réalisme
et d'analyse, sa notion du soleil évoluait. Il ne cherchait plus,
comme autrefois, à exprimer la lumière solaire par la décoloration, par le blanc à peine teinté. Mais au moyen des oppositions de teintes, préférées à celles de tons, il substituait à l'éclat
aveuglant du spectacle ensoleillé une riche tapisserie de couleurs fulgurantes. En un mot il transposait. Il devenait plus
véritablement peintre, tout en restant, — pour employer un
terme barbare de notre jeunesse, — un chromo-luminariste
fervent.

Par cette transposition colorée, il se rapprochait de Cézanne
et renouait la tradition des maîtres. Il redevenait classique encore par d'autres soucis d'invention et de composition. Ce

n'était plus seulement pour appliquer, pour expérimenter certaines leçons de Seurat, de Charles Henry, ou ses propres combinaisons techniques, qu'il introduisait dans ses tableaux inspirés par de magnifiques spectacles de la nature, de volontaires et harmoniques déformations ; c'était plus encore pour contenter son goût naturel, enfin révélé, de beauté pleine et équilibrée. Il composait, et son imagination libérée appelait les nymphes, les faunes et les dryades pour emplir de formes sculpturales des paysages élyséens. Il s'était aperçu de la vanité du travail direct d'après nature pour qui veut fixer l'insaisissable prestige de la chair en plein air, la caresse fugitive du soleil et la mobilité des heures. Une lettre, que j'emprunte encore à l'article d'Angrand, nous parle de la nécessité de repousser sans ménagement la tyrannie de la documentation. « J'ai fait venir un modèle féminin dans un petit bois de chênes-lièges proche de la maison. Ce nu, au soleil ou à l'ombre, m'a mis devant les yeux des harmonies de formes et de teintes insoupçonnées. Quelques pauvres études en sont résultées. Or, maintenant que l'objet n'est plus là, je sens mieux mon manque d'audace, ma regrettable sagesse et je rêve de mes premières et spontanées sensations qui étaient pleines d'enthousiasme et de saine folie. »

Ce sont ces sensations enthousiastes, cette saine folie que nous retrouvons avec une telle magnificence dans ses plus récents tableaux.

L'écueil eût été qu'il se contentât, comme tant d'autres, d'à peu près, de réalisations aimables ou paradoxales. Mais sa volonté d'expression se faisait plus âpre, plus exigeante à mesure que croissait son désir de synthèse. Il arrivait à signifier par quelques formes simples, par quelques rapports de couleurs pures, ce qu'autrefois il ne savait dire qu'avec une multitude de nuances et de diaprures.

C'est dans ces œuvres de la dernière période qu'apparaît tout le lyrisme de l'âme de Cross. Certes, qu'il ait participé avec audace à un mouvement important de l'évolution de l'art moderne ; qu'il ait eu le don d'assembler en d'éclatantes harmonies la force et la douceur des plus belles couleurs de la gamme ; que son intelligence ait su retrouver à travers les confusions et les ignorances quelques-uns des vrais principes de l'art et qu'il

ait ainsi réalisé des œuvres du plus grand style ; qu'il ait atteint
à un degré de splendeur et de luminosité qui faisait l'étonnement même de Signac, son plus fidèle admirateur et son ami ;
qu'enfin, il ait vécu avec intensité ce drame intérieur du peintre qui crée lui-même ses moyens, qui se découvre laborieuse-
ment et s'efforce de toute sa volonté vers le mieux ; tout cela,
nous l'estimons grandement, comme il convient. Mais il y a
quelque chose de plus dans l'œuvre de Cross. De tout cet effort
de logique, de synthèse et de lumière, une tendresse se dégage,
un sentiment passionné de la nature et de la vie. Dans la plénitude et la simplicité de ses grands paysages, n'admirons pas
seulement la beauté objective, mais aussi le rythme intérieur,
selon lequel il les ordonnait. Écoutons, dans les vibrations de
ses ciels et le flamboiement de ses terrains accablés sous la chaleur du jour, le retentissement des harmonies terrestres ; mais
plutôt entendons ici les palpitations d'un cœur et la voix d'une
âme éblouie.

L'INFLUENCE DE PAUL GAUGUIN[1]

Gauguin mort. — et après l'étude si documentée de Séguin publiée à *l'Occident*[2], — il convient d'examiner son influence sur les artistes de son temps, plutôt que son œuvre à lui, laquelle sera prochainement, nous le souhaitons, réunie en une exposition complète, où il sera loisible d'en considérer l'importance, d'en célébrer la beauté.

Les plus audacieux parmi les jeunes artistes, qui fréquentaient aux environs de 1888 l'Académie Julian, ignoraient à peu près complètement le grand mouvement d'art qui sous le nom d'impressionnisme venait de révolutionner l'art de peindre. Ils en étaient à Roll, à Dagnan ; ils admiraient Bastien Lepage : ils parlaient de Puvis avec une indifférence respectueuse, se méfiant, en conscience, qu'il ne sût pas dessiner. Grâce à Paul Sérusier. alors massier des petits ateliers du Faubourg Saint-Denis, — fonctions qu'il remplissait avec une éclatante fantaisie — le milieu était, à coup sûr. beaucoup plus cultivé que dans la plupart des académies : on y parlait habituellement de Péladan et de Wagner, des concerts Lamoureux et de la littérature décadente, que d'ailleurs nous connaissions mal : un élève de Ledrain nous initiait aux littératures sémitiques. et Sérusier exposait les doctrines de Plotin et de l'école d'Alexandrie au jeune Maurice Denis qui préparait là son examen de Philosophie.

C'est à la rentrée de 1888 que le nom de Gauguin nous fut révélé par Sérusier, retour de Pont-Aven, qui nous exhiba, non sans mystère, un couvercle de boîte à cigares sur quoi on

---

1. *L'Occident*, octobre 1903.
2. *L'Occident*, mars, avril et mai 1903.

distinguait un paysage informe, à force d'être synthétiquement formulé, en violet, vermillon, vert véronèse et autres couleurs pures. telles qu'elles sortent du tube, presque sans mélange de blanc. « Comment voyez-vous cet arbre, avait dit Gauguin devant un coin du Bois d'Amour : il est bien vert? Mettez donc du vert, le plus beau vert de votre palette: — et cette ombre, plutôt bleue? Ne craignez pas de la peindre aussi bleue que possible. »

Ainsi nous fut présenté, pour la première fois, sous une forme paradoxale, inoubliable, le fertile concept de la « surface plane recouverte de couleurs en un certain ordre assemblées ». Ainsi nous connûmes que toute œuvre d'art était une transposition, une caricature, l'équivalent passionné d'une sensation reçue. Ce fut l'origine d'une évolution à laquelle participèrent immédiatement H.-G. Ibels, P. Bonnard, Ranson, M. Denis[1]. Nous commençâmes de fréquenter des endroits très ignorés de notre patron Jules Lefebvre : l'entresol de la Maison Goupil sur le boulevard Montmartre, où Van Gogh, le frère du peintre, nous montra en même temps que des Gauguin de la Martinique. des Vincent, des Monet et des Degas; — la boutique du père Tanguy. rue Clauzel, où nous découvrîmes, avec quel émoi, Paul Cézanne.

L'intelligence très philosophique de Sérusier transformait très vite en une doctrine scientifique, qui fit sur nous une impression décisive, les moindres paroles de Gauguin. Car Gauguin n'était pas professeur. On le lui reprocha cependant : Lautrec éprouvait un malin plaisir à l'appeler ainsi. C'était au contraire un intuitif. Dans sa conversation comme dans ses écrits, il y avait des aphorismes heureux, des aperçus profonds. enfin des affirmations d'une logique pour nous stupéfiante. Il ne s'en rendit compte, j'imagine, que plus tard, lorsque ayant

---

1. On n'a pas la prétention de nommer ici tous les « élèves » de Gauguin. Les uns comme Armand Séguin le fréquentèrent assidûment en Bretagne. D'autres ne subirent son influence qu'à travers Sérusier: tel fut Jan Verkade qui évolua du Synthétisme aux Saintes Mesures et devint un des artistes les plus remarquables de l'École de Beuron. Pour Ed. Vuillard, la crise déterminée par les idées de Gauguin fut de courte durée : il lui doit cependant la solidité du système de taches sur quoi il appuie le charme intense et délicat de ses compositions. Quant à A. Maillol, je doute qu'il ait jamais rencontré Gauguin : et pourtant quel enseignement pour ce Grec de la belle époque que les *xoana* du Maître de Pont-Aven !

quitté la Bretagne où se réunissaient ses adeptes[1]. au moment des grandes manifestations du symbolisme littéraire. il retrouva à Paris ses idées sous la forme systématique et raffinée que leur donnait un Albert Aurier. par exemple.

Ce n'est peut-être pas lui qui a inventé le Synthétisme, lequel devint par le contact avec les littérateurs, le Symbolisme : E. Bernard, sur cette question controversée, est très affirmatif. Mais Gauguin était tout de même le Maître, le Maître incontesté, celui dont on recueillait, dont on colportait les paradoxes, dont on admirait le talent, la faconde, le geste. la force physique, la rosserie, l'imagination inépuisable, la résistance à l'alcool, le romantisme des allures. Le mystère de son ascendant fut de nous fournir une ou deux idées, très simples, d'une vérité nécessaire, à l'heure où nous manquions totalement d'enseignement. Ainsi, sans avoir jamais cherché la beauté au sens classique, il nous amena presque aussitôt à en être préoccupés. Il voulait avant tout rendre le caractère. exprimer la « pensée intérieure », même dans la laideur. Il était encore impressionniste, mais il prétendait lire le livre « où sont écrites les lois éternelles du Beau[2] ». Il était férocement individualiste et cependant il s'accrochait aux traditions populaires. les plus collectives, les plus anonymes. — Nous tirions une loi, un enseignement, une méthode de ces contradictions.

Mais l'idéal impressionniste était loin d'être périmé, à cette date déjà lointaine. On pouvait vivre de l'acquit d'un Renoir ou d'un Degas. Il nous le transmettait, grevé déjà des emprunts qu'il avait faits lui-même à la tradition classique et à Cézanne. Il nous apportait Cézanne non pas comme l'œuvre d'un indépendant de génie, d'un irrégulier de l'école de Manet, mais comme ce qu'elle est réellement, l'aboutissement d'un long effort, le résultat nécessaire d'une grande crise.

Les impressionnistes, expliqués par ses œuvres et ses paradoxes, c'était bien toujours le soleil, la lumière diffuse, la liberté de composition, le sens des valeurs selon Corot, la technique chatoyante, le goût de la couleur fraîche, enfin le

1. Et aussi ses amis Émile Bernard, Filiger et encore Chamaillard qui eurent quelque influence sur l'évolution de ses idées. Ne pas oublier qu'il fréquenta beaucoup Van Gogh.

2. Préface du catalogue d'Armand Séguin, 1895.

japonisme, ce levain qui peu à peu envahissait toute la pâte ; c'était cela, oui : mais bien autre chose encore. Il nous annonçait les deux testaments à la fois.

Il nous libérait de toutes les entraves que l'idée de copier apportait à nos instincts de peintre. A l'atelier où le réalisme le plus grossier avait succédé à l'académisme falot des derniers élèves d'Ingres ; où l'un de nos professeurs, Doucet, nous conseillait de relever l'*intérêt* d'un sujet d'esquisse, emprunté à la Passion de J.-C., en utilisant des photographies de Jérusalem : — nous aspirions à la joie de « s'exprimer soi-même », que réclamaient si instamment aussi les jeunes écrivains d'alors. La théorie des équivalents nous en fournissait les moyens, nous l'avions tirée de son imagerie expressive ; il nous donnait droit au lyrisme ; et par exemple, s'il était permis de peindre en vermillon cet arbre qui nous avait paru à tel instant, très roux, pourquoi ne pas traduire plastiquement en les exagérant ces impressions qui justifient les métaphores des poètes : affirmer jusqu'à la déformation la courbure d'une belle épaule, outrer la blancheur nacrée d'une carnation, raidir la symétrie d'une ramure que n'agite aucun vent ?

Cela nous expliquait tout le Louvre et les Primitifs, et Rubens et Véronèse. Seulement, nous complétions là l'enseignement rudimentaire de Gauguin, en substituant à son idée simpliste des couleurs pures, celle des belles harmonies, infiniment variées comme la nature ; nous adaptions à tous les états de notre sensibilité, toutes les ressources de la palette ; et les spectacles qui les motivaient nous devenaient autant de signes de notre subjectivité. Nous cherchions des équivalents, mais des équivalents en beauté ! — Auprès de nous, des Américains exagérément consciencieux déployaient une habileté stupide à copier, sous le jour sale, les formes banales de quelque modèle insignifiant. Nous avions l'œil rempli des magnificences que Gauguin avait rapportées de la Martinique et de Pont-Aven. Rêves splendides auprès des réalités misérables de l'enseignement officiel ! C'était une griserie bienfaisante, un inoubliable enthousiasme ! En outre, Sérusier nous prouvait par Hegel, et les lourds articles d'Albert Aurier insistaient sur ce fait, que logiquement, philosophiquement, c'était Gauguin qui avait raison.

Nous ne sentions guère, alors, la saveur de son exotisme, les raffinements quasi barbares de son impressionnisme. Nous ne voyions en lui que l'exemple péremptoire de l'Expression par le Décor.

Le mot décoratif n'était pas encore devenu le « tarte à la crème » des discussions entre artistes, et même entre gens du monde. Gauguin, avec une rare inconscience, se défendait contre ses admirateurs les plus clairvoyants d'être un décorateur. Le fait qu'il s'avouait artisan, qu'il fabriquait des meubles, de la poterie, qu'il ornait même ses sabots, nous laissait sentir très vivement l'apostrophe d'Aurier : « Eh quoi ! nous n'avons en notre siècle agonisant, qu'un grand décorateur, deux peut-être, en comptant Puvis de Chavannes, et notre imbécile société de banquiers et de polytechniciens refuse de donner à ce rare artiste le moindre palais, la plus infime masure nationale où accrocher les somptueux manteaux de ses rêves ! » (*Revue encyclopédique,* avril 1892).

Sa facture probe, homogène, souple et large, qu'il tenait évidemment de Cézanne, était aussi éloignée du pointillisme scientifique que des truquages vernissés des premiers élèves de Moreau. Il exécutait une toile de 6 avec l'ampleur d'une fresque immense. Et de là nous tirions cette sage maxime que tout tableau a pour but de décorer, doit être ornemental.

L'Art nouveau et son snobisme n'existait pas encore. L'Exposition de 1889 n'avait pas encore fait connaître les recherches de l'étranger, des Anglais surtout.

Ainsi il avait eu la chance, à un instant unique, de projeter dans l'esprit de quelques jeunes gens cette éblouissante lumière que l'art est avant tout un moyen d'expression. Il leur avait appris, peut-être sans le vouloir, que tout objet d'art doit être décoratif. Enfin par l'exemple de son œuvre, il avait prouvé que toute grandeur, toute beauté ne vaut pas sans la simplification, la clarté, l'homogénéité de matière.

Il n'avait rien de l'artiste, au sens distingué, qui déjà il y a quinze ans nous déplaisait ; certes, sa sensualité était rare, mais ses œuvres étaient rudes et saines. Il justifiait pleinement le jeu de mots étymologiques de Carlyle sur *génie* et *ingénuité.* Quelque chose d'essentiel, de profondément vrai, émanait de son art sauvage, de son bon sens fruste, de sa vigoureuse naïveté. Les paradoxes qu'il sortait dans la conversation, sans doute pour avoir l'air aussi prétentieux que les autres, et parce qu'il était Parisien, cachaient des enseignements de base, des vérités foncières, des idées éternelles dont aucun art en aucun temps ne peut se passer. Il y retrempait la peinture. C'était, pour notre temps corrompu, une sorte de Poussin sans culture classique, qui au lieu d'aller à Rome étudier avec sérénité les antiques, s'enfiévrait à découvrir une tradition sous l'archaïsme grossier des calvaires bretons et des idoles maories, ou bien dans le coloriage indiscret des images d'Épinal. Oui, mais, comme le grand Poussin, il aimait passionnément la simplicité, la clarté, il nous incitait à *vouloir* avec franchise ; et pour lui aussi *synthèse* et *style* étaient à peu près synonymes.

DE LA GAUCHERIE DES PRIMITIFS[1]

Le sentiment nationaliste qui devient de jour en jour plus jaloux et plus exclusif chez les peuples civilisés provoque actuellement un renouveau de ferveur à l'égard des Primitifs. Chaque nation, chaque groupe ethnique veut avoir les siens, les découvre avec amour, les préfère à ceux de la nation rivale. On change les attributions, on débaptise les tableaux, sous le couvert de l'érudition, en réalité pour servir l'orgueil national. C'est ainsi que les tableaux qui passaient pour flamands à Bruges, figurent au Pavillon de Marsan sous des noms de peintres français. A Sienne, on oppose, à grand renfort de dates, l'initiative des premiers peintres siennois à celle des florentins précédemment admise par les historiens du Quattrocento, et ainsi se perpétue l'antique rivalité des deux cités toscanes. Jamais peut-être depuis l'époque romantique, où ce fut une joie de les remettre en honneur après un long oubli, l'admiration des Primitifs n'a été plus vive, ni plus universellement répandue.

Cependant le public qui fréquente par snobisme ces expositions, y apporte ses préjugés, sa méfiance. On y voit des gens qui se retiennent de rire comme aux salons d'Indépendants, et l'on y entend couramment les réflexions les plus méprisantes pour ces artistes ingénus qui n'entendaient rien à la perspective ou à l'anatomie, qui ne savaient pas dessiner comme on dessine à l'École des Beaux-Arts, et qui manquaient si complètement de tradition académique.

La plupart même de ceux qui s'y intéressent sincèrement, jouissent sans doute de l'intensité des expressions et du sentiment poétique si abondant et si frais dans les productions

---

1. *Les Arts de la Vie*, juillet 1904.

médiévales. quelquefois aussi du charme d'objet précieux que donnent les couleurs loyales, les ordonnances parfaites, les matières scrupuleusement choisies, et la patine du temps. Mais au fond d'eux-mêmes ils gardent le dépit de ces maladresses, de ces inexpériences dans le rendu de la nature, qui pour nous est précisément un gage de sincérité, le signe certain d'un don très rare, le « sens des objets ». C'est que là, comme écrit Renan[1], *Dieu est tout nu*. Ne dit-il pas encore que le génie *est enfant, le génie est peuple, le génie est simple* : et que le vrai savant est une *nature enfantine et sérieuse capable de s'enthousiasmer du spontané et de le reproduire en soi au sein même du réfléchi?* Et n'est-ce pas là une excellente définition de l'Artiste ?

Quoi qu'il en soit, l'idée de gaucherie et celle de Primitif sont tellement inséparables que lorsqu'un moderne dessine avec une vraie naïveté, lorsqu'il peint comme il sent, et s'écarte des formules admises, — ce qui d'ailleurs n'implique pas qu'il crée de la Beauté, — on l'accuse à la fois d'archaïsme et de gaucherie ; on lui reproche, comme on faisait à M. Ingres, de *vouloir rebalbutier*, de nous ramener à l'enfance de l'art, etc. ; et c'est ce qu'on pardonne le moins à un artiste de n'être pas un habile homme et un virtuose...

Il importe de se rappeler à ce propos que si les Primitifs ont été pendant plusieurs siècles de culture et de culture raffinée, après la Renaissance, tenus pour des Barbares, et méprisés, c'est à cause de cet éternel reproche de gaucherie que les élèves des Carrache, de Bernin ou de Lebrun étaient, semble-t-il, plus encore que nos contemporains, en droit de leur adresser.

Je voudrais que le nom de Primitifs s'appliquât exclusivement aux artistes qui surent, dans le temps de la naissance et de l'enfance des Arts, allier avec le plus de naturel le sentiment de la Beauté et le *sens des objets* ; — à ceux qui, encore habitués à se satisfaire de la connaissance pratique des choses telle que l'exigent les nécessités de la lutte pour la vie, s'employèrent à en tirer les premiers l'élément d'une émotion esthétique. Quelle erreur en effet que de le faire servir à désigner les époques

1. *L'Avenir de la Science.*

de hiératisme ! Le hiératisme use de symétries architectoniques, de synthèses conventionnelles, fruit de théories et
d'abstractions, et s'apparente évidemment aux belles écoles
classiques dont il est souvent la corruption et la décadence :
l'art byzantin, par exemple.

Ainsi les Égyptiens, d'abord pénétrés du sens de la réalité
(art de l'Ancien Empire), l'enveloppent, dans la suite, d'un
système de formules, d'ailleurs admirables, imposées par la
religion et l'architecture ; et le sens des objets disparaît avec les
progrès de la culture et le raffinement de la sensibilité : leur
art devient hiératique.

Au contraire, l'homme des Cavernes, qui momentanément
exempt du souci de se défendre et de se nourrir, met à profit
ce loisir pour dessiner un objet sur un os, celui-là est un Primitif. Tout Primitif voit la nature comme le sauvage, sans faire
de jugement esthétique : il apprécie davantage les qualités
usuelles des choses que leur beauté. Il sait qu'il y a deux yeux,
un nez, une bouche dans une figure. Comme il n'est pas satisfait de la manière dont il les représente, il regarde assidûment,
amoureusement, et c'est cette patience et cette passion qui nous
signifient son âme.

Mais il est aussi loin que possible de notre état d'esprit,
de nos préoccupations à la fois réalistes et esthétiques, suivant
lesquelles nous apprécions dans la vue des objets, les contrastes
de lumière et de forme, l'harmonie des taches, l'effet, le côté
« peintre », sans plus tenir compte de l'apport fourni par les
autres sens à notre connaissance du monde extérieur. L'observation d'un Primitif, de Giotto, par exemple, ne porte pas
seulement sur les apparences, mais sur les qualités des objets :
il les regarde avec une âme neuve et sa curiosité est autant
d'un savant que d'un artiste ; le souci de définir, d'expliquer
ce qu'il voit, lui tient à cœur au moins autant que le souci
d'exprimer sa pensée.

Les Modernes, eux, regardent la nature avec des yeux de
peintre, c'est-à-dire d'après les conventions établies par les
Maîtres, c'est-à-dire encore avec les yeux des autres. Même la
pseudo-ingénuité d'un Manet, qui regarde par lui-même, mais
qui regarde sans vouloir connaître, est, en réalité, l'aboutissement de la recherche du pittoresque. Le « pittoresque » est,

dans la nature, l'élément reconnu propre à la peinture. Le sens du pittoresque est une survivance mensongère du sens spontané des objets, comme l'académisme perpétue en la faussant l'antique tradition décorative.

La gaucherie des Primitifs consiste donc à peindre les objets d'après la connaissance usuelle qu'ils en ont, au lieu de les peindre, comme les modernes. d'après une idée préconçue de pittoresque ou d'esthétique.

Exemple tiré du Portrait. — Lorsqu'un Moderne fait un portrait, même s'il a la conscience et la perspicacité d'un A. Besnard, d'un Sargent. d'un J. Blanche, il choisit un instant dans une physionomie, il s'arrête à un éclairage : il traduit enfin une impression : il évoque un aspect autant que possible significatif du personnage qu'il représente. dans un jour donné, dans un milieu donné. Qu'il le veuille faire vivant ou surtout expressif, c'est d'une sensation de peintre qu'il tirera la ressemblance de son modèle.

Le Primitif crée d'après la connaissance d'un type un objet d'art déterminé par son goût et son métier, mais qui ne doit rien à telle ou telle impression particulière. Réaliste comme les Modernes, il ne l'est pas de la même façon : c'est un savant qui étudie la structure d'un visage ; sans souci de la magie des ombres et des lumières, indifférent à l' « effet », il accumule les observations, il en fait le total, et il en extrait cet équivalent caractéristique qui même à travers les synthèses les plus décoratives conserve un âpre goût d'analyse. S'il ajoute un fond de paysage, l'innocente supercherie apparaît (Portrait du Duc et de la Duchesse d'Urbin de P. della Francesca) : c'est qu'il n'a jamais pensé peindre sous un jour d'exception. un instant unique d'un portrait, mais simplement l'*idée objective qu'il s'en fait*.

Exemple tiré de la Perspective. — Le Primitif connaît les objets avec son intelligence comme autant d'unités distinctes de lui, il les classe toujours dans le même plan, le plan de sa connaissance. Or la perspective considère toute chose suivant l'image que notre appareil visuel nous fournit. Si je sais qu'il y a trente maisons, deux places publiques et trois églises dans cette vieille cité enclose de murailles, la perspective ne me permet pas de le signifier clairement par la peinture. Il y a conflit entre ma vision intellectuelle et l'apport de mes yeux.

Le Primitif n'hésite pas. Il fait une vue cavalière ; il étage l'une au-dessus de l'autre les trente maisons, les deux places, les trois églises. et il entoure le tout d'une muraille. Il préfère la réalité à l'apparence de la réalité. Plutôt que de se résigner aux déformations de la perspective qui n'intéressent pas son œil vierge, *il conforme l'image des choses à la notion qu'il en a.*

L'Antiquité classique n'a guère connu ces cas de conscience. Il semble bien qu'elle ignora devant la nature les puériles inquiétudes de nos Primitifs. Toujours elle subordonna son effort descriptif à ses moyens techniques ; elle ne trahit ni faiblesse, ni impuissance. Elle n'est point gauche : elle n'a pas de Primitifs. Après les archaïques qui épuisent les formules du hiératisme oriental, une courte période de tâtonnements (le vi[e] siècle) conduit l'art à sa perfection, qui ne sera pas surpassée. C'est d'un équilibre entre le sens du Beau et l'amour de la Réalité que naît la supériorité classique.

Le classique synthétise, stylise, ou comme on voudra invente de la Beauté, non seulement lorsqu'il sculpte ou lorsqu'il peint, mais lorsqu'il regarde autour de lui. Tout objet qu'il considère il le recrée en tant qu'objet. Le sculpteur de l'École de Phidias n'esquive pas un modelé ; en simplifiant il ne supprime rien, mais telle est la mathématique dont il ordonne chaque détail, qu'ils se perdent tous dans une suprême harmonie ; le corps que son art imagine est objectif, au point de paraître vrai, et cependant la pensée de l'homme l'a construit. il a du style. Et de même pour un peintre comme Poussin, un arbre ne perd pas son caractère d'arbre pour devenir sous le pinceau une masse pittoresque de forme simple : il garde toutes ses feuilles (il est vrai toutes semblables, comme un semis décoratif) ; il conserve tous ses caractères d'arbre et cependant devient épique. — C'est ainsi que des éléments empruntés à la nature, le classique fait, non seulement des éléments d'objet d'art, mais des éléments d'une nature à lui, refaite à son image.

Une telle perfection dure peu. Les écoles perdent tôt la notion de la réalité, elles répètent les formules des maîtres. La gaucherie disparaît en même temps que le sens des objets. L'art grec aboutit à l'académisme et au pittoresque, — à l'Apollon du Belvédère et à la peinture de Pompéi.

Le prestige de l'Antiquité au Moyen-Age vient de ce fait, qu'avant les découvertes des archéologues modernes, on n'en connaissait guère que les œuvres académiques ; les plus nombreuses et les mieux conservées. Elles stupéfiaient par leur perfection facile et souple, exempte de toute gaucherie, les chercheurs naïfs de la première Renaissance. Il est curieux de voir comment ils tentaient dès le xiiie siècle (Chaire de Pise, Portail de Reims) d'imiter l'Antique, et d'habiller de formules gréco-latines leurs si fraîches émotions[1]. On représentait autrefois le Moyen-Age comme une époque de barbarie et de ténèbres, de mysticisme triste et d'idéalisme exaspéré. Le christianisme tout au contraire éveilla la passion de la Nature, les hommes d'Occident s'extasièrent au spectacle de la création. Alors que l'art gréco-latin est le plus souvent froid et sans saveur, l'Art du Moyen-Age apparaît infiniment sensuel, amoureux de la matière riche, des couleurs éclatantes, de tout ce qui est précieux et charmant dans les productions de la terre.

Il n'est pas paradoxal de soutenir que la triste Antiquité n'avait pas aimé la nature du moins avec tant de force ni tant de finesse. Une école de moines allemands[2] donne à cette

1. Peu importe d'ailleurs pour la valeur de l'œuvre d'art. L'artiste n'a pas pour but de représenter la nature, ne l'oublions pas ; il ne nous doit communiquer que ce qu'il croit, ce qu'il sent, ce qu'il aime, et il a bien le droit n'est-ce pas ? de préférer son imagination ou même celle des autres à la réalité. Qu'il soit ou non naturaliste, nous lui demandons de fabriquer de beaux objets. — Il y a des ouvrages académiques, l' « Aurore » du Guide, le « Miracle de Saint-Nil » du Dominiquin, la « Transfiguration » de Raphaël, l' « Apothéose d'Homère », qui sont admirables ; et nous aimons aussi beaucoup les grandioses mosaïques romaines du viiie siècle, et les charmantes décorations de l'École de Boucher ; ce sont pourtant des œuvres de décadence.

On a reproché à des artistes comme Dominiquin, Poussin, Louis David d'être des réactionnaires, parce qu'ils se souciaient de style et de composition ; c'étaient peut-être des archaïques, mais non point des Primitifs ; le goût du pittoresque étouffait chez eux le sens des objets. Il n'en fut pas de même de M. Ingres qu'on a pu avec raison accuser de gaucherie, car il avait à un degré rare la curiosité ingénue et la sincérité des vrais Primitifs.

Toute tentative de retour à l'Antiquité, tous les essais de Renaissance ont, du reste, compromis toujours en quelque façon la notion de la réalité si particulière à l'époque chrétienne.

2. L'École bénédictine de Beuron.

opinion un appui imprévu, en affirmant que l'Art chrétien n'existe pas encore, que les madones du Moyen-Age sont des productions purement sensuelles ou sentimentales, et qu'il faut, si l'on veut exprimer dignement les vérités chrétiennes, revenir au hiératisme des Égyptiens et des Archaïques grecs.

Le Moyen-Age eut le goût de toutes les « nourritures terrestres ». Au lieu de se contenter, comme l'Antiquité, d'un nombre restreint d'émotions qu'ils surent traduire, les Primitifs s'efforcèrent de tout embrasser, de tout exprimer, — depuis les sentiments les plus délicats de l'âme humaine jusqu'aux jeux les plus subtils de la lumière. Ils ont représenté les mystères de la pensée sur les visages, la pureté des ciels clairs sur les lointains bleuâtres, ils ont inventé le vitrail pour y enchâsser les rayons et les reflets. Avec quelle joie ils ont détaillé les objets, les lieux familiers, les costumes, les beaux paysages de la patrie !

Sans formules, presque sans moyens techniques, ils auraient pu se limiter, ne peindre que ce qu'ils savaient peindre ; mais c'est ici qu'apparaît l'amour avide de l'Occident pour la réalité : ils ne se sont pas contentés comme les Grecs de quelques formes ; ils n'ont pas fait de différence entre ce qui est bas et ce qui est noble, ce qui est pittoresque et ce qui ne l'est pas. Ils ont désiré la nature entière : ils ne l'ont pas vue avec des yeux d'artistes mais avec des yeux d'hommes, — et tant bien que mal ils se sont exprimés.

Leur inexpérience vient de ce qu'ils ont multiplié les expériences ; leur ignorance de ce qu'ils ont indéfiniment appris ; leur gaucherie de ce que le monde était vaste et leur métier restreint. Ils ont voulu faire entrer dans le domaine de l'art le plus possible d'éléments : ils ont doté d'une valeur d'art tous les objets. Si maladroites soient-elles, le charme de leurs formules, c'est d'être spontanées, variées, sincères, de sentir bon la vie.

ENQUÊTE SUR LA SÉPARATION
DES BEAUX-ARTS ET DE L'ÉTAT[1]

Vous me pardonnerez de partager sur bien des points l'avis de Jacques Blanche... Ce n'est pas que je l'approuve d'avoir posé ma candidature à la succession de M. Guillaume : tout de même je ne suis pas encore assez « professeur » !

Mais comprenez bien que ce que nous défendons contre vous, ce n'est pas la virtuosité, les formules, la tyrannie, etc..., mais simplement la « notion d'enseignement ». Où voyez-vous qu'il y ait un dogmatisme d'État ? Jamais les jeunes artistes n'ont été plus libres, plus dégagés de toute discipline. Je n'ai, pour ma part, subi aucune contrainte. Sans maîtres, sans métier, sans doctrine, le premier venu expose, et fait apprécier un talent original. C'est l'époque des tempéraments, des personnalités. Chacun se forme à l'écart, et s'essaye de se recréer, tel Robinson dans son île, par sa seule expérience, par la force de son génie, son esthétique et sa technique. Ah ! si la vie n'était si courte ! — Il est vrai que quelques jeunes gens se singularisent en fréquentant l'École des Beaux-Arts (au lieu des Académies non subventionnées où l'enseignement est tout aussi nul) ; la nouvelle loi militaire, en supprimant les avantages qui motivaient, le plus souvent, leur effort, aura tôt fait de les en détourner ; et je ne vois pas qu'ils constituent un péril pour l'Art national.

Il n'y a plus d'Art national, il n'y a plus d'enseignement, c'est l'anarchie. On réclame une Tradition. Lisez dans le dernier *Occident*[2] l'excellente préface aux « Discours de Reynolds », où Émile Bernard proclame la faillite de l'Art indivi-

---

1. *Les Arts de la Vie*, octobre 1904. Cette enquête avait été formulée par M. Gabriel Mourey. M. Jacques Blanche y avait répondu avec son esprit habituel par un ardent et sarcastique plaidoyer en faveur de la Discipline.

2. *L'Occident*, septembre 1904.

dualiste. Si Gauguin avait vécu, il serait devenu le champion
de l'École des Beaux-Arts; rappelez-vous son admiration pour
la doctrine constructive d'Ingres. Nous n'avons cessé, dans
notre génération, de demander à tous les échos une discipline,
une méthode, d'invoquer l'expérience des Maîtres, d'interroger
le Passé. L'Enseignement officiel ne nous offrait aucune idée
générale, aucune technique; la nature, rien que la nature! pas
de conventions! copier bêtement! être soi-même! C'est de l'excès même de la liberté qu'était né parmi nous — synthétistes,
symbolistes, traditionnistes, — le besoin d'une contrainte. Dans
l'immense confusion intellectuelle de l'heure présente, il arrive
qu'au lieu de maintenir le goût classique du xviie siècle français, l'École ne fait plus qu'enseigner le « succès » du dernier
salon. Je cherche en vain, dans les conseils que j'ai reçus d'un
Lefebvre, d'un Bouguereau, l'apparence d'une doctrine, quelque chose de systématique, qui motive l'anticléricalisme de
votre vocabulaire. Qu'est-ce que l'État-Pape, le Credo académique, l'Église d'Art, les Dogmes intangibles, la Congrégation
de l'Institut? Voyez la série des Prix de Rome et des Concours
d'esquisses ; c'est un raccourci assez curieux de l'évolution de
l'Art français depuis le xviie siècle jusqu'à Bastien-Lepage,
Gustave Moreau, les Impressionnistes, Cottet, etc.! toutes les
modes y sont successivement représentées, l'École est un cal-
que fidèle de l'état d'esprit du Public : elle résume le goût des
majorités; ce serait un contresens que l'État démocratique en-
treprît de la supprimer. Mais elle sera toujours en opposition
avec cette petite aristocratie d'artistes et de raffinés, que vous
aimez, et qui renouvellent incessamment les formes de l'Art.
En étendant aux Académies la discipline corporative, l'Ancien
Régime avait su utiliser les médiocres, toujours plus nombreux
que les génies, et en faire d'excellents artisans. Colbert écrivait
à Le Nôtre, alors en Italie : « Vous avez raison de dire que le
génie et le bon goût viennent de Dieu et qu'il est très difficile
de les donner aux hommes... Mais quoique nous ne tirions pas
de grands sujets de ces académies, elles ne laissent pas de servir à perfectionner les ouvriers, et à nous en donner de meil
leurs qu'il n'y en ait jamais eu en France. »

Voilà un sens profond de la réalité. C'est à ce système-là que
nous devons, au-dessous d'un Poussin, d'un Lebrun, d'un

Watteau, d'un Chardin, cette excellente « moyenne d'art » du
xvii° et du xviii° siècles. Eh! qui de nous est assuré d'avoir du
génie! la meilleure éducation est celle qui comprime; utile aux
faibles, elle exalte les forts. Croyez-vous qu'il ne serait pas plus
sage de rechercher les moyens d'amener (à la suite de Gustave
Moreau que tant de jeunes regrettent), les Maîtres de l'Art moderne à exercer délibérément leur influence, et plutôt que de
démolir l'École, d'y réinstaller grâce à eux un véritable enseignement?

Et, de même, si l'École de Rome était réellement ce que
vous lui reprochez d'être, la froide gardienne d'une tradition
séculaire, il faudrait de toute nécessité la défendre. Je vous
abandonne les Musiciens, encore qu'avant Debussy, déjà
nommé, il y ait eu Bizet, Berlioz, Saint-Saëns... mais je n'insiste pas.

A mon dernier voyage, dans ce vieux Salon de la Villa Médicis, décoré des tapisseries du comte d'Antin, et qui ne manque pas d'une certaine grandeur. — M. Guillaume me disait :
« C'est ici qu'il faut résoudre ses cas de conscience, s'exciter
aux scruples, connaître si ce que l'on fait est ou n'est pas
conforme aux principes de l'Art. » Sentence qui explique le
durable prestige de Rome : tant de grands artistes l'ont aimée,
de Poussin à Ingres, de Claude Lorrain à Corot, et Gœthe et
Châteaubriand! Si vous saviez comme les soirs y sont beaux,
du haut du Pincio où trône la Villa Médicis, et propices à la
réflexion! Ce n'est que là que j'ai senti le charme, la saveur,
la haute sensualité de la perfection classique.

Enfin laissez-moi douter de l'opportunité de la Séparation
que vous proposez. Actuellement l'État centralise tout, absorbe
tout : il se substitue à la famille, accapare nos enfants, mono-
polise l'enseignement. Il y a une philosophie d'État, pourquoi
pas un Art d'État? Et d'ailleurs nous allons au collectivisme.
Admettez que Candaule — selon la fable d'André Gide —
Candaule, bourgeois intellectuel, se laisse dépouiller par Gy-
gès le Pauvre, celui-ci rétablira le Budget des Beaux-Arts.
Dans la Société future, l'artiste ne travaillera que pour l'État!
Ce n'est pas en soi un mauvais système; j'entends que les giottesques salariés par les Républiques et les Couvents d'Italie, les
Gothiques au service des Communes, Lebrun et ses élèves dans

les Palais du Grand-Roi, ont fait d'excellente besogne. Mais aux artistes de l'Avenir, quel idéal offrira-t-on?

Quoi qu'il en soit, si dès maintenant on retire, comme vous le souhaitez, à l'Institut et à l'École, le Budget des Beaux-Arts, les fonds ne feront, j'en suis sûr, que changer de destination. On augmentera la liste des bourses de voyage : ce serait parfait si l'exposition organisée chez Durand-Ruel par les boursiers des vingt premières années de cette institution, n'avait montré, autant que les envois de Rome, et sauf de très rares exceptions, une lamentable médiocrité. On subventionnera les sociétés d'Art populaire, d'Esthétique sociale : quels résultats donnent-elles, autres que politiques? Certains prévoient déjà, dans « l'Humanité » et même dans votre « Revue », les différences à établir entre les groupements, ceux qu'il faudra encourager, et les autres : c'est ainsi qu'on exclut, d'avance, des libéralités de l'État, à cause de Saint Grégoire et de M. d'Indy, la « Schola Cantorum ».

Je ne puis croire que vous soyez sans craintes sur les avantages que nous réserve un semblable régime de liberté. Il est dangereux, au moins dans les projets de réformes, de mêler l'Art de trop près à la vie. Je termine là ces réflexions, satisfait de me trouver sur ce dernier point, j'en ai la conviction, en parfait accord avec vous.

L'ESTHÉTIQUE DE BEURON[1]

Beuron est un monastère de Bénédictins, au sud de la Forêt-Noire, sur le haut Danube. Une grande école d'art religieux, encore mal connue en France, y a été fondée, voici trente ans environ, par un sculpteur de l'Académie de Munich, laquelle subissait encore à cette époque l'influence de Cornelius et de ses élèves.

Tout en reconnaissant que « la piété monastique apportait là un élément inattendu », M. Huysmans, dans *la Cathédrale*, a blâmé ironiquement, d'après des planches d'album, cet « alliage », dit-il, « de l'Art français du premier Empire et de l'Art anglais moderne ; ces fresques qui reportent à l'imagerie de la Syrie et de l'Égypte, avec leur Dieu tiaré, leurs anges à bonnets de sphynx, à ailes ramenées en éventail derrière la tête, leurs vieillards à barbes nattées jouant des instruments à cordes ». On imagine difficilement à notre époque qu'une congrégation de moines peintres, sculpteurs, orfèvres, mosaïstes, architectes, puisse créer des œuvres d'un intérêt neuf, et même l'idée d'un effort collectif a quelque chose d'inacceptable pour notre état d'esprit individualiste.

Ceux qui ont pu voir les fresques et les sculptures, les autels et ornements du culte qui décorent à Monte-Cassino (Italie) la Toretta où vécut saint Benoît, et à Beuron, la chapelle de Saint-Maur, édifiée vers 1870, ou bien la récente Gnadenkapelle de l'église du Monastère, ceux-là ont apprécié le caractère monumental et profondément religieux de ces productions ; ceux-là savent que l'école bénédictine a réalisé des œuvres d'une haute originalité, que son idéal esthétique n'a rien de médiocre ni de suranné, et qu'enfin son hiératisme, loin de donner lieu à d'archaïques reconstitutions, aboutit à un renouvellement des

1. Introduction à *l'Esthétique de Beuron* par Pierre Lenz, traduite pour la première fois en français par Paul Sérusier (1 vol. in-8 raisin, orné d'un portrait et de reproductions de fresques de Monte-Cassino et de Beuron. Bibliothèque de *l'Occident*, Paris, 1905).

expressions traditionnelles de l'Art de l'Église. S'ils ont, en
outre, visité les ateliers, feuilleté les dessins, sollicité des expli-
cations théoriques ; surtout s'ils ont eu le grand honneur de
s'entretenir avec le vénérable fondateur de l'École, le P. Didier
Lenz, ils ont admiré qu'un grand artiste ait pu, par la force
d'un système, imprimer à l'activité bénédictine une direction
toute nouvelle et lui fournir les éléments d'une Renaissance
qui servirait tout ensemble l'Art et la Piété.

Dans les pages qu'on va lire, et qui sont ici traduites en
français pour la première fois, le P. Didier, dès 1865, a résumé
sa pensée. Quelle que soit la valeur de sa sensibilité personnelle, et la qualité d'émotion répandue dans toutes ses œuvres,
il faut remarquer que ce sont ses réflexions, son intelligence,
ses théories qui ont eu l'influence décisive sur sa propre destinée et sur celle de l'École. De là l'importance d'un opuscule où
lui-même exposa ces théories.

Successeur immédiat de cette génération de convertis qui
voulurent être à la fois intimement catholiques et intimement
allemands, et s'associèrent ainsi comme l'a expliqué M. Georges
Goyau[1] au relèvement de la fierté germanique, le P. Didier
appartient au mouvement de réaction en faveur de l'art classique qui naquit de l'excès même du Romantisme. Son enthousiasme pour l'antiquité égyptienne et grecque, son peu de sympathie pour l'Art du Moyen-Age, le prouvent assez. C'est le
point faible de son système : il ignore le XIIIe siècle, et que
sous la vie luxuriante, la sensualité et la variété de l'art gothique, se dissimulent des ordonnances parfaites, le *classique
occidental*. « Comme les artistes d'Occident, dit A. Mithouard[2],
empruntent à une vie plus rude les éléments d'un art plus
fruste et plus massif, ils ne les peuvent agencer que fortement. »
Les Gothiques n'ont point ignoré la géométrie.

C'est vrai qu'il est plus facile de saisir la loi des proportions,
le mystère des *saintes mesures*, les méthodes de synthèse dans
le hiératisme de l'Égypte et de la Grèce archaïque. Par une simplicité renouvelée de la musique dite grégorienne, le P. Didier
s'efforce de réduire à un petit nombre de rapports simples les

1. *Revue des Deux Mondes*, janvier 1904.
2. *Traité de l'Occident*, page 86 (librairie académique Perrin).

éléments de la Beauté : il tire de l'examen des chefs-d'œuvre antiques, les formules mathématiques par quoi il entend exprimer, en formes et figures, des sentiments et des idées conformes à la liturgie catholique. Pour employer le mot de Victor Orsel, le pieux artiste lyonnais, il veut baptiser l'art grec, et j'ajoute l'égyptien.

Il n'est pas douteux qu'il y a des correspondances en quelque sorte fatales, entre les formes, les harmonies de lignes et de couleurs, et d'autre part nos émotions. « Pour toutes les idées claires, disait Puvis de Chavannes, il existe une pensée plastique qui les traduit. » Admirable affirmation du symbolisme ! Dégager cette pensée plastique, découvrir ces correspondances, c'est là toute l'œuvre d'art, c'est le secret du style.

Le P. Didier institue pour y atteindre des moyens scientifiques, de rigoureuses méthodes. Dans l'état de confusion où nous laisse la faillite des théories d'art individualiste, après tant de négations orgueilleuses et d'efforts contradictoires, toute tentative de néo-classicisme commande l'attention. Et celle-ci est considérable.

C'est ce qui explique que le traducteur du présent ouvrage soit lui-même un des initiateurs du mouvement synthétiste ou symboliste de 1890. Il n'est pas superflu de rappeler ici qu'il y a quelques années, un jeune peintre[1] de l'École de Pont-Aven, élève de Paul Sérusier, nourri des théories de Bernard et de Gauguin, embrassa l'état monastique au couvent de Beuron. Il n'eut pas de peine à intéresser Paul Sérusier aux idées du P. Didier et à lui découvrir une sorte de parallélisme entre ses propres recherches et les théories bénédictines.

L'art, disions-nous à cette époque déjà lointaine des premières manifestations symbolistes, l'art est la sanctification de la nature. C'est une pensée, qui, trente ans auparavant, était familière au P. Didier. On verra qu'il avait dépassé de loin nos rêveries platoniciennes, et ce n'est pas le moindre intérêt de son système de fonder toute esthétique et toute technique sur l'harmonie universelle, sur la connaissance de Dieu, et sur la Révélation primitive.

1. Le P. Willibrord Verkade (Note de l'É.).

LA RÉACTION NATIONALISTE[1]

A Adrien MITHOUARD, qui eut la fierté
de fonder, en pleine crise dreyfusiste, l'Occident.

Le Salon d'automne avait marqué, pour les tendances ré-
putées nouvelles en art, une ère de succès : achat de l'État et
faveurs officielles, il semblait qu'il dût y avoir une accalmie,
une détente dans la lutte des écoles et la compétition des systèmes. La grande presse manifestait enfin d'audacieuses sympathies. On admirait universellement Cézanne. Le banquet
Carrière fit bien voir par ailleurs que, tout le monde étant devenu révolutionnaire, il ne saurait plus y avoir de révolution.
Sous l'œil bienveillant de l'État, des impressionnistes longtemps
injustes envers le grand artiste, s'y rencontrèrent, associés,
pour lui rendre un même hommage, avec des gens officiels et
fort attachés aux vieilles formules. D'autre part, une enquête
dirigée contre l'Académisme et l'École de Rome, par une revue
avancée, réunissait les preuves d'un esprit libertaire, presque
unanime : les artistes les moins originaux, le troupeau des imitateurs, les talents les plus modérés s'y prononçaient en faveur
de l'insurrection ; le mépris du passé, la foi au Progrès, la confiance absolue de chacun en sa propre petite personnalité, constituaient la nouvelle doctrine de l'Art affranchi. L'École des
Beaux-Arts avait décidément le dessous : et les Indépendants
devenus jurés du Salon d'Automne s'étaient montrés sévères
pour les camarades arriérés. La paix régnait. On s'apprêtait à
jouir d'un triomphe chèrement gagné, et même on commençait à craindre l'absence d'émotion, l'ennui du bonheur. On
somnolait.

C'est alors que M. Mauclair eut l'heureuse inspiration de ra-
nimer les polémiques. Son article courtois et agressif, dont il

1. *L'Ermitage*, 15 mai 1905.

ne m'appartient pas d'apprécier toute la thèse, fournissait à la
critique de nouveaux éléments de discussion. Quelques faits
authentiques, habilement groupés, amenaient sur le néo-clas·
sicisme des considérations d'un grand intérêt et bien actuelles.
Mais ce qui porta, ce fut le Péril nationaliste. Voilà de quoi
réveiller tout le monde. M. Mauclair avait découvert, sous de
spécieuses apparences, le mal caché, le ver qui rongeait le
fruit. Commentée par M. Pierre Hepp, puis par M. Tancrède
de Visan — lequel, pour tout concilier, insista sur la critique
louangeuse que M. Mauclair avait faite de M. Mithouard et de
l'Occident, — la thèse fut reprise dans une forme plus naïve,
mais aussi plus violente, par MM. Marius et Ary Leblond, récla-
mant contre nous, dans un grand journal politique, les foudres
vengeresses des dreyfusistes de l'Institut ! Il devint évident
que M. Blanche, M. Péladan et moi-même, sans parler de
l'Occident, conspiraient contre l'Art Moderne. Un complot
menaçait sournoisement l'Individualisme. Le prétendant était
M. Ingres ; et en effet, M. Ingres est peut-être la seule admiration qui, à la vérité, nous soit commune : mais comment
m'entendrai-je, par exemple, avec M. Péladan, sur Cézanne
que cependant je voudrais bien voir régner aussi ?

M. Mauclair ne s'était embarrassé ni de ces excès d'opinion
ni de ces difficultés. Entraîné à développer une thèse plus vaste,
où la peinture n'était en somme que l'accessoire, il eut tort de
ne pas motiver assez l'allusion qui y était faite. Il ne démêlait
pas les différents principes de « réaction ». Il n'indiquait pas
quelles idées sont communes à tous les rétrogrades : il ne pré-
cisait pas à quel moment le Symbolisme était devenu hostile au
Progrès : peut-être l'a-t-il toujours été : peut-être aussi que notre opposition est surtout négative. Le défaut des néo-classi-
ques serait plutôt de manquer de doctrine : ils la cherchent. De
toutes façons, il est inexact de croire qu'ils subissent uniformément les opinions d'ailleurs divergentes, de M. Barrès, de
M. Mithouard ou de M. Maurras : c'est ce qu'a bien démontré
M. Hepp. Le mouvement sera d'autant plus viable qu'il sera
plus déterminé par le réveil actuel du sentiment français ; je le
crois du moins, et je désire qu'il en soit ainsi ; c'est là toute ma
participation au complot. Puissent les faits, c'est-à-dire nos
œuvres, justifier les angoisses de M. Mauclair !

Il y a réaction : oui, mais bien limitée, contre l'impressionnisme, réaction nécessaire, comme il s'en produit fatalement
chaque fois que s'achève une période d'évolution, et qu'un art
neuf dégénère en formules. Est-ce donc être nationaliste, que
de déplorer cette production facile, amorphe et décolorée qui,
profitant des libertés acquises, et sous le prétexte d'exprimer
seulement la sensation de la nature et le frisson de la vie, arrive à je ne sais quelle sténographie fébrile, multiplie dans nos
expositions, les notations trop subtiles, les improvisations, les
ébauches, et relègue, aux choses démodées, la méthode et la
technique ?

Il y a d'autre part réaction contre le naturalisme. Ce n'est
guère nouveau ; et ce fut, dès longtemps, une nécessité. Mais
pourquoi l'idéalisme a-t-il cessé d'être positif, de s'appuyer
sur des réalités ? Où nous mène l'esprit d'abstraction, la manie
des théories pseudo-scientifiques ? Où vont ces nuées ? On a
prétendu retrouver une discipline dans l'excès même de la liberté et instaurer sur le goût individuel des règles nouvelles
et plus sûres : ce sont là, au fond, des manifestations de l'esprit kantiste ; et si la preuve, comme je le crois, est faite, *qu'il
ne suffit pas pour être belle qu'une œuvre soit originale, qu'elle
exprime une personnalité,* je ne vois pas qu'on doive considérer
comme très sain cet état d'esprit antitraditionniste, ni approuver les écarts de raisonnement, la fièvre de nouveauté, l'abus
de l'individualisme, par quoi notre art se débilite et va périr.

C'était cette erreur-là, ces flottements du néo-classicisme qu'il
convenait plutôt de dénoncer. Non ! mais tous ceux qui pensent
retrouver une limite aux théories, aux abstractions — et le juste
sens de la réalité dans le développement encore possible de la
tradition nationale, — ceux-là seulement inquiètent M. Mauclair, comme s'il n'était pas naturel de chercher son équilibre,
son centre de gravité en soi-même ! Rétrogrades, ceux qui apprécient le bénéfice de la longue culture d'un pays ou d'une
race, ceux qui vantent la discipline des Gothiques et les fortes
règles du xviie siècle. Ultramontains et cléricaux ceux qui, négligeant les esthétiques allemandes et nuageuses, s'en tiennent
au positivisme des scholastiques, au *nihil est in intellectu quod
non prius fuerit in sensu,* au *pulchra esse quæ visa placent.* Réactionnaires, ceux qui croient à la nécessité d'un enseignement et

d'une contrainte ! Nationalistes, ceux qui veulent que cet enseignement s'appuie surtout sur le vieux fond national, développe les qualités françaises de goût, de clarté et de mesure, et nous fasse retrouver auprès des statues de Chartres ou des tableaux de Poussin, cette conciliation qui fut chez nous, à nos bonnes époques, instinctive entre la nature et l'idée.

M. Mauclair a tort d'oublier le vrai caractère de ces « temps héroïques » de 1890 où je me glorifie d'avoir moi aussi tenu un rôle. N'étions-nous pas déjà réactionnaires ? Mes premières notes, où j'essayais de rattacher l'effort de Gauguin aux Égyptiens, aux Grecs et à tout le passé, s'intitulaient : *Définition du néo-traditionnisme* : cela détonnait d'autant plus que la Revue *Art et Critique,* qui me publiait, était dirigée par Jean Jullien et défendait la « Tranche de Vie » et le Théâtre libre. Pourquoi maintenant faire intervenir la faction romaine ? Il y a longtemps que M. Peladan, dont l'art littéraire est d'ailleurs souvent oriental et même sémite, a renoncé à grouper des peintres sur un programme religieux, comme fut celui de la Rose-Croix, et à adresser des manifestes au Saint-Siège. Sans doute plusieurs de nous ont découvert Rome, la terre sacrée du classicisme, au dire de purs cosmopolites comme Gœthe et comme Gide. Mais ici, Raphaël et ses disciples français Poussin et Ingres ne faisaient que prendre une place dès longtemps préparée dans notre esprit docile aux exemples du passé. On nous avait enseigné dans les Académies le naturalisme sous sa forme la plus niaise ; et c'est pourquoi nous réclamions avec insistance une tradition et une doctrine. Il est vrai, et je ne le conteste pas, que, du moins en peinture et dans les arts plastiques, on s'était peu préoccupé vers 1890 de recourir aux sources françaises. M. Mauclair a bien fait de signaler à cette époque l'influence de l'étranger et la curiosité de l'exotisme. Cependant, nous savons bien que l'image d'Épinal, cet art éminemment français et traditionnel, les tapisseries, les vitraux gothiques et même le hiératisme occidental des vieux calvaires bretons, ont agi de la façon la plus directe sur l'école de Pont-Aven. A l'époque des premiers essais « d'art nouveau » des Carriès, des Gallé et des Guimard, le goût de l'architecture nationale était-il moins vif, sinon moins répandu ? Était-il moins nationaliste alors, notre cher grand Renoir, lui qui jamais ne peignit une fille de Mont-

martre sans synthétiser en elle toute la grâce française, et dont
la peinture éclatante et émaillée, issue de la tradition de notre
XVIIIe siècle, célébra si parfaitement les joies, les soleils et les
femmes de l'Ile-de-France ?

En même temps que les œuvres de Cézanne arrivaient, après
le triomphe des impressionnistes, à la connaissance du public,
les idées qui les avaient fait naître se répandaient aussi. La
majorité des artistes les ont subies. Les paradoxes de Bernard
et de Gauguin ont renouvelé l'art du décor, l'affiche, la caricature, toute la peinture ; et le Synthétisme, théorie très rationnelle et traditionnelle, a survécu au Symbolisme littéraire,
suspect aux peintres et issu de métaphysiques un peu trop
alexandrines. D'autre part, les admirateurs de Puvis de Chavannes, les élèves de Gustave Moreau propageaient un état
d'esprit respectueux de la tradition. Cela seul vit qui est né de
l'influence de ces deux maîtres et de la « barbarie » de Cézanne. L'impressionnisme même en fut modifié. L'évolution
de Renoir par exemple, quels enseignements comporte-t-elle ?
Voici qu'au lieu de ces impressions légères où la lumière vi-
brait, papillottait, amollissait des formes exquises mais frêles,
il en vient à construire de sobres et solides figures, toutes em-
preintes de sérénité classique, comme cette *Femme couchée* de
l'hiver dernier, une de ses plus belles toiles et cependant une
toile de Musée. Au lieu de nous charger d'imprécations inspirées par la politique, M. Mauclair eût mieux fait de préciser
l'esprit de cette évolution, et c'est ce que je voulais dire. Cela
serait intéressant à définir, si on pouvait.

Dans toutes les expositions de ces temps-ci, j'apportais cette
préoccupation : Comment s'est développé le classicisme de
1890, quels fruits nouveaux a-t-il produits ? Les peintres qui
réfléchissent et qui écrivent devraient donner des lumières,
non pas seulement sur la structure extérieure des œuvres, mais
sur leur psychologie intime, et ainsi contribuer à dégager des
idées générales ; ils devraient démêler où commence, où finit
le jet de l'inspiration véritable, où s'aperçoit la paresse, la
fébrilité, la hâte, jusqu'où la théorie aide à la nature et soutient l'inspiration, à quel point elle s'impose et déforme tout.
Cela est difficile. Le plus souvent, un peintre qui écrit se contente de soutenir un à priori, une conception toute faite, celle

qui lui sert à démêler dans la confusion de ses sensations les éléments de l'œuvre d'art. Il est professeur et théoricien. Cela ennuie, et je me désole que cela ennuie.

*
* *

Une des caractéristiques du classicisme, c'est donc le respect du passé, et comme dit M. Mauclair, l'esprit de réaction. Telle est la docilité des classiques que leur plus chère ambition est d'imiter les maîtres. Il est vrai que *l'idée qu'ils s'en font témoigne d'abord de leur propre originalité.* C'est la bonne façon d'être personnel que d'imiter les anciens à la manière de Poussin : il pensait refaire, d'après les descriptions des auteurs, les tableaux perdus de l'Antiquité, dessinait ses figures d'après les statues, et cependant inventait avec une liberté et une abondance comparables à celles de La Fontaine traduisant Ésope.

Pourquoi une semblable attitude nous serait-elle interdite ? Et puisque incontestablement notre sensibilité s'est affinée, et qu'il faut tenir compte de notre hyperesthésie, pourquoi les ouvrages des maîtres ne provoqueraient-ils pas en nous des émotions aussi neuves que les spectacles de la nature et de la vie ? Cela s'admet encore mieux si l'on songe qu'à notre époque la vie est plus artificielle, que l'habitude des concerts, des théâtres, des musées, et l'excès critique nous ont faits plus exigeants, plus avides d'émotions intellectuelles. La vie n'offre plus guère d'aliment à l'imagination plastique : ce n'est pas qu'il n'y ait à voir autour de nous de grandes beautés, mais presque rien dans la vie de chaque jour ne correspond à nos états d'âme : et, par exemple, nos cérémonies officielles ne sont pas seulement moins pittoresques que celles des Vénitiens de la Renaissance, mais surtout elles n'expriment pas nos préoccupations intellectuelles, elles n'extériorisent rien de nos véritables passions. Il est naturel que des peintres qui ont le goût de la beauté décorative et un certain idéal de perfection, en viennent à demander aux chefs-d'œuvre du Louvre l'excitation que les spectacles de la vie ne leur donnent plus.

C'est le cas de Fantin-Latour, dont nous vîmes récemment chez Templaere, des copies, « témoins familiers, écrit M. Roger Marx, que son regard a sans cesse interrogés. » Oui, c'est sur les œuvres des anciens que ce réactionnaire si original appuya une sensibilité vraiment moderne. Les admirables « fantaisies wagnériennes » sont écloses d'un cerveau nourri du suc des maîtres des Musées. Voilà une nouveauté : les élèves des ateliers d'autrefois interrogeaient les œuvres des anciens par curiosité technique et pour fixer leur goût de la Beauté ; à l'époque de la « tranche de vie » et du « tempérament », au contraire, les débutants s'abstenaient d'aller au Louvre, de peur d'y perdre leur personnalité, sans doute bien fragile. Or voici qu'un des hommes à qui nous devons les œuvres les plus achevées de ce temps, *l'Hommage à Delacroix, l'Atelier des Batignolles,* nous découvre son secret. Ce n'est pas la technique des maîtres qu'il allait copier au Louvre, car il peint avec ce même cliquetis de tons menus, avec la même facture vibrante et savoureuse, les Rubens et les Véronèse. Mais il leur demandait d'abord, comme les classiques, une méthode pour conduire ses œuvres jusqu'à leur perfection ; ensuite, d'échauffer son génie, et de fournir à son imagination une excitation plus intellectuelle et plus lyrique que la nature elle-même.

Nous vîmes chez Druet, de Charles Guérin, un ensemble d'œuvres à la fois logiques et somptueuses. Parmi ceux qui tentent de donner aux aspects impressionnistes de leur choix, une forme plus noble et plus pondérée, peut-être est-il le plus exclusivement peintre. Il évite de se disperser. Il concentre sur un petit nombre de sujets la multiplicité de ses sensations : scènes galantes, promenades dans les parcs, nature-mortes ou paysages, ne sont que des prétextes à des inventions décoratives. Il met de la raison en tout. Comme Fantin, il traduit par des harmonies toutes fraîches et toutes neuves les émotions ressenties devant les chefs-d'œuvre. Il sait coordonner ses éléments, subordonner les détails, consentir des sacrifices. Il est très intelligent, il a l'imagination ardente et il compose.

P. Signac et H.-E. Cross, fidèles à un procédé déjà ancien, celui de la division du ton [1], ont cependant, eux aussi, évolué.

---

1. On s'étonne qu'ils persistent à l'appliquer à des toiles de petites dimensions ; à rejeter ainsi l'attrait du bibelot maniable, et qu'on peut voir de près, des tableaux destinés à l'ornementation du home. Il faut un minimum de recul pour reconstituer le mélange optique : l'avons-nous, hélas ! dans ces appartements étroits où la plupart des modernes sont condamnés à vivre ?

Cela apparaît avec évidence chez Signac : ses fantaisies décoratives sur Venise — car cette Venise pompeuse, éclatante et nette avait parfois des aspects d'irréel — ses inventions sont de plus en plus appuyées sur des idées de composition. Sorti de l'impressionnisme, Signac en affina la théorie, l'adapta à sa subjectivité, et dans ces synthèses rapides et irréfléchies que sont ses aquarelles, sortes de sténographies d'après nature, il déploya toutes les séductions de son instinct, tous les raffinements les plus charmants de la couleur claire. — Il manifeste ainsi son goût bien romantique des arabesques audacieuses, de la mobilité et de l'éclat. Mais lorsque par l'artifice d'une facture strictement homogène, par un système de contrastes, il transforme en tableaux ces légères notations, loin de faire évanouir le charme premier des esquisses, cette fabrication en affirme la beauté, en exalte la joie.

La *Venise* de H.-E. Cross est moins chimérique, et d'une couleur souvent plus rare. C'est ici le goût de la réalité qui domine. Tel est le style, telle l'ampleur de ces paysages, surtout des marines, que la touche divisée n'y est presque plus sensible. Tout se fond dans le grandiose et la simplicité de l'effet. Rien non plus n'est laissé au hasard. Il y a une bonne foi admirable. La probité de cet art si délibéré et si conscient, l'apparente à celui de Corot et de Cézanne. Voilà qui s'éloigne des paradoxes et des vaines tentatives.

Aux *Orientalistes*, l'Espagne aperçue par un voyageur qui a passé vite : des soleils couchants, des murs rouges sur des ciels tragiques et surtout le Tage inquiet et frémissant au pied du roc de Tolède. Ah ! qu'à travers ces notes rapides, trop rapides de Ch. Cottet, on devine l'inquiétude aussi du peintre, de ce Vénitien, ennemi du pâle et du joli, qui s'obstine à composer, même d'après nature, malgré même son naturalisme et s'efforce de n'employer qu'un petit nombre de teintes, de concentrer ses effets, d'écrire fortement ce qu'il sent.

A la *Société Nouvelle*, auprès des beaux Baërtsoen, des Ménard lumineux et des nerveuses études de J. Blanche, voici de durs Simon très voulus, intenses. Surtout un portrait de famille, bretons groupés dans une petite chambre blanche, intéressait comme un Lenain. Quelle époque que la nôtre où des jeunes gens, en s'efforçant d'être incorrects et bizarres, obtiennent du premier coup une célébrité révolutionnaire, alors que les hardiesses patientes, les courageux efforts d'un Simon sont traités de haut, et jugés poncifs par les critiques avancés et les snobs de l'Art Nouveau !

Aux *Indépendants*, ce qu'il y a de plus neuf, de plus indépendant, c'est encore les chercheurs de classicisme de 1890. On en revoit deux, cette année et non des moindres. L'un, névropathe de génie, contracté de toutes les inquiétudes de son temps, s'évadait comme il pouvait de la nature par une hypertrophie du tempérament. Pauvre Van Gogh ! Victime de l'abstraction et de l'anarchie, il cherchait à construire sans autre guide que les caprices de son œil et les fantaisies de son cerveau : et cependant il composait ; ses tentatives de simplifications étaient au fond si ordonnées, que, si l'on veut ne pas considérer la rage du procédé, on aperçoit dans certaines toiles, les *Iris*, les *Soleils*, la *Halte des Forains*, dans maints paysages, des beautés presque banales à force de généralité.

Le sérieux et consciencieux Seurat fut le notateur, on peut dire parfait des aspects blancs de nos plages du Nord, du frisselis des eaux et des ramures, un grand dessinateur, et la *Baignade* est un chef-d'œuvre. Sa foi naïve en la Science l'obligeait à une sorte d'ascétisme. Chez lui pas d'abandon, et souvent de la froideur. C'est un résultat de l'abstraction et de l'esprit philosophique. Quelles qu'aient été les erreurs où l'entraînaient des théories pseudo-scientifiques, sa confiance en la raison humaine ne saurait être critiquée. A cette époque, il fallait remonter un courant, rétablir une discipline ; nul plus que Seurat n'a cherché à s'imposer une contrainte : il crut la trouver dans Chevreul, dans Rood et dans Charles Henry. L'impressionnisme allait réussir ; les élèves de l'École des Beaux-Arts s'allaient parer de ses plumes bigarrées pour voler, comme dit M. Degas, de nos propres ailes. Les salons officiels accueillirent le violet dans les tableaux. Ce fut un déchaînement de platitudes amorphes, une orgie de bariolage et de mauvais dessin. Seurat fut un des premiers à résister, à vouloir installer quelque chose de solide là où sévissait tant de facilité ! Ce sera l'honneur de cette génération symboliste d'avoir tonifié l'art moderne. Craignons qu'auprès de la grande sagesse de Seurat, glacée par trop de raisonnement, la fébrilité de Van Gogh ne fasse oublier que, lui aussi, fut un constructeur, un artisan de la réaction synthétiste.

On verra dans les autres salles des serres du Cours-la-Reine, que cette crainte est véridique. La grande majorité des nouveaux venus n'est ni symboliste, ni romaine, ni nationaliste, et M. Ingres lui est mal connu. Elle est plutôt anarchiste, et même neurasthénique. Je ne trouve pas que ce soit un bien ; trop de gens s'imaginent être des audacieux, parce qu'ils s'inspirent des « Maîtres » les plus récents ou qu'ils s'abandonnent à leur fantaisie. Leurs toiles sont « amusantes », « jolies de couleur », et l'académisme n'a fait que changer de manière.

Matisse, au contraire, parce qu'il voulut composer, eut l'heur d'intriguer le public blasé de 1905, que Rousseau ne fait plus rire. Il ne sera pas découragé par cette première expérience ; mais elle l'avertira des dangers de l'abstraction. *Luxe, Calme et Volupté* est le schéma d'une théorie. C'est dans la réalité qu'il développera le mieux ses dons, très rares, de peintre. Il retrouvera, dans la tradition française, le sentiment du possible.

Dans les admirables tableaux de Mme Marval, l'*Hommage à Florian*, l'*Automne*, la *Balançoire*, on découvre des qualités nouvelles, enfin de la fraîcheur. Le lyrisme d'un talent radieux et naïf s'est enrichi de la fréquentation des Maîtres, et voici qu'un art de rêve, tout en s'éloignant de la nature et de la vie, aboutit à en restituer la saveur et à nous donner le frisson des belles œuvres classiques.

Sérusier, vétéran du synthétisme, expose un panneau de six toiles également pleines de solidité, et de qualités bien concrètes. Ce fut, en 1890, l'apôtre de théories jugées subversives : il y est demeuré fidèle. Il vient de publier à *l'Occident* une traduction de *l'Esthétique de Beuron* ; il croit de plus en plus à l'utilité de la science traditionnelle, à ses recettes, aux vieilles lois de composition. Les journaux avertis continuent à mépriser sa probité, et le public qu'aucun tapage vers lui n'attire, passe sans l'apercevoir.

Bonnard, avec deux petites toiles peu vues, se souvient-il que jadis, il scandalisait ces mêmes snobs, maintenant habitués à toutes les audaces, et conquis par la brutalité ? On remarque

à peine une figure de lui, digne de Degas, un sobre chef-d'œuvre
d'art réfléchi, *Jeune Fille,* qu'aucun musée n'a su acquérir.
Peu d'œuvres sont aussi pleines, aussi équilibrées, aussi claires.
Quel bel exemple de peinture française !

Ne nous plaignons pas. M. Mauclair, que ce japonisant ait
évolué. Mais que seront dans dix ans ces jeunes talents qui
s'éveillent au moment de la maturité de Bonnard ! Ont-ils bien
la santé, l'esprit de méthode, la netteté de convictions des débutants de 1890 ? J'aperçois des sens raffinés. beaucoup
d'adresse, peu de naïveté. Tout en affirmant la subjectivité de
la Nature, elle nous intimidait : de là, nos scrupules, nos hésitations, nos gaucheries. Leur goût est leur seul guide parmi
des abstractions : nulle intention décorative, ni même littéraire,
nul parti pris esthétique, nul système objectif ne vient conso-
lider la fragilité de leur vision individuelle, tempérer leur nervosité. J'approuve MM. Marius et Ary Leblond d'appeler ces
jeunes tendances : l'école buissonnière. N'entravons rien de ce
qui pourrait introduire là un peu d'ordre, de discipline et de
stabilité. Mettons-nous d'accord sur la nécessité de la méthode,
d'une méthode ; et convenons que des esprits aussi émancipés et
déjà une originalité si accentuée, n'auraient que bénéfice à
s'accrocher à une tradition, fût-elle française — et nationaliste.

DE GAUGUIN, DE WHISTLER ET DE L'EXCÈS DES THÉORIES[1]

On parle d'une exposition Paul Gauguin à l'école des Beaux-Arts. Ce n'est encore, je l'avoue, qu'un bruit en l'air, mais il suffit qu'un projet d'aspect aussi paradoxal ait pu réunir dans des milieux divers quelques partisans. Ce grand maître, mort depuis deux ans, et dont les collectionneurs se disputent fiévreusement les tableaux, n'est pas même représenté au Luxembourg. Il est temps qu'on reconnaisse, et la valeur de son œuvre, et la place importante qu'il tient dans l'histoire de l'art moderne. Depuis Manet, il est le peintre français qui eut la plus grande influence. Ce que fut Manet pour la génération de 1870, Gauguin le fut pour celle de 1890. Cézanne, plus rare, plus parfait, et aussi plus inaccessible, l'initiateur d'ailleurs de Paul Gauguin, n'eut son tour d'influence qu'après celui-ci. Si même on admettait, comme le veut M. Mirbeau, que Gauguin n'eût été que le vulgarisateur de l'art de Cézanne, il faut convenir que l'exposition du café Volpini en 1889 — où parurent groupés pour la première fois autour de Gauguin les Synthétistes et toute l'École de Pont-Aven, Bernard, Anquetin, Laval, Schuffenecker, etc. — il faut convenir que cette exposition fait date, inaugure une époque. Cette manifestation dans un lieu vulgaire d'un art alors totalement inédit, marque le début de la réaction contre l'Impressionnisme. La crise symboliste qui éclata peu après, favorisa la diffusion des idées de Gauguin, au point que tous les arts appliqués, la peinture décorative, le bibelot, l'affiche et jusqu'à la caricature, s'y renouvelèrent.

Le moment est venu de raconter cette histoire aux élèves de

1. *L'Ermitage*, 15 novembre 1905.

l'Ecole des Beaux-Arts. N'a-t-on pas la prétention de leur enseigner les principes de l'art, de les affilier aux saines traditions ? Or nul mouvement ne fut plus nettement traditionniste : il en prit même, à un certain moment, son nom[1]. Loin de renier les maîtres du passé, il se prétendait docile aux enseignements des plus belles époques : égyptienne, grecque, gothique. Au surplus, il serait piquant qu'une œuvre de ce caractère vînt mettre de l'ordre dans de jeunes cerveaux sans doctrine ; et que pour illustrer d'un exemple décisif, le beau mot de M. Eug. Guillaume : « Pour tout ce qui touche à la beauté, il y a des recommencements sans fin », on leur fit connaître un art aussi neuf, et cependant issu des calvaires bretons, des idoles maories, de l'imagerie d'Epinal, enfin de tout ce que l'humanité a jamais produit de plus naïf, de plus enfantin, de plus simple, — et par conséquent de plus didactique. On verrait là la Tradition vivante ; tout ce qui devrait faire le fond de l'enseignement de l'Ecole, la composition et le dessin, y apparaîtrait avec une autorité dénuée, à la vérité, de tout académisme.

Accrochées au-dessous des copies des cartons de Raphaël, les fortes, les somptueuses peintures de Gauguin auraient l'air de fragments détachés de l'œuvre d'un Tintoret ou de quelque grand décorateur classique. Quiconque les a vues, dans l'opulence appropriée de larges bordures, chez M. Fayet par exemple, ne saurait douter de l'aspect imposant d'une telle manifestation. De longtemps les murs de l'école n'auraient supporté des œuvres aussi dignes des Maîtres. Voilà qui nous changerait de ces fades, anémiques et neurasthéniques peintures, par quoi des mains inexpérimentées achèvent d'avilir la technique impressionniste. Voilà qui ferait naître de grandes pensées, et qui ranimerait dans l'esprit des jeunes artistes, et peut-être même des professeurs, la notion de la Beauté classique.

* *

Etait-il d'un aussi bon exemple de réunir, dans les salles du quai Malaquais, les improvisations d'un décadent, même de génie, comme Whistler ? A des jeunes gens destinés au noir

---

1. Le Néo-Traditionnisme, 1890, dans la revue *Art et Critique*.

brouet, au menu de gargote (c'est Debussy qui le dit) de la
Villa Médicis, pourquoi a-t-on voulu faire respirer le fumet de
cuisines aussi distinguées ? Ce n'était pas le lieu d'exposer une
œuvre qui vaut surtout par la subtilité, l'élégance, l'imprécision
et l'adresse. Si l'on excepte quelques tableaux où se sentait
l'influence de Fantin, de Courbet ou des Japonais, toute l'exposition paraissait amorphe, sceptique et grise. Oh ! ces gris
délicieux et néfastes ! qui nous délivrera des gens fins ? Assez de
jolie couleur, assez de croquis amusants ! assez de petites notes !

Il serait injuste d'ailleurs de nier le charme de ces déli-
quescences, la rareté de ces Arrangements, de ces Variations,
de ces Nocturnes, non plus que la réussite de certains portraits. Mais on ne saurait oublier que l'Ecole des Beaux-Arts
doit être avant tout une école de Dessin. M. Ingres disait: « J'é-
crirai sur ma porte Ecole de Dessin et je ferai des peintres. »
Or, jamais on ne poussa plus loin l'indifférence pour la forme
et la ligne : rien n'est moins dessiné que ces figures lourdes et
sans caractère, ces physionomies veules et inexpressives. Ce ne
serait pas trop des déformations excessives mais voulues de
Gauguin pour montrer ici à nouveau la puissance de l'arabesque, y restaurer le culte du Dessin, réhabiliter le grand art
et la peinture d'histoire. Au surplus il ne convient pas de
s'alarmer ; les temps sont révolus, l'influence de Whistler est
finie. Son exposition a eu plutôt une mauvaise presse. Le troupeau des imitateurs a cessé de le suivre : et le public, insatiable
de nouveauté et qui d'ailleurs en a vu bien d'autres, oublie
déjà que ce fut, il y a vingt ans et plus, un peintre tout à fait
d'avant-garde...

*
* *

On fut bien aise, quelques jours après Whistler, de voir
l'exposition d'un peintre français, de défauts et de qualités
bien françaises, M. Albert Besnard. Le succès en fut immense :
les critiques en firent un éloge unanime : à tel point qu'il n'est
peut-être pas inutile d'insister sur le plaisir que les artistes sans
préjugés y ont trouvé, conjointement avec les gens du monde,
afin du moins de dissiper la mauvaise humeur de quelques
esprits difficiles et de leurs suiveurs. A mon gré, il serait puéril
de continuer à tenir rigueur à M. Besnard de ses emprunts aux

impressionnistes. L'attitude parfaitement explicable d'un Degas
ne convient pas à des jeunes gens qui lui durent, à un certain
moment, la révélation d'aperçus très neufs sur leur art. La
Femme jaune, la *Femme orange*, le *Portrait de Famille*, les
études de chevaux, sans parler de l'Ecole de Pharmacie et du
plafond de l'Hôtel-de-Ville, restent le témoignage d'un tempérament vif et primesautier qui fut naturellement et spontanément audacieux. Les concessions au goût du jour que quelques-
uns lui reprochent amèrement, et qui, certes, ne sont pas la
meilleure part de son œuvre, — les pastels par exemple, —
j'admets qu'il les a faites par une sorte de logique. de sincérité
comparables à celles de certains artistes du xviiiᵉ siècle. intimement mêlés à la vie élégante de leur temps, emportés par le
tourbillon du monde et de la mode, et satisfaits de fidèlement
les refléter. Les snobs, très au courant, ceux enfin qui, depuis
peu, se pâment devant la moindre esquisse de Cézanne, auraient
tort de nous entraîner à méconnaître un artiste qui fait ainsi
revivre, avec quelle abondance, avec quel sens de notre époque,
l'art des Vanloo, des Solimène, des Luca Giordano et des
Tiepolo. Ce qu'il tient d'aisance et de facilité de la fréquentation des Maîtres de la Décadence italienne, s'est heureusement appuyé sur un sentiment très authentique et même très
naïf de la vie, de toutes les joies de la vie. Son imagination
décorative dépasse de loin toutes les rhétoriques de l'Art nouveau. Qui donc, depuis Chavannes, a su orner des murs publics,
d'inventions de cette qualité? On voudrait qu'il eût peiné, que
son labeur eût été plus dur. Ce n'était pas sa destinée.

D'une activité à faire envie à bien des jeunes gens qui, à
trente ans, piétinent sur place et se répètent assidûment,
Besnard a énormément produit, et avec facilité. On aurait
mauvaise grâce à lui reprocher de n'être pas Cézanne : et, tout
compte fait, si, fermant les yeux volontairement sur ses qualités
si françaises de clarté et d'esprit, on voulait discuter seulement
sa manière, et cette habileté qui l'apparente aux grands italiens
du xviiᵉ siècle, il faudrait encore admirer là, de la finesse et de
la verve, une élégance bien parisienne, un je ne sais quoi d'amusant que nous avouons préférer à la glaciale virtuosité de
Whistler.

L'enthousiasme contemporain étant soigneusement canalisé

par quelques ironistes, il faut, sous peine d'être ridicule, adopter les classifications les plus récentes et se garder d'admirer sans prudence : il y a les révolutionnaires, connus comme tels, dont tout est à voir, et il y a les autres qu'il convient de mépriser. Cependant je sais quelques tableaux de Besnard qui, dans cinquante ans, ne feront pas mauvaise figure dans les musées, où les œuvres de bien des novateurs actuels auront, en vieillissant, perdu leur unique prestige.

*
* *

Le Salon d'Automne est une institution curieuse, pleine d'apparentes contradictions, bien faite pour déconcerter le public renseigné. Il refuse Abel Faivre, Raffaëlli — car nous devons le *Clémenceau* à un « repêchage à domicile », — il refuse les pensionnaires de M. Durand-Ruel, et il expose Matisse, le *Bain Turc* et le douanier Rousseau. Il y a au fond de tout cela un certaine logique ; il la faut dégager : convenons toutefois qu'elle est subtile ; et remercions MM. Desvallières, Baignières et René Piot de ce qu'ils réussirent à faire du Salon d'Automne un miroir fidèle de la « mentalité » des jeunes.

Précisément, M. Charles Morice eut cet été l'idée d'interwiever un certain nombre d'artistes de la jeune génération sur les tendances actuelles en peinture. Consignées dans le *Mercure*, les réponses ne furent pas aussi divergentes qu'on aurait pu croire. L'opinion la plus générale fut que l'Impressionnisme était fini ; on en vint même à mettre en doute son existence. Les Maîtres du passé reçurent un tribut d'éloges. Cézanne fut très discuté : il est visible qu'il est le sujet des conversations de tous les ateliers. Le besoin d'une discipline se fait sentir, on s'y plierait, volontiers : ce n'est pas en vain que nous avons naguère protesté contre l'individualisme. On ne considère plus M. Ingres comme un dangereux réactionnaire. Cependant il y a de vieilles idées fausses qui subsistent : le culte de la Personnalité est toujours vivace ; on croit encore beaucoup que pour faire œuvre d'art il faut avant tout s'efforcer d'être original. Je ne vois guère que Sérusier qui ne confonde pas la recherche de la Beauté et l'expression de l'individuel...

Tout cela se retrouve sous forme de tableaux, au Salon d'Au-

tomne. Voici d'abord les maîtres acceptés comme tels par la
jeunesse. Renoir, qui du reste n'a plus rien d'impressionniste,
y triomphe avec son étonnante dernière manière, des nus robustes et redondants comme les Raphaël de l'*Incendie* et de la
Farnésine : remarquons que la science qu'il a de ses gammes
et du modelé, n'a nullement compromis ses qualités de fraîcheur ni son ingénuité. Tout à côté, Cézanne paraît quelque
vieux maître sévère, au style châtié, le Poussin de la nature-
morte et du paysage vert. Nous vîmes de lui, récemment, chez
Vollard, une collection d'aquarelles fortement établies par des
contrastes vifs sur des préparations lavées au bleu de prusse ;
le ton définitif de ces esquisses aussi composées, aussi construites que des tableaux, était déjà monté, puissant et d'une
résonance admirable. On eût dit d'anciennes faïences. Des
paysages de la même série montraient sur des arbres ou des
fabriques très dessinées le jeu de lumières blanches, exaltées par
des ombres en violet et jaune foncé, nuancées, chatoyantes.

Un bel ensemble de Manet témoigne de l'intérêt durable que
comporte une peinture honnêtement faite, solidement établie,
substantielle. Voilà donc l'œuvre de celui que Baudelaire appelait « le premier dans la décrépitude de son art ». Le temps,
disait Manet, agit sur les tableaux avec un insensible polissoir.
Est-ce donc le temps qui a donné à ces peintures leur bel aspect traditionnel ? Sans doute, les théories naturalistes y ont
introduit des vulgarités, les lourdeurs qui en limitent la beauté
générale, et la portée. Telle qu'elle est, cette œuvre plus riche
de santé que de charme, et où il y a des morceaux du plus pur
classicisme, risque de ramener certains utopistes au sentiment
du possible, et de tonifier de frêles talents trop distingués, qui
d'ailleurs affecteront de s'en soucier peu.

Eugène Carrière et Rodin continuent d'être les maîtres de
ceux qui n'en admettent point. L'influence de Carrière tend
à devenir surtout philosophique. *Il est au point de contact de
tous les problèmes humains,* écrit M. Élie Faure. De préférence
à ses leçons de dessin, à son beau métier classique, aux exemples de toute une vie de foi et de labeur, la jeunesse retient de
lui, outre des opinions sur l'avenir de l'humanité, quelques
phrases contre l'école des Beaux-Arts ou de Rome, qu'elle interprète dans le sens de l'indiscipline. Nul plus que lui cepen-

dant ne subit avec plus de profit la contrainte des enseignements du passé. Et rien n'est plus extraordinaire que de se réclamer de Carrière, pour céder aux fantaisies du travail facile et de l'improvisation. Sa rude volonté, qui se cache habituellement sous de la tendresse, des modelés et des discours optimistes, n'a connu la beauté que par un opiniâtre effort. Son meilleur élève, c'est son fils : un jeune statuaire qui a pris dans l'atelier paternel la religion de la forme et l'amour du travail réfléchi.

Rodin persiste à nous montrer des fragments splendides, dont un torse du plus grand style, des lavis un peu informes et des marbres qui n'ont pas conservé le prestige de l'ébauche. Odilon Redon transpose en l'éclat de fleurs plus réelles, la romantique poésie de ses beaux fusains d'autrefois. Le symbolisme n'est plus, Redon lui survit ; et sa souriante sagesse s'applique maintenant à traduire avec le même art et le même mystère le charme enivrant des bouquets.

Enfin, voici Ingres ; c'est notre maître le plus récent ; il n'y a pas longtemps que nous l'avons découvert. Quelle vérité, quelle vie dans son portrait par lui-même. dans tous ses dessins. Le torse de *Vénus à Paphos*, est-il assez audacieux ? On a parlé de sénilité à propos du *Bain Turc*, autant j'imagine à cause du sujet qui est extrêmement voluptueux, que de la gaucherie des figures. Cet amoncellement de nus, ce petit tas de chairs potelées ne vaut pas seulement par les merveilles de dessin qu'il recèle, mais encore par les qualités d'atmosphère, la souplesse des rapports de ton : c'est un tableau plein de tendresse et coloré. On a dit qu'il résumait toutes les beautés chères à M. Ingres. Il l'a peint à quatre-vingt-deux ans : à cet âge, M. Ingres aimait encore les femmes avec la candeur et la ferveur d'un adolescent. Il avait conservé toujours cette « bienheureuse naïveté » qu'il vantait à ses élèves. Je remarque au premier plan, une petite nature-morte, quelques tasses qu'on dirait peintes par un enfant : si M. Ingres avait vécu davantage, il aurait « fait du Rousseau ».

*
* *

A la suite de ces Maîtres incontestés, la place d'honneur que les organisateurs ont donnée à MM. Bonnard, Vuillard, Roussel et Vallotton, est également significative. Il est visible qu'ils succèderont dans l'estime des jeunes et du public aux grands Impressionnistes. Bonnard, par exemple, dont un grand nu de femme couchée frétille parmi les gris délicats d'un lit défait, avec au premier plan la plus exquise nature-morte. Bonnard s'imposera par ses qualités de dessin et de modelé, son sens de la vie moderne, à ceux qui déjà aiment Degas et Renoir. Vuillard s'apparente aux coloristes de la nuance, Claude Monet, Berthe Morizot : il a une vision plus subtile, des dons prodigieux : rien n'est imprévu, savoureux et riche comme ses décorations d'appartements modernes : ses tableaux avaient dit déjà le pittoresque et l'intimité des intérieurs de notre temps : on connaît maintenant comme il les sait orner, et par quelles ressources d'imagination et de métier il arrive à faire de ces peintures à la colle, des tentures somptueuses comme d'anciennes tapisseries. Roussel hérite des dons de Cézanne, avec en plus le sens de la beauté grecque, et un dessin de grand style, digne des Maîtres de la Renaissance. A l'enquête de Ch. Morice, Vallotton répondit : « Cézanne? je l'évite respectueusement! » C'est qu'en effet il est de ceux très rares dans sa génération qui n'ont pas appris ça! de Cézanne. Lui continue le synthétisme et le cloisonnisme d'Anquetin, d'Ingres et de Holbein. Il trouve des simplifications inattendues ; les contours résument scrupuleusement le caractère des objets. Nous lui devons des portraits d'une étonnante pénétration, des nus modelés comme par un réaliste du xve siècle. Mais qu'il n'évite pas Cézanne! M. Ingres aimait bien Watteau...

Parmi les élèves de Gustave Moreau, Desvallières semble le plus apte à continuer l'influence idéaliste du Maître. Son illustration de *Rolla* est à la fois pittoresque et passionnée. Rouault expose de vertigineuses esquisses. Piot a de beaux dessins. Les inventions décoratives de Ch. Guérin, bien faites pour le plaisir des yeux, témoignent de ses préoccupations classiques.

Les œuvres d'art d'un caractère châtié sont d'ailleurs ici fort rares. Il y a vraiment trop d'études : on expose les moindres croquis. Les critiques et les amateurs méprisent volontiers « les grandes machines ». Ce n'est plus de mode. Aussi les peintres ne font plus de tableaux. Comme le public, j'entends le public *éclairé,* n'a plus de criterium ni de formules toutes faites pour juger la peinture, la seule question qui se pose devant une œuvre d'art est celle-ci : Est-ce original? Dans l'affirmative, il admire. Cet état d'esprit est plus néfaste que les pires routines. Autrefois l'artiste attirait l'attention par le soin qu'il apportait à se perfectionner suivant une technique connue. L'artiste d'aujourd'hui est amené à débuter avec fracas par quelque bizarrerie, puis contraint de se répéter à satiété, en affirmant de plus en plus sa manière, en exagérant ses défauts.

Mais notre temps ne produit guère plus qu'un autre d'individus exceptionnels. Il y a peu d'originalités véritables. Les imitateurs sont nombreux. Ils se répartissent en divers groupes : il y a l'école de Cézanne, l'école de Guérin, l'école de Matisse..., etc.. C'est l'école de Matisse qui paraît la plus vivante, la plus nouvelle et la plus discutée.

Dès l'entrée de la salle qui lui est consacrée, à l'aspect de paysages, de figures d'étude ou de simples schémas, tous violemment colorés, on s'apprête à scruter les intentions, à connaître les théories ; on se sent en plein dans le domaine de l'abstraction. Sans doute, comme dans les plus ardentes divagations de Van Gogh, quelque chose subsiste de l'émotion initiale de nature. Mais ce qu'on trouve surtout, en particulier chez Matisse, c'est de l'artificiel : non pas de l'artificiel littéraire, comme serait une recherche d'expression idéaliste ; ni de l'artificiel décoratif, comme en ont imaginé les tapissiers turcs et persans : non, c'est quelque chose de plus abstrait encore ; c'est la peinture hors de toute contingence, la peinture en soi, l'acte pur de peindre. Toutes les qualités du tableau autres que celles du contraste des tons et des lignes, tout ce que la raison du peintre n'a pas déterminé, tout ce qui vient de notre instinct et de la nature, enfin toutes les qualités de représentation et de sensibilité sont exclues de l'œuvre d'art. C'est proprement la recherche de l'absolu. Et cependant, étrange contradiction, cet absolu est limité par ce qu'il y a au monde de plus relatif : l'émotion individuelle.

Que Matisse me pardonne si je ne comprends pas. Je sais la finesse de son œil, les dons de sa sensibilité, et je crois bien ne pas me tromper si je cherche à l'origine de chacune de ses notations, même sommaires, une émotion de nature.

Or, ce que vous faites, Matisse, c'est de la *dialectique* : vous partez de l'individuel et du multiple : et par la *définition* comme disaient les néo-platoniciens, c'est-à-dire par l'abstraction et la généralisation, vous arrivez à des idées, à des noumènes de tableaux. Vous n'êtes satisfait que lorsque tous les éléments de votre œuvre vous sont intelligibles. Il faut que rien ne reste de conditionné ou d'accidentel dans votre univers : vous le dépouillez de tout ce qui ne coïncide pas avec les possibilités d'expression que la raison vous fournit. Comme si vous pouviez, dans le domaine de votre art, échapper à l'ensemble des nécessités qui limitent partout l'expérience individuelle! Nous comprenons, disait Taine, des millions de faits, mais au moyen d'une centaine de faits que nous ne comprenons pas. Il faut s'y résigner : tout n'est pas intelligible. Il faut renoncer à reconstruire un art tout neuf avec notre seule raison. Il faut se fier davantage à la sensibilité, à l'instinct, et accepter sans trop de scrupules, beaucoup de l'expérience du passé. Le recours à la tradition est notre meilleure sauvegarde contre les vertiges du raisonnement, contre l'excès des théories.

Si originales que soient les tentatives de Matisse, elles dérivent d'un esprit de système qui n'est pas nouveau. Au temps de Van Gogh, bien des recherches du même genre aboutirent à des résultats identiques. Si, remontant plus haut, je compare un tableau de Puvis de Chavannes et un tableau de Poussin, j'observe déjà, à travers des qualités assez semblables, cette profonde différence : que celui-ci dissimule sous des ornements empruntés à la rhétorique de son temps et sous les charmes de sa sensibilité, la conscience rigide qu'il a de ses moyens; tandis que le maître moderne laisse voir à nu tout ce qu'il y a dans son œuvre d'artificiel et de volontaire : nous discutons si Poussin s'inspirait directement de la nature ou s'il obéissait à sa poétique ; mais nous voyons clairement que Chavannes appliquait un système, qu'il idéalisait délibérément la nature. Au temps de Poussin, le génie du peintre devait dégager du spectacle confus des choses, à la fois la vérité (ou plutôt la vraisemblance), et la beauté.

La nature comme nous l'entendons, prosaïque et photographique, le peintre la devait pour ainsi dire ignorer : on n'opposait pas style et nature; dans l'esprit du peintre, ils se devaient confondre, il était entendu que la nature ordinairement défectueuse dans les objets particuliers était parfaite dans son intention et dans le *général* de ses productions. C'est dans ce général, ajoutait Félibien, que les anciens sculpteurs ont puisé la perfection de leurs ouvrages. On n'avait pas encore inventé qu'il suffit de *styliser*, comme ça, après coup, n'importe quelle étude *d'après* nature. Les dessins de Poussin et ses rares études peintes n'ont-ils pas un style égal à celui de ses tableaux? Il en est de même de Delacroix et de tous les très grands maîtres. Tous les chefs-d'œuvre classiques sont en même temps idéalement beaux et remplis de *naturel*. Ah! Matisse! maudissons les cuistres qui nous ont appris à distinguer dans notre langage pictural, la prose et la poésie! Maudissons les tenanciers d'académies, les paysagistes et tous les primaires qui nous imposèrent, en guise d'idéal, la servilité devant la nature, devant leur photographique nature. C'est le matérialisme de nos professeurs qui nous a conduits, par réaction, à chercher la Beauté hors de la Nature, la Nature par la Science, et l'Art dans les théories. Ah! tout de même, Matisse, soyons objectifs!

Précisément, voici une belle statue de Maillol, la *Femme accroupie,* une de ces œuvres qui dépassent tous les raisonnements, et dont les critiques ne savent dire si c'est hiératique ou vivant. A part quelques sculpteurs qui protestèrent de toute la force de leurs préjugés anatomiques et autres, contre la séduction de ces belles formes, le public fut unanime. On voyait donc enfin, après tant d'essais incomplets ou déconcertants, une œuvre achevée point faite pour « épater » qui que ce soit, ni pour satisfaire une coterie de raffinés; une noble figure, à la fois expressive et harmonieuse, simple et grande comme l'antique. Maillol l'a créée ainsi sans système, avec son seul génie, aidé peut-être aussi par ce sentiment du général dont parlait Félibien et qui chez lui est instinctif. Cependant, c'est cette statue classique qui est l'œuvre d'art la plus neuve de tout le Salon d'Automne. Admirons-la: et apprenons d'elle le néant des subtilités.

LE RENONCEMENT DE CARRIÈRE
LA SUPERSTITION DU TALENT[1]

I

Maintenant que Carrière est mort, tout ce qu'il y a dans son œuvre de poignant et de vécu se manifeste mieux, semble-t-il, et nous pénètre avec encore plus d'intensité. Tous ceux qui l'ont connu, qui ont apprécié ses qualités morales et la gravité de son âme, ressentent plus profondément l'expression de vie intérieure qui se dégage de ses tableaux. Tant de tristesse ne va pas sans remuer en nous le meilleur de nous-mêmes. C'est par l'émotion religieuse qui l'inspire et qu'elle transmet, que l'œuvre de Carrière est si admirable.

Dans cette chapelle funéraire de la Société Nationale, décorée à souhait de palmes et de guirlandes de lierre, reposent les précieux vestiges de ses dernières pensées. L'ombre indécise d'où elles émergent est propice à la méditation. J'y retrouve l'impression de ces sombres gravures qui ornent les parloirs de cloître et qui expriment en de noirs symboles la justice inflexible de Dieu et notre inexorable destinée. Dès longtemps il avait cédé à l'obsession de la pensée de la mort. Je relis les deux premières phrases de la préface qu'il écrivit pour son catalogue de l'*Art Nouveau*, en 1896 ; elles sont fort belles : « Dans le court espace qui sépare la naissance de la mort, l'homme peut à peine faire son choix sur la route à parcourir et à peine a-t-il pris conscience de lui-même que la menace apparaît.

« Dans ce temps si limité nous avons nos joies, nos douleurs ; que du moins elles nous appartiennent ; que nos mani-

1. *L'Ermitage*, 15 juin 1906.

festations en soient les témoignages, et ne ressemblent qu'à nous-mêmes. »

De tels accents ne trompent pas : ils garantissent en même temps. et la sincérité de l'homme, et l'intérêt profond de l'œuvre ; oui, la force de transmission qui réside dans l'art ne peut faire défaut à qui palpite d'un tel lyrisme.

Il n'y eut pas d'artiste plus chrétien, au sens étroit et vaguement janséniste où on l'entend volontiers aujourd'hui. Toute la douleur acceptée, la résignation à la vie mauvaise, le sacrifice de soi, la douceur et la bonté, il l'a su fixer en des attitudes expressives. Il semble que sur son âme anxieuse pesait l'angoissant mystère de la Faute et de la Malédiction originelles. Tout pour lui était ombre et mystère. Sans doute l'optimisme de Giotto, de Fra Angelico et de Rubens sont plus conformes à la définition du Dogme ; chez eux, l'éclat, la fraîcheur des couleurs disent l'allégresse du monde racheté et régénéré par Dieu même ; et il est providentiel que le prétendu paganisme de Raphaël célèbre glorieusement dans le Palais du Pontife, par un équilibre unique de la beauté plastique et de l'expression mystique, la sérénité du bonheur chrétien.

L'austérité de Carrière ne se tempère de nulle volupté. Et comme il rejette le délicieux frisson des nuances colorées, il s'abstient de représenter les joies naturelles ; ses nus de femmes sont d'une tristesse presque douloureuse ; il n'y a rien de païen en lui. *L'âme antique était rude et vaine,* a dit Verlaine et je sais bien aussi que l'art païen ne fut pas une perpétuelle bacchanale, comme nous le firent croire les rhéteurs et les restaurateurs de la Renaissance ou les naturalistes du temps présent. Le fond de la légende antique, c'est Prométhée, c'est Œdipe, c'est les Atrides, et sous toutes ces tragédies la désespérante Fatalité. La vie et la mort de Jésus-Christ ne sont pas non plus quelque chose de très gai ; mais l'austérité de l'Évangile est comme enveloppée de bonté et de tendresse. C'est cette tendresse et c'est cette bonté qu'on retrouve dans les Madones, les Nativités, les Visitations, les Saintes Familles que rassemble l'exposition posthume de la Société Nationale. Sans doute, Carrière leur a donné des titres plus modernes, moins suspects de cléricalisme, mais ce sont de vieux sujets chrétiens qu'il peignait, et son âme tendre et bonne en était toute pénétrée.

Il manque la Résurrection et le Ciel. Il a peint le purgatoire
d'ici-bas, le lieu de ténèbre où s'ébauche la beauté future. C'est
pourtant cet idéaliste qu'on nous présente comme le peintre de
la Vie Moderne, comme un nouveau Velasquez. Dans les
meetings où il apportait aux utopies socialistes l'appui de sa
parole et de sa bonne foi, on pouvait croire que la tristesse de
sa peinture était faite d'indignation et de haine contre la société
bourgeoise. Cependant je n'y vois ni révolte ni amertume, ni
l'âpreté des passions de notre époque, mais bien l'anachro-
nisme d'une résignation attendrie. Je n'y vois pas davantage la
bonne humeur, le sens de l'actuatité, l'exubérance satisfaite du
peintre de Philippe IV — pour qui la vie n'était pas une vallée
de larmes et qui savait jouir, sans arrière-pensée, des réalités
de son temps... Mais peut-être que tout l'intérêt de notre époque est dans les abstractions et les rêves ; et qu'un Velasquez
moderne, peintre à la mode et mondain, nous serait presque
insupportable.

M. Elie Faure a raison d'insister, et il le fait avec lyrisme,
sur le sens intellectuel de cette œuvre, et d'y voir l'expression
d'une philosophie. Je n'approuve pas qu'il faille chercher chez
Lamark ou chez Spencer l'origine de tant de naïveté dans le
renoncement, ni l'explication d'une telle onction dans l'austérité,
mais j'incline à penser, comme M. Elie Faure, que la grande
supériorité de l'artiste vient en effet de la qualité de sa pensée et
de la qualité de son cœur.

Quand le temps aura fait son œuvre et que les « points de
vue » de notre critique seront démodés, on ne comprendra pas
que Carrière ait été considéré par ses contemporains comme un
peintre de *valeurs* [1]. Dessinateur de silhouettes et de taches, ce

---

1. Nous disions dans *l'Occident*, février 1903, à propos d'une *exposition de
Mme Lisbeth (Delvolvé-Carrière)*, chez Durand-Ruel : On s'expliquerait volontiers
devant les tableaux de Mme Delvolvé-Carrière sur ce qu'il faut entendre par le mot
valeurs tant de fois défini et toujours obscur, matière inépuisable qui alimente les
entretiens des peintres.

Il y a deux sortes de valeurs : les rapports de ton et de lumière et les rapports
de teinte ou de couleur. C'est selon qu'on considère les objets comme plus ou moins
blancs ou noirs, clairs ou foncés ; ou qu'au contraire on n'en retient que la couleur
au sens du prisme, bleu, rouge, jaune, etc., et qu'ainsi on les envisage comme
plus ou moins gris ou éclatants. Dans la nature et dans les tableaux de presque tous
les peintres, sauf peut-être Eugène Carrière, valeurs de tons et valeurs de teintes se
confondent, constituent un seul et même terme du rapport ; on ne les sépare qu'ar-

n'est en aucun sens un coloriste. Le clair obscur dont il enveloppe ses formes si puissantes et si belles est un pur accident, un artifice de composition. La moindre sépia de Rembrandt comporte des oppositions d'ombre et de lumière, un jeu de contrastes qu'on ne trouve pas dans ses toiles monochromes. Il n'a ni atmosphère, ni profondeur, et je ne lui en fais pas reproche puisqu'il s'exprime si complètement ainsi et qu'il lui suffit pour nous toucher de ces modelés vaporeux et glissants, destinés seulement, semble-t-il, à accompagner, à soutenir le dessin grandiloquent des formes. Il est l'égal des plus grands maîtres par l'entente des volumes, qu'il traite comme un sculpteur de bas-reliefs ; par la compréhension du geste, par la puissance du dessin ; et la force de l'émotion fait de lui l'égal des plus grands poètes.

On s'étonnera aussi, j'espère, dans l'avenir, qu'un artiste aussi fidèle à l'enseignement des Musées, ait pu passer pour un professeur d'indiscipline. Nul n'a mieux profité de la technique souple des Maîtres de la peinture à l'huile. Il ne doit rien aux modernes, à Corot, à Manet, aux Impressionnistes : on ne retrouve chez lui ni les tâtonnements, ni les gaucheries des chercheurs de méthodes nouvelles ; et ses négligences ne sont

tificiellement : quand on cligne des yeux devant la nature, c'est afin de forcer les contrastes de noir et de blanc, en faisant abstraction de la couleur. On décolore artificiellement les aspects des choses afin d'en mieux sérier les luminosités relatives.

Les coloristes et spécialement les impressionnistes, avisés et délicats, ne séparent point ce que Dieu a uni. Ils s'aperçoivent que tout est coloré, même le blanc, même le noir. Point de gamme de tons qui ne soit en même temps pour eux une gamme de teintes, une hiérarchie de couleurs dégradées. Pour eux ce qui est lumière est couleur ; et si leur palette est si vive et variée c'est qu'ils dosent tout ensemble les contrastes des tons et la variété concertante des teintes ; c'est qu'ils notent toutes les phrases, toutes les péripéties, tous les chatoiements de la lutte de l'arc-en-ciel et des ténèbres.

Or, faites attention que Mme Delvolvé ajoute un coloris frêle et délicat au système de valeurs limité du noir au blanc qu'affectionne son maître Carrière. Mais ce coloris elle ne fait que le superposer à l'établissement des fonds. La pâleur d'une orchidée se teinte d'un peu de mauve qu'aucune coloration voisine n'exalte ni n'explique. Ainsi elle ne donne pas une sensation de couleur, et les rapports qu'elle institue ne relèvent que d'une définition incomplète des valeurs, celle qui se limite au jeu des luminosités, abstraction faite des teintes.

Aussi bien le charme que l'artiste en a su tirer est trop réel pour qu'on se plaigne de cet illogisme, d'ailleurs bien féminin, dont elle tempère avec tant de grâce l'austère système de sacrifices qu'elle tient de l'enseignement paternel.

pas comme chez la plupart d'entre nous le fait de l'indigence du
métier. Il faudrait l'appeler le virtuose moderne, a dit M. J.
Blanche, qui s'y connaît. C'est pour avoir observé la savante
facilité des ébauches d'autrefois qu'il en est arrivé à tout exprimer par quelques taches bien construites qui émergent lumineuses de la fluidité du fond. Avec quelle adresse il savait relier
par des dessous liquides, à des formes secondaires et délibérément sacrifiées, les touches plus solides qui déterminent les
formes principales! C'est en clignant des yeux, je pense, comme
on fait à l'école, qu'il obtenait ces magistrales simplifications. Ce
prétendu révolutionnaire a su par la seule qualité de son émotion tirer de moyens banals d'admirables effets. Son art est révé-
lateur de la puissance de l'âme.

II

Décidément, la peinture est quelque chose qui doit être sur-
passé. Parce que trop de critiques autrefois la confondaient
avec la littérature et ne jugeaient dans un tableau que les intentions du sujet écrit, ou le plus ou moins de ressemblance entre
l'objet peint et l'objet représenté, on s'est insurgé avec quelle
raison! contre la peinture littéraire, contre la niaiserie naturaliste. Il s'en faut qu'il faille cependant exalter uniquement les
qualités matérielles de l'œuvre d'art et mépriser les qualités de
l'homme qui s'en sert pour s'exprimer. L'artiste est à lui-même
son véritable sujet. Restreindre l'art à traduire une sensation
d'un moment, c'est sous couleur de sincérité, une forme d'abdi-
cation de soi, aussi fâcheuse que celle qui consiste à raconter
froidement une anecdote ou à paraphraser un sujet littéraire.
Mais ne chercher dans la peinture, comme on tend à le faire de
plus en plus, que le plaisir sensuel des yeux, ne la vouloir que
décorative, c'est ignorer la part que prend l'âme humaine aux
satisfactions esthétiques, c'est faire de la psychologie de primaire,
c'est soumettre une des plus complexes opérations de l'esprit à
d'inexactes catégories. Qu'importe dans une œuvre d'art la vérité
ou la fantaisie, le sujet littéraire ou l'absence de sujet, si je n'y
retrouve pas vivante une émotion d'homme ? Il y a trop de peintures qui n'ont pas d'âme. A force de se vouloir personnels,

originaux, libérés de toute influence, les jeunes artistes en sont arrivés à s'enorgueillir des moindres singularités de leur technique improvisée. Leur ambition est de n'être que peintres et de ne devoir leur supériorité qu'aux tours de force de peinture qu'ils croient avoir réussi. C'est ce que M. Rémy de Gourmont appelle *la superstition du talent.* L'absence de toute technique traditionnelle, de tout métier enseigné, correspond, chez les jeunes peintres, à une sorte de virtuosité anarchique qui détruit, en la voulant exagérer, la fraîcheur de l'expression individuelle.

On le voit bien aux Indépendants. Les toiles à sujets anecdotiques ou littéraires y sont rares : mais les recherches théoriques et techniques y abondent : l'effort de *peinture pure* y est considérable et remarquablement varié. Est-ce à dire que les résultats soient meilleurs ? Il ne suffit pas de vouloir n'être que peintre pour l'être supérieurement. L'exemple d'un Cézanne ou d'un Vuillard n'infirme pas notre opinion. Car s'il est vrai qu'ils ne tirent que des ressources mêmes de leur art les moyens par quoi ils nous émeuvent, il faut noter quel est l'apport de leur sensibilité d'hommes ; avec quelle passion ils s'efforcent de chercher aux spectacles de la nature des équivalents exquis ou somptueux ; avec quelle ferveur ils s'attachent à ne rendre de la nature que l'admirable reflet qu'ils en trouvent en eux-mêmes.

Le doux, le noble artiste qu'est Jules Flandrin, Charles Guérin, au talent à la fois pondéré et romantique, ne se laissent-ils pas trop dominer par des soucis d'ailleurs abstraits de facture ou de méthode ? La rare intelligence qu'ils ont de leur poétique ne compromet-elle pas, au lieu de la servir, l'expression de leur sensibilité ? Matisse que nous savons merveilleusement doué pour percevoir et rendre simplement les beautés de la nature, ne fait plus guère que traduire en schémas des théorèmes de peinture. J'aime, en revanche, que Mme Marval se laisse aller à nous montrer toute la fraîcheur de son âme, ces jolis roses, ces verts crus et simples, toute cette poésie naïve, des figures candides, des petites filles souriantes, et ces notes rouge-vermillon claironnantes, aveu de passion et d'orgueil. J'aime que Rouault s'exténue à décrire avec des accents tragiques, sanguinolents et sourds, la laideur des prostituées : malgré les titres qu'il donne à ses toiles, je ne le trouve ni licencieux, ni littéraire, et sa cruauté m'impressionne. Mais je n'ai qu'indifférence pour les peintres, hélas ! médiocrement peintres, et trop nombreux, hélas ! qui sur une toile ou sur un carton laissent tomber sans grâce quelques gouttes d'essence, quelques traits de pastel, une suprême nuance, un accord inédit, et c'est tout ! et qui nous présentent dans un cadre ce rien précieux avec toute la suffisance du génie.

Trop de belles couleurs sont sans âme, trop de belles formes manquent de vie : ni émotion ni amour de la nature. J'en viens à penser que nos joies et nos douleurs valent mieux que toutes les fausses sciences et les vaines théories. « Courage ! et mettons de tout ça dans la peinture ! » écrivait Corot, à propos d'une maladie, d'une souffrance qu'il supportait chrétiennement comme une épreuve (lettre à Auguin, 6 janvier 1875). Et il disait encore : « J'interprète avec mon cœur autant qu'avec mon œil. » Et quel œil, cependant fut-il jamais un peintre plus peintre que Corot? N'est-ce pas en lui qu'on trouve le mieux avec le plus de variété, d'abondance et de spontanéité, la « pure substance picturale ? » Rien de moins littéraire que cette œuvre sur laquelle on a pu faire d'ailleurs tant de littérature. Or, dans ses études les plus directes d'après nature, dans ses figures d'après le modèle prosaïquement costumé ; qu'il peigne une usine, un arbre ou le motif le plus quelconque, — il n'y a rien où n'apparaisse son âme, sa belle âme d'idéaliste et de croyant. C'est qu'il mettait de « tout ça » dans sa peinture. Dans le livre si fervent de M. Moreau-Nélaton, monument définitif élevé à la gloire du Maître, on aperçoit au cours du récit de cette noble existence, l'intime correspondance entre la vie de l'homme et son œuvre, entre ses qualités morales, sa simplicité, sa bonhomie, sa hauteur d'âme et la poésie de ses tableaux. Tout peintre qui n'est pas en quelque façon poète est un mauvais peintre. Il faut peindre comme Corot, avec les yeux et avec le cœur. Et peut-être vaudrait-il mieux que la Raison restât plus souvent derrière la toile.

LE SOLEIL[1]

La notion du Soleil évolue. C'est, depuis Monet, le dieu de la peinture moderne ; les Impressionnistes furent ses premiers fidèles ; les Néo-Impressionnistes, plus tard, instituèrent en son honneur toute une liturgie. Or, voici que dans cette liturgie s'introduisent des rites nouveaux et que, de plus en plus, le dogme d'origine savante emprunté par Seurat et Signac aux doctrines optiques de Chevreul devient suspect à la majorité des jeunes ; il cesse de s'imposer à leur impatience de toute règle, à leur insatiable besoin de subjectivité ; et c'est parce qu'il ne satisfait plus les enthousiasmes de néophytes exaltés qu'il périt, pourrait-on dire, victime de son propre mysticisme.

C'était vers 1885, à l'époque des premières expositions des Indépendants. Les Impressionnistes commençaient d'exercer une influence ; on ne pouvait plus nier l'immense talent de Claude Monet, dont toute l'œuvre est un perpétuel cantique à la louange du Soleil, comme ses *Séries* en sont les litanies. Il semblait qu'avant les Impressionnistes la Peinture eût ignoré les joies de la lumière : toutes leurs qualités d'art s'effaçaient devant cette découverte qu'on leur attribuait. Je me souviens d'avoir discuté là-dessus avec Pissaro : je lui disais que j'avais vu au Musée de Sienne qu'un certain Giovanni da Paolo avait, dès le xve siècle, représenté le soleil par des fonds d'or sur lesquels s'allongeaient de longues ombres grises. (J'ai vu depuis, sur les murs de Pompéi, des paysages ensoleillés avec des ombres bleues sur des architectures.) Mais Pissarro n'ad-

1. *L'Ermitage*, 15 décembre 1906.

mettait pas qu'on lui déniât, à lui et à ses camarades, le mérite de la découverte. Claude Lorrain ? « Il n'avait jamais peint avec le soleil dans le dos », c'est-à-dire face aux objets éclairés. Turner, sans doute, était un précurseur, un éblouissant romantique ; mais il n'avait jamais, lui non plus, placé son chevalet en plein midi pour prendre directement un effet de soleil cru. Les Impressionnistes nous avaient, en tout cas, bien réellement révélé une sensibilité nouvelle, et une méthode pour traduire par des contrastes de teintes des audaces de lumière assez éclatantes. A l'époque dont je parle, les peintres du Salon, qui les avaient longtemps méprisés, leur empruntaient le facile secret des contrastes et de ces teintes claires, voire quelques-uns de leurs procédés d'exécution ; on ne voyait plus que des tableaux « lumineux » et des ombres violettes. Même, au concours de Rome, un des concurrents, M. Eliot, fit scandale en présentant une Nausicaa toute fleurie de mauves et d'orangés. La technique lumineuse se vulgarisait.

L'effort de Seurat et de Signac fut donc d'en préparer l'évolution en en fixant scientifiquement les principes et la théorie. Ce furent des réformateurs qui sauvaient l'orthodoxie.

Il est regrettable que le Salon d'Automne, auquel, nous devons de si curieuses initiatives, n'ait pu encore nous montrer un ensemble d'œuvres néo-impressionnistes. La comparaison eût été intéressante, par exemple, avec cette monotone exposition de 1904, où figurèrent des œuvres de Maufra, Loiseau, Moret, etc., — les « Durand-Ruel » ; — ou encore avec les « Matisse » de cette année.

C'est qu'en effet à côté du système savant, mais limité, des néo-impressionnistes, le culte pittoresque du Soleil avait suscité d'autres méthodes moins raisonnées, plus subjectives, entre lesquelles le lyrisme d'un Vincent Van Gogh éclate avec une fougue et une exaltation singulières. Lorsque les Indépendants, il y a deux ans, réunirent face à face l'œuvre de Seurat et l'œuvre de Van Gogh, on put juger l'extraordinaire divergence de ces deux arts exactement contemporains : d'un côté de froids soleils, décolorés, livides, d'un charme et d'une douceur de nuances incomparables, supérieurement harmonisés, composés selon des rythmes parfaits dans le plus strict équilibre ; de l'autre une ronde échevelée de rayons ivres, un bourdonnement de couleurs exaspérées, toutes les fantasmagories, tous les vertiges de la lumière ; des moyens capricieux et divers, une exécution tumultueuse ; en somme, je l'ai dit déjà ici même, une œuvre géniale, parfois belle, mais d'un périlleux exemple.

Il arriva donc que, plus confiants dans les suggestions de leur propre goût que dans les formules scientifiques des artistes, des chercheurs se mirent à traduire la lumière par des moyens moins paradoxaux que ceux de Vincent, mais tout aussi empiriques ; et, par exemple, ils contestèrent la valeur de ce perpétuel contraste de jaune clair ou d'orangé pâle et de violet, et s'affranchirent de la superstition des complémentaires. On vit récemment chez Bernheim, des panneaux décoratifs de Vuillard où la sensation du soleil résultait d'un conflit de valeurs, du contraste aigu de deux tons presque neutres, mais de gammes très différentes. Roussel tenta de représenter, avec un peu de fusain écrasé sur du papier gris et quelques notes de craie, le soleil de Provence. Ce sont là des symptômes d'un nouvel état d'esprit. Mais le plus significatif, c'est à coup sûr l'exposition des « Matisse » que montre cette année le Salon d'Automne entre les noirs Courbet et la salle vraiment vénitienne de Gauguin.

Les « Matisse » — il est bien entendu que Matisse lui-même et quelques-uns de ses disciples comme Friesz, sont doués d'une remarquable sensibilité — rivalisent d'éclat et s'efforcent de créer de la lumière. Ce qu'ils nous restituent du Soleil, c'est le trouble rétinien, le frisson optique, la pénible sensation d'éblouissement, le vertige que donne en plein midi d'été un mur blanc ou une esplanade. Leur esthétique permet qu'ils tentent de nous aveugler. Ils ne reculent devant aucune crudité d'éclairage et, pour le rendre, devant aucune cruauté de couleur. Des touches multicolores sur un fond de toile blanche, une tache, un trait, un rien de couleur pure suffisent à signifier toutes les brutalités de la lumière solaire. Que nous sommes loin des Plages du Nord ou des Bords de la Seine de Seurat ! Que les *Meules* de Monet étaient sages ! Mais ce qu'il faut remarquer surtout, c'est à quel point le procédé — je ne dis pas technique, c'est trop évident, mais optique — est différent. Outre l'extrême simplicité de l'exécution, observons que rien ne reste de la théorie impressionniste. C'est le chromatisme avec toutes ses nuances, ses sautes de tonalités, ses dissonances, ses oppositions de couleurs pures et de gris neutres qui se substituent à l'emploi de la vieille gamme diatonique de Chevreul.

Tous les caprices de l'intervention individuelle se donnent désormais libre cours. Il semble que cette anarchie se manifeste avec d'autant plus de variété que le dogmatique néo-impressionniste était plus précis et plus ordonné. La grande tentative de reconstruction d'un art nouveau, basé sur la science, et qui allait jusqu'à déterminer avec Ch. Henry le *sens des formes*, à proposer un criterium mathématique de beauté ; qui soumettait à des lois fixes, inexorables, de contrastes de ton et de teintes, tous les effets possibles de la nature ; l'essai d'une réglementation scientifique de l'art destinée en somme à restituer en faveur de l'artiste moderne isolé et désemparé le secours de l'expérience d'autrui, et à lui procurer cette sorte de réconfort que trouvaient les artistes d'autrefois avec la certitude, dans la tradition et la communauté de foi esthétique ; ce grand effort aboutit à la réaction d'empirisme et d'agnosticisme que nous constatons aujourd'hui.

L'erreur des uns et des autres, notre erreur à tous, ç'a été de chercher avant tout la lumière. Il fallait chercher d'abord le royaume de Dieu et sa justice, c'est-à-dire l'expression de notre âme en Beauté, et le reste nous eût été donné par surcroît. Il n'est pas important de rendre ou de ne pas rendre l'éclat véritable du soleil, de lutter avec lui de luminosité : les pigments que nous employons et qu'on eut le grand tort d'assimiler aux couleurs du spectre, ne sont que des boues colorées, qui ne restitueront jamais la grande lumière du soleil. Ce qui importe, c'est qu'un tableau constitue une harmonie de couleurs. La décoloration où nous entraîne fatalement la recherche de la lumière, n'a-t-elle pas appauvri la peinture moderne ? Un Vénitien somptueux et sombre, avec ses mille rapports et son unité, n'est-il pas plus satisfaisant que nos tableaux pâles et acides, lesquels ne sont le plus souvent en somme qu'échantillonnage de tons purs avec mélange de blanc ? La peinture vénitienne ne contient-elle pas, après tout, plus de soleil que la nôtre ? Le soleil peut donner lieu aux plus riches interprétations, aux plus sombres harmonies. Et s'il est vrai que la *Ronde de nuit* est un effet de soleil, il n'est pas douteux non plus que la plupart des grands Véronèse, plusieurs Titien et Tintoret sont aussi des compositions issues d'une émotion de soleil, et qu'elles traduisent supérieurement sinon l'éclat aveuglant de la lumière, les colorations qu'elle exalte, la chaleur et la beauté dont elle enveloppe tout. Dans le Midi on ferme les volets, et on se garde du trop grand éclat du milieu du jour. Dieu sait cependant si l'on y aime le soleil ! Les Vénitiens l'aimaient autant que nous, mais de même qu'ils interprétaient la forme humaine, les draperies, les architectures, selon leurs besoins d'expression et d'harmonie, ils substituaient à l'intraduisible magie de la lumière, l'équivalente magie de la couleur, plus faite pour le plaisir des yeux, plus conforme aux principes de l'art. C'est ce qu'a bien exprimé Cézanne, lorsqu'il disait : « J'ai découvert que le soleil est une chose qu'on ne peut pas reproduire, mais qu'on peut représenter » ; et c'est ce qu'on aperçoit dans les paysages du maître provençal et dans ses compositions qui évoquent si pleinement le souvenir des grandes œuvres vénitiennes.

Gauguin, le plus notoire des disciples de Cézanne nous enseigne plus clairement encore, qu'il y a quelque chose de plus puissant que le soleil : c'est cette faculté maîtresse — la Reine des Facultés, selon Baudelaire — celle qui choisit, qui décide et qui élucide, qui fait d'une sensation confuse une œuvre d'art, et qui reconstruit le monde à l'image de l'homme ; Gauguin a mis au service de la doctrine des équivalents, ou Symbolisme, l'imagination la plus riche et la plus abondante ; et comme il a su trouver pour traduire ses émotions d'admirables signes, il n'a pas manqué de créer les plus somptueuses harmonies de couleur pour représenter le soleil. Tous les Gauguin ou à peu près sont des effets du soleil. La plupart ont été peints devant une nature tropicale toute baignée de la plus éclatante lumière. Cependant vous ne savez pas en les regardant si le soleil est à droite ou à gauche, ni quelle heure du jour il est, ni de quel côté « il faut tourner son ombrelle », comme disait je crois Mme Morisot devant des Monet. Vous distinguez mal ce qui est au soleil de ce qui est à l'ombre, il n'y a ni violet ni orangé clair. Comme chez les Vénitiens, la lumière est devenue de la couleur [1]. Le soleil n'est plus ici un simple phénomène d'éclairage, c'est un mythe de beauté, un foyer d'harmonie, un incomparable vêtement dont la nature s'habille. Loin de décolorer les objets, il en exalte les teintes, les porte au paroxysme ; il favorise l'art du peintre, autorise tous les excès de la couleur. On pense à Delacroix et l'on est frappé de la similitude des méthodes. Les coloristes n'aiment pas la peinture claire. Et peut-être que pour retrouver dans une œuvre d'art, aussi réelle que chez Gauguin, la présence du soleil, il faut remonter jusqu'à l'art du vitrail gothique, jusqu'aux tapis d'Orient.

« Le soleil est une chose qu'on ne peut pas reproduire, mais qu'on peut représenter. » Je revois par le souvenir l'étroite et ombreuse rue d'Aix en Provence, où Cézanne, ce printemps passé, nous expliquait l'objet de ses recherches et de son effort, la lumière, cette insaisissable chimère de tout l'art moderne. Et il nous montrait tantôt l'éclat bouillonnant du ruisseau, véhicule incolore de paillettes lumineuses, tantôt le faîte des maisons et les toits rutilants de soleil. Admirable formule qui résumait en le contraste de ces deux mots : *reproduire* et *représenter*, notre doctrine du Symbolisme pictural, non littéraire — le Symbolisme des *équivalents* — opposée au vain effort de copie directe des photographes de l'École des Beaux-Arts, et des naturalistes de l'école du « Tempérament ». Admirable et didactique formule ! Tout l'art consiste à nous représenter nous-mêmes, à traduire nos sensations en beauté, à faire avec du soleil, de la couleur. La jeune peinture cherche évidemment à s'évader de la copie directe. Les équivalents, les formules qu'elle crée sont peut-être trop schématiques ; mais c'est la bonne méthode.

Certes nous n'avons pas encore retrouvé une attitude normale vis-à-vis de la nature. Nous nous attardons au trop facile exercice des annotations, aux jeux innocents d'une sensibilité capricieuse. Elle n'est encore que le substratum un peu vague et fantomatique de nos subjectivités, elle échappe à notre étreinte,

---

1. J'ai observé que le jeu des ombres et des lumières ne formait nullement un équivalent coloré d'aucune lumière... La richesse d'harmonie, d'effet, disparaît, est emprisonnée dans un moule uniforme. Quel en serait donc l'équivalent ? La couleur pure !   (P. Gauguin, cité par M. de Rotonchamp).

et c'est peut-être que nous ne savons la saisir que dans le cha-
toiement et la subtilité de ses apparences, que la lutiner et la
chatouiller. Tout autres et autrement féconds étaient les rapports qu'un Titien par exemple entretenait avec la nature. Ah!
que l'art classique était donc mâle et généreux !

LIBERTÉ ÉPUISANTE ET STÉRILE[1].

Les Indépendants ont fait depuis vingt-trois ans une expérience complète et concluante de la démocratie. Tout ce qui peut prétendre au titre d'œuvre d'art y a été exposé librement, égalitairement. Ç'a été le triomphe de ce qu'Adrien Mithouard[2] appelle le numérisme : système d'individualisme absolu, de nivellement mathématique où les individus et les œuvres sont considérés comme exactement égaux et interchangeables, comme des unités équivalentes. « Les nombres, il est vrai, pourraient être élevés à des puissances. Mais les puissances supposent les racines ! Les indices demeurent donc proscrits, car ils favoriseraient la formation d'une hiérarchie nouvelle » (A. M.). C'est pourquoi on a été jusqu'à supprimer les groupements par école ou par sympathie. Oui, l'expérience a été rigoureuse. Le résultat maintenant apparaît. La théorie de la porte large substituée à la porte étroite des anciens jurys a favorisé surtout l'envahissement, la mise en lumière des médiocrités.

Au début, un petit nombre de révoltés pleins d'idées et d'énergie, toujours refusés, honnis et bafoués, ont eu le grand honneur de vouloir une institution qui leur permît d'exposer leurs ouvrages, d'atteindre et de convaincre le grand public. Une élite d'audacieux, une minorité pensante, en un mot une aristocratie, pour sauver son effort et sa foi, s'est insurgée contre la tyrannie du jury : elle a bénéficié du préjugé numériste : A égale A, un homme en vaut un autre, un tableau en vaut un autre. Afin d'exposer, cette élite a dit : « Tout le monde exposera ! » C'était, ne l'oublions pas, le principe des

<hr>

1. *La Grande Revue.* 10 avril 1908.
2. Adrien Mithouard : *Les Pas sur la Terre* (P. V. Stock).

« Expositions de la Jeunesse » qui se faisaient au xviiie siècle
sur la place Dauphine, le jour de la Fête-Dieu, et, où débu-
tèrent Oudry, Lancret, Chardin, Boucher... principe théori-
quement fort juste, à condition d'être limité, par une organisation professionnelle ; et d'ailleurs vers 1885, les circonstances
l'imposaient. Mais, au lieu que les Expositions de la Jeunesse
étaient heureusement acceptées du public de la vieille France
habitué à toutes les audaces corporatives, l'institution des Indépendants fit scandale. Il fallait être à tout le moins un échappé
de la Commune pour avoir l'idée d'une exposition sans Jury.
On osait à peine, à cette époque, avouer devant les « bourgeois »
qu'on exposait aux Indépendants : cela sentait la bombe et la
propagande par le fait. Or, ce sont aujourd'hui les bourgeois
qui envahissent les Serres. L'élite du début disparaît, confondue
dans une foule moutonnière, assujettie à l'usage de la liberté
comme elle le fut naguère aux préjugés de l'École et à la
hiérarchie officielle. Le succès a tout gâté.

L'évolution des idées a été telle, depuis vingt ans, que ce sont
maintenant les Salons officiels qui sont en défaveur. Parmi les
sept mille envois de cette année, il y a peut-être un millier de
toiles de professionnels : le reste a été peint par des amateurs.
Il est devenu de bon ton d'envoyer aux Indépendants : cela est
même très Saint-Thomas-d'Aquin : des femmes du monde
exposent entre leur concierge, leur médecin et leur professeur.
— Car il y a toujours des professeurs, et surtout des professeurs d'anarchie. Toute doctrine, toute autorité, toute tradition
étant abolies, il y a tout de même des gens qui font des barri-
cades. C'est l'esprit même de la démocratie : à la théorie sub-
versive d'hier se substituera demain une théorie plus subver-
sive encore : ce que nous appelons l'évolution des idées n'est
qu'une perpétuelle surenchère.

Déjà un ancien parmi les jeunes et comme tel, *laudator tem-
poris acti*, j'ai la fierté d'avoir participé aux expositions du
Pavillon de la Ville de Paris, à l'époque héroïque des Indépendants.

Certes, nous avions déjà hélas ! la mentalité anarchiste, mais
nous n'avions pas encore la superstition de l'inachevé et du
moindre effort. Dans cette atmosphère de bataille, les rires de
la foule exaspéraient, sans espoir de succès prochain, notre jeune

volonté. Il y a maintenant trop d'esquisses, trop d'études vagues et d'improvisations ; on abuse de la nature morte et du paysage : on les exécute, semble-t-il, assez vite et facilement. La formule du paysage impressionniste se trouve en particulier aux Serres, répétée jusqu'à la satiété. C'étaient des affirmations réfléchies, et non pas des pochades, que nous entendions livrer aux critiques d'un public hostile. Alors, on ne décrochait pas au hasard, du mur de l'atelier, quelques études très peu faites pour composer un envoi. Les expositions étaient rares : les Salons étaient bien défendus ; les marchands, timides ; les grandes galeries s'ouvraient à peine à Monet, à Degas, à Renoir ; et les Cézanne ne se vendaient à aucun prix.

On envoyait donc de préférence aux Indépendants des œuvres importantes. Aujourd'hui on envoie de petites ébauches. Et d'ailleurs la place manque. Quelque vastes que soient les Serres, devant le succès d'adhésions toujours plus nombreuses, il a fallu multiplier les surfaces d'accrochage, construire des boxes de plus en plus resserrés, où les grandes toiles ne peuvent trouver place. Je songe que la *Grande Jatte* de Seurat serait maintenant refusée aux Indépendants. Le jour n'est pas éloigné où il faudra limiter encore le nombre des envois, restreindre la mesure des toiles ; et l'on ne pourra finalement exposer que des dimensions de carte postale.

Pourtant ce régime de liberté et d'égalité, basé sur un respect exagéré de l'individu, n'a pas accru le nombre des individualités intéressantes. Il l'a plutôt diminué. Le petit nombre des élus n'a guère varié. Pour quelques talents originaux, il est « une vaste population de médiocrités, singes de races diverses et croisées qui cherchent à se faire un caractère par un système d'emprunts contradictoires ». Je cite ici, qu'on me le permette, cet admirable Baudelaire, le plus grand des critiques d'art, auprès de qui Vasari n'est qu'un chroniqueur et Diderot qu'un journaliste. « C'est pourquoi, — écrivait Baudelaire en 1846, déjà ! — il eût mieux valu, dans l'intérêt de leur salut, et même de leur bonheur, que les tièdes eussent été soumis à la férule d'une foi vigoureuse ; car les forts sont rares, et il faut être aujourd'hui Delacroix ou Ingres pour surnager et paraître dans le chaos d'une liberté épuisante et stérile.

« Les singes sont les républicains de l'art, et l'état actuel de la peinture est le résultat d'une liberté anarchique qui glorifie l'individu, quelque faible qu'il soit, au détriment des associations, c'est-à-dire des écoles.

« Dans les écoles *qui ne sont autre chose que la force d'invention organisée*. les individus vraiment dignes de ce nom absorbent les faibles ; et c'est justice, car une large production n'est qu'une pensée à mille bras.

« Cette glorification de l'individu a nécessité la division infinie du territoire de l'art. La liberté absolue et divergente de chacun, la division et le fractionnement de la volonté humaine ont amené cette faiblesse, ce doute et cette pauvreté d'invention ; quelques excentriques, sublimes et souffrants, compensent mal ce désordre fourmillant de médiocrités[1]. »

Cette belle page, qui semble écrite d'hier, résume merveilleusement l'erreur des Indépendants — et de l'art moderne. Tous ceux qui réfléchissent, quelques-uns sans oser se l'avouer, pensent de même. Mais comment croire, dans le désarroi dont témoignent nos expositions, à la possibilité d'une école ou d'un ordre meilleur? La nouvelle tradition que nous espérions n'est pas encore née. Il y a des vagissements parmi des ruines. Quoi qu'il en soit, puisque la Société des Indépendants provoque les mélancoliques réflexions que voici, c'est donc qu'elle correspond authentiquement à l'état d'esprit des jeunes artistes, qu'elle en est l'organisation nécessaire ; elle systématise les tendances anarchistes, la lassitude et l'incohérence de notre art : il faut lui savoir gré d'en être toujours le fidèle miroir, malgré les bourgeois et les « singes ». En attendant qu'elle restreigne aux seuls professionnels le bienfait de la libre exposition, et qu'elle invente quelque chose d'équivalent à l'ancienne maîtrise et à l'ancien chef-d'œuvre, constatons du moins qu'elle nous révèle l'immensité du chaos où l'art d'aujourd'hui s'épuise, et qu'ainsi elle nous incite à de salutaires réflexions.

*
* *

J'en demande pardon d'avance à mes camarades des Indépendants. Si j'ai assumé, trop souvent déjà, le rôle ridicule du

1. Baudelaire : *Salon de 1846.*

peintre qui critique les autres peintres, c'était pour défendre les idées chères auxquelles je crois. Je leur propose maintenant. avec l'assurance d'un professeur, des opinions qui ressemblent à des conseils. Qu'ils s'efforcent de comprendre à travers les exemples particuliers qu'ils me fournissent, les généralités par où je crois qu'on peut rejoindre la tradition et tendre vers le style. C'est des jeunes, d'ailleurs, et uniquement de ceux qui cherchent, qu'il sera question ici.

Donnons d'abord le salut aux anciens : à Signac qui poudre de tous les ors de Blokx le féerique souvenir de Constantinople : à Cross, toujours amoureux des rutilances et des sonorités du midi ; à Luce, cette année, heureux décorateur des vases de Methey : au grave Sérusier, dont les décors légendaires veulent de plus vastes dimensions ; à l'exquis Bonnard des cabinets de toilette et des miroirs indiscrets ; à Vallotton, perspicace admirateur des voluptés du *Bain turc* ; au Lemmen des jolis intérieurs, au Lebasque des soleils nuancés ; à Guérin, en perpétuel progrès, le plus conscient des peintres quant à ses moyens et son but ; à Laprade, dont nous aimons surtout une charmante figure de femme en rouge dans un paysage : à Valtat qui maçonne de fortes et grises synthèses de soleil : à Flandrin, le bon poète des pastorales et des vallées dauphinoises ; à Rouault, qui voit maintenant la vie en clair et renouvelle de couleurs joyeuses le style de ses figures, dessinées à coup de faux traits et de fougue : à Rousseau enfin, notre impayable primitif, dont j'admire ici un beau tapis de verdure digne à la vérité d'une exécution meilleure, mais pleine d'invention, et composé.

Manguin a une palette brillante, un heureux parti pris de tout traduire par de la belle couleur. Son dessin n'a pas encore assez de plasticité : cependant il s'améliore ; il n'est pas non plus assez voulu, assez délibéré : ses figures ont toujours l'air d'avoir été dessinées au cours de croquis. Une grande femme nue, de dos, vue chez Druet, mieux que les toiles exposées aux Serres, le montre préoccupé de plus de style. Qu'il dessine avec application et scrupule et qu'il s'efforce de nous donner la mesure actuelle de son talent par quelque grand tableau de baigneuses ensoleillées.

Je suis avec un intérêt égal le développement du talent de

Puy. Je lui reproche aussi de ne nous montrer que des morceaux alors que ses qualités sont celles d'un peintre de grands ensembles. Marquet nous doit aussi, avec ses dons merveilleux, sa finesse, son sens naturel de la mise en place, des œuvres plus importantes.

M. Matham se souvient de Daumier ; il n'importe. Ce ne sont encore que des esquisses, mais des esquisses très établies et qui révèlent un tempérament.

M. Albert Braut a d'exquises figures nuancées ; il a profité de la leçon de Cézanne, mais seulement pour ce qui regarde le modelé ou mieux la modulation des formes. Avec cette grâce et ce métier, il pourrait être un Guérin plus tendre... Or Guérir est toute affirmation, et il semble qu'il y a ici quelque chose d'esquivé. Ces réflexions s'appliquent à peu près également aux poétiques figures de M. Blanchet. M. Suc aime depuis quelque temps la nature, ou du moins il en dit bien mieux le charme et l'émotion ; regardez cette *Femme au Miroir* : cela ne ressemble plus guère aux froides inventions de naguère. M. Ch. Martel rappelle E. Bernard. M. Marcel Roll a l'audace de la couleur pure et la timidité du dessin ; il s'y contente d'à peu près. On connaît le talent de M. Sickert, et sa science de l'obscurité. M. Manzana est un décorateur qui a aimé Gauguin : son art de composition et de dessin est supérieur au clinquant de ses procédés. M. Zak dessine comme un vrai primitif, j'aime ses intérieurs avec des fleurs en papier dans les vases, et ses vieilles têtes de marins pensifs.

Je trouve chez un jeune, M. Marinot, l'espoir de plus d'expression. J'avais horreur de son dessin photographique ; il me semble qu'un peu de vie est entrée dans ces formules sèches. Sans doute ce genre de chromatisme a besoin de se surveiller : mais il y a là des petits enfants nus qui ont été vus sans théorie, avec simplicité et amour, et qui alors, sont d'une bien meilleure couleur et d'un plus beau dessin.

C'est parce que les femmes, quelques-unes du moins, consentent à nous laisser voir leurs attendrissements, qu'elles ont souvent tant de charme. M\u1d50\u1d49 Baudot s'efforce de rendre la lumière du soleil d'Alger, mais son art, issu de l'impressionnisme, et son amour, que j'apprécie, du bleu, s'accommodent mieux des douceurs de l'Ile-de-France. Il y a d'elle une belle nature-morte, melon et aubergine, où paraissent toutes ses qualités coloristes. Mlle Gobillard aime les bébés, les tulipes et la saveur des verts délicats. Les bois de Mlle Alice Bally, une débutante je crois, sont aimables ; elle tresse des cadres de corde ; elle a un joli paysage clair. Les odalisques de Mlle Bernouard sont d'une belle couleur fatiguée. Mme Marval veut faire des tableaux. L'exécution en est lourde autant que le sujet en est délicat. Il y a des déformations inutiles ; je sais tout ce qu'on peut dire. Il reste que cela est harmonieux et construit, construit en tant que composition. Une telle morbidesse de ton ; des accents piqués avec goût, comme des fleurs sur un chapeau ; la fraîcheur de la sensation conservée malgré la trituration et la surcharge laborieuse des pâtes ; un sens vraiment féminin de l'enfance, de ses gestes et de ses naïvetés : tout cela est d'un talent rare, à qui on peut bien passer quelques négligences.

Cherchons encore des jeunes. M. Mainssieux est élève de Jules Flandrin : il expose une excellente étude de tête et de tendres paysages dauphinois. Les poètes, M. Ghéon, M. Klingsor, affirment dans de prosaïques natures-mortes, des ambitions de peinture pure. M. Ghéon surtout est étonnant. On me dit qu'il débute. Il sait déjà disposer un beau désordre, grouper des pommes. Il est d'une grande habileté technique. Qui est M. Raudnicht ? Il y a des qualités chez ce primitif qui arrive de Sienne après avoir connu Épinal et les Scandinaves. Les *gosses* de M. Manusson, fouillis savoureux de couleur, sont aussi un bon début. De tous ceux qui font du Castelucho, c'est M. Castelucho qui est le meilleur : voyez le *Coup de vent*. Son école est nombreuse. Aux efforts individuels signalés plus haut, opposons une suite de jeunes qui répètent à satiété une heureuse mais courte formule. Est-ce donc ainsi que reparaît aux Indépendants la notion d'école ? Trouverons-nous ici « la férule d'une foi vigoureuse » que vantait Baudelaire ?

M. Castelucho a, croyons-nous, une académie, et M. Matisse en a aussi une ! Ce sont les deux jeunesses ; elles symbolisent notre malentendu actuel. L'une, pour qui l'apprentissage de la peinture consiste dans l'imitation d'un coup de pinceau, dans la réussite d'un tour de main, dans des recettes de pur métier, — enfin dans quelque chose de concret et de médiocre. L'autre veut tout ignorer de la pratique matérielle, et tout attendre du raisonnement et des théories : elle croit que l'inspiration ou la sensibilité suppléent à toutes les maladresses de la main. Pour les uns, l'art est un sport, pour les autres une idéologie. Il n'y a pas de conciliation. S'il se pouvait établir quelque compromis entre cette pratique et cette intellectualité, peut-être aurions-nous une école. Joindre ce cerveau, même fumeux, et cette main, même virtuose, pure hypothèse ! Car je ne préfère pas les audaces de pensée de l'école de Matisse, et je n'aime pas mieux le pauvre métier de l'autre école.

Une chose cependant les réunit et les apparente en quelque façon aux anciennes disciplines. C'est le peu de cas qu'on y fait, et avec raison dans une école, de la nature. La nature, c'est votre affaire à vous, élève ! Là réside votre véritable, votre unique originalité. Les Écoles ont disparu le jour où, en s'appelant académies, elles sont devenues des ateliers où l'on ne faisait que copier le modèle vivant, l'*académie*, où l'on n'apprenait que la nature. On a voulu y enseigner à voir et à copier. Sans doute le professeur peut apprendre à tracer des lignes, à faire des tons, à peindre, à composer et à réfléchir. Il peut donner son opinion sur la beauté, s'il est digne d'en avoir une. Mais il ne doit, en aucun cas, substituer sa vision, sa sensibilité, enfin sa nature à lui, à celle de ses élèves. La nature devrait disparaître de l'enseignement. Il n'en est pas question dans les traités des anciens maîtres. Peut-être alors les élèves l'aimeraient-ils davantage et avec plus de spontanéité ; et nous ne verrions pas ce spectacle incroyable des peintres qui prolongent indéfiniment leur rhétorique — et souvent quelle rhétorique ! — sans jamais traduire la moindre parcelle de vérité, ni une sensation, ni un battement de cœur. Malheur à qui apprend la nature : mais plutôt malheur à qui n'en apporte en naissant le goût fervent et la passion tyrannique !

Or si je continue mon parallèle, je vois que les uns ne veulent que faire du Castelucho et les autres de la géométrie.

Ce sont des géomètres, ils triangulent le corps humain et surtout le corps féminin où, précisément, ils soulignent volontiers certain triangle noir. M. Braque, M. Van Dongen, M. Czobel, M. Derain ont évidemment peu de souci de la nature, et horreur de la beauté gréco-latine. Ils oublient trop, en outre, que « la fin de l'art est la délectation ». Gauguin et ses

Taïtiennes sont un peu responsables de cet enlaidissement des formes, de ces pieds quadrangulaires à quatre encoches. Mais l'exotisme de Gauguin avait une si forte odeur de nature ! Ce brutal parfum est ici évanoui. M. Derain, qui a des dons de décoration, sait-il que même les Océaniens et les sauvages de toutes les latitudes ne méprisent ni la Nature, ni la matière de l'œuvre d'art? Que s'il cherche en dehors de notre tradition occidentale l'aliment de son art, je lui conseille de voir au *British Museum* les admirables sculptures du Bénin : ce sont des bronzes de la plus belle qualité, et le geste humain, parfois même le costume, y est traduit avec un scrupule inouï de la vérité. S'il ne goûte que les synthèses abstraites, je le prie de considérer les motifs de décoration des Indous ou des Javanais : ce ne sont pas des esquisses improvisées, ce sont des œuvres mûres et achevées, elles ont toute leur plénitude de galbe, de proportion, de mesure, enfin de beauté : des formes abstraites, mais plastiques. Même en dehors de toute idée de nature, dans le domaine de l'ornement pur, il y a des lois, des nécessités, et ce n'est pas seulement la sensibilité, mais la raison, qui est ici en défaut.

M. Girieud a la maladie du style : lui non plus ne regarde pas autour de lui. Que retient-il des spectacles de la nature? Il a été à Sienne et il n'en a rapporté que le souvenir d'une silhouette synthétique de ville aperçue dans des fresques de primitifs. Ses partis pris de synthèse deviennent de plus en plus violents. Ah ! qu'il soit moins dur avec lui-même, qu'il se relâche de cet ascétisme idéologique, ah ! qu'il laisse entrer un peu de vie et de douceur dans sa peinture !

M. Metzinger avait essayé du pointillisme : il a trouvé cette année quelque chose d'encore plus systématique, où il n'y a plus ni couleur ni forme.

Il y a plus de simplicité chez Bérény. Malgré d'étranges apparences, sa bizarre petite femme aux jambes boudinées est assez vivante et colorée. Le portrait est peint, et ce qui est mieux, il est dessiné : la laideur en est expressive.

L'effort de M. Friesz reste abstrait, mais il a de l'ampleur et de la noblesse. Ce jeune homme si doué pour le paysage d'impression et pour la couleur brillante a eu le courage de chercher une grande composition avec figures et, pour l'harmoniser, d'en fatiguer la couleur jusqu'au gris. J'apprécie cette volonté classique. C'est peut-être avec le *Bain* de Vallotton le seul tableau qu'il y ait dans les deux Serres. Ce qui apparaît ici, d'ailleurs, c'est beaucoup moins l'influence de Matisse que celle de Cézanne! On retrouve sa méthode incertaine, ses déformations hésitées, ses brutales affirmations, et aussi un peu de sa grandeur. Il est juste de terminer cette promenade aux Indépendants sur le nom de Cézanne, premier initiateur de toutes les recherches du style.

ARISTIDE MAILLOL[1]

I. LE DON CLASSIQUE. — C'est l'honneur de la sculpture française que l'art d'Aristide Maillol trouve son épanouissement et son succès dans le même temps que la gloire immense de Rodin nous domine encore de tout son prestige. Rodin nous a imposé ses façons aiguës de sentir, son goût de la beauté dynamique, du caractère et de l'expression, surtout son style : un style à lui, fougueux et compliqué, passionné, tendu vers l'étrange, et pour tout dire empreint de Romantisme. Il aura eu sur notre époque une influence comparable à celle de Richard Wagner : il est le chef de l'école moderne, tous les novateurs procèdent de lui. Or voici qu'un nouveau Maître nous découvre un autre idéal, d'autres beautés dont la sensualité naïve, la simplicité, la noblesse sans apprêt relèvent plutôt du goût classique, et qui ont la saveur d'une eau fraîche et très pure.

Son art est essentiellement un art de synthèse. Sans y avoir été amené par nulle théorie, par quoi que ce soit d'autre que son propre instinct, il a pris part au mouvement néo-classique dont il faut chercher l'origine récente autour de Cézanne et de Gauguin. Les terres cuites et les bois sculptés du Maître de Tahiti, non plus que les cartons de tapisseries d'Émile Bernard n'ont pas été sans influence sur sa formation. Ce sont les manifestations du groupe Synthétiste en révolte contre le réalisme éclectique des Académies qui ont éveillé chez Maillol, élève de Cabanel, sa véritable nature.

Mais cette simplicité, ce grand style que nous cherchions parmi les paradoxes, et que nous ne trouvions qu'à force de systèmes, Maillol les découvrit presque sans effort, en lui-même.

[1]. *L'Occident*, novembre 1905.

Il sut rejeter facilement les mesquines préoccupations, les préjugés de l'enseignement académique, et il arriva tôt à réaliser en toutes matières des œuvres de beauté vraiment synthétique.

Tout artiste qui réfléchit en vient tôt ou tard à préférer cette beauté-là à toute autre. L'idéal de l'Art c'est de condenser, de résumer en un petit nombre de formes claires et concises les rapports infiniment variés que nous percevons dans la Nature. C'est de réduire à de l'essentiel nos sensations les plus particulières, c'est de faire du simple avec du compliqué.

Sur la fin de leur carrière, un Degas, un Rodin, un Renoir renonçant aux subtilités pourtant savoureuses de leurs premières manières, élargissent leur métier, abrègent, simplifient, sacrifient. Qui d'entre nous, conscient de la vraie, de la seule difficulté de notre art, n'échangerait volontiers toutes les qualités qu'on voudra de goût, de sensibilité, de technique, pour ce don précieux qui est par excellence le don de Maillol, le don classique ?

II. DE L'ART CLASSIQUE. — Dans la notion d'Art classique, ce qui domine donc, c'est l'idée de synthèse. Pas de classique qui ne soit économe de ses moyens, qui ne subordonne toutes les grâces de détail à la beauté de l'ensemble, qui n'atteigne la grandeur par la concision.

Mais l'Art classique implique encore la croyance à des rapports nécessaires, à des proportions mathématiques, à une norme de Beauté, — soit dans le sujet de l'œuvre d'art (canon humain) soit dans l'économie de l'œuvre elle-même (lois de composition). Il comporte aussi un juste équilibre entre la nature et le style, entre l'expression et l'harmonie. Le classique synthétise, stylise ou, comme on voudra, invente de la Beauté, non seulement lorsqu'il sculpte ou lorsqu'il peint, mais encore lorsqu'il use des yeux, lorsqu'il regarde la nature. Tout objet qu'il considère il le recrée en tant qu'objet, il lui conserve sa logique essentielle en le transformant selon son propre génie. Et par exemple le sculpteur grec de l'École de Phidias n'esquive pas un modelé : en simplifiant, il ne supprime pas, mais telle est la mathématique dont il ordonne chaque détail qu'ils se perdent tous dans une suprême harmonie; le corps que son art imagine est objectif au point de paraître vrai, et cependant

la pensée de l'homme l'a construit, il a du style. Ainsi des éléments empruntés à la nature, le Classique fait non seulement
des éléments d'objet d'art, comme l'Oriental, le Romantique
ou l'Impressionniste, mais aussi des éléments d'une nature à
lui, idéale, intelligible et refaite à son image.

Le Classique a le goût de la Beauté objective. Il veut de la
raison partout, et partout de la vraisemblance. Il a de grandes
idées, de fortes impressions, il dégage la beauté idéale des objets ; mais le sens qu'il a du *général* se double heureusement du
sentiment du possible. En pliant la nature aux règles de son
esprit, il n'entend pas lui faire violence, il ne crée pas des
monstres : ses inventions sont robustes et harmonieuses comme
des objets naturels.

Or il semble bien que ce sont les Égyptiens et les Grecs du
v⁰ siècle qui ont créé les types de Beauté les plus généraux,
connu les meilleures proportions, introduit le plus de vie et de
réalité dans une conception purement architectonique du corps
humain. N'est-ce pas aussi ce que nous admirons, à d'autres
époques, chez les Maîtres sculpteurs et peintres du bassin de
la Méditerranée, chez les Mosaïstes de Rome et de Ravenne, chez
les Giottesques, chez Raphaël ?

III. CLASSIQUE GREC OU CLASSIQUE GOTHIQUE ? — Comme eux
Maillol s'efforce de créer des formes parfaitement belles et parfaitement simples. L'objet de sa sensualité, tout ce qu'il aime
dans la Nature, il l'inscrit dans quelques conventions qu'il a
inventées. Il construit ingénument, inconsciemment peut-être
— des synthèses classiques. Rien d'inutile ne charge la sobriété
de ses figures, dont quelques-unes ont la pureté des Tanagra.

Par sa naissance, par sa race, il appartient au Midi de la
France : il nous vient des bords de la Méditerranée dont les
flots bleus ont vu naître Aphrodite et inspiré tant de clairs
chefs-d'œuvre. Quelque Grec, son ancêtre, aura porté sur nos
côtes méridionales, avec le culte de la Beauté, celui de Pallas
Athéné c'est-à-dire de la Raison classique. Lui-même avec son
front bien construit, son nez droit, sa barbe rigide, il ressemble
à un certain guerrier du fronton d'Egine ; il évoque l'idée d'un
compagnon de l'industrieux Ulysse qu'une nymphe celtique

aurait retenu sur ces rivages. Originaire de Banyuls en Roussillon, où il passe chaque année les mois d'hiver, il a été élevé entre les Pyrénées et la Mer parmi les oliviers et les vignes. Là le soleil généreux entretient dans l'esprit des hommes je ne sais quelle jeunesse souriante. Ils sont propres à l'enthousiasme, ardents en paroles, enclins aux récits merveilleux. Qui a entendu Maillol chanter les mélodies du pays natal, en vanter le ciel, le soleil et le vin. celui-là sait quelles profondes racines le rattachent à la « chère terre de la patrie ».

C'est là qu'il a retrouvé la sagesse d'Ionie, là qu'il se conforme avec aisance aux traditions de la statuaire grecque.

J'entends dire d'autre part[1] que Maillol est un gothique. Voilà qui semble nous contredire. J'accorde, il est vrai. qu'il a la grâce, l'intimité, la sensibilité occidentales. Je conviens que son sentiment du réel nous touche plus directement que la perfection des Anciens ; il a la sérénité familière ; l' « incessu patuit dea » ne s'applique pas à ses figures nues ; son classicisme est plus près de nous, enfin c'est un moderne. Mais il faut s'entendre.

Pour moi, je ne partage pas ce préjugé des éducateurs officiels qui nous fait considérer notre Moyen-Age comme une époque obscure d'ascétisme et de barbarie. Le Christianisme, tout au contraire, éveilla la passion de la nature : l'art du Moyen-Age. tour à tour mystique et sensuel eut le sens très vif de ce qui est charmant dans les productions de la terre. Les chefs-d'œuvre de notre statuaire du xiiie siècle sont en tout comparables aux chefs-d'œuvre du ve siècle. Plus variés, plus vivants, plus expressifs, j'admets qu'on leur refuse le caractère d'humanité générale, et cette sorte de bestialité supérieure par quoi les statues de Maillol s'apparentent aux belles antiques. Mais du point de vue où nous sommes, à savoir du point de vue classique, convenons que les statues de Chartres par exemple sont d'un art aussi sobre, d'un style aussi châtié, d'un goût de proportion aussi pur que les plus belles figures grecques. Et il y a peu de représentations de la femme dans l'art du ve siècle, qui soient aussi savoureuses que nos Vierges gothiques, grasses et souriantes. On n'a pas dit la sensualité du

---

1. M. Jacques Blanche.

Moyen-Age : on n'a pas dit non plus à quelle perfection de forme
atteignit au xiiie siècle la statuaire française...

Je ne sais pas si Maillol synthétise à la façon des Grecs ou
bien des Gothiques : mais certainement j'aperçois chez lui ce
goût décidé de la nature et de la vie individuelle qu'il traduit,
comme les Imagiers des Cathédrales, par des affirmations sincères jusqu'à la déformation, jusqu'à la gaucherie. Il y a au
portail de Notre-Dame de Paris, dans l'Hérodiade de Rouen,
dans les quatrefeuilles d'Amiens, au tympan de la Brauthür
de S.-Sébald à Nürnberg, des rondeurs, de la grâce, des naïvetés qui sont du pur Maillol. En lui se concilient deux traditions
successives, le ve grec et le xiiie chrétien, deux arts qui ont
réalisé des types idéaux d'humanité, par la plénitude de la
forme.

IV. PLÉNITUDE DE LA FORME. — A quel degré Maillol a le sentiment de la forme, de la beauté d'une ligne, de la perfection
géométrique d'un volume, c'est ce qu'expriment bien ses
moindres ébauches, ses plus rapides croquis. Un simple trait
lui suffit à définir l'intérêt plastique d'une œuvre où il s'attar-
dera de longs mois. Les prestigieuses arabesques de ses tapisseries témoignent de ses premières recherches de forme. Sans
doute, elles sont colorées, et c'est le plus fort attrait qu'on y
trouve d'abord. D'un pays de lignes poussinesques et de teintes
plutôt grises, il avait cependant été tenté dans sa jeunesse par
le jeu des couleurs. Il fut peintre et tapissier avant d'être sculpteur. On connaît les belles tentures qu'il exposa au Salon de la
Société Nationale : grandes figures de femmes ingénieusement
drapées, dans le décor de vergers et de parcs. Mais c'est précisément dans ces premières œuvres, aussi dans ses trop rares
peintures, lithographies et gravures sur bois, qu'on surprend
sous la délicatesse des couleurs, un sentiment profond de la
forme. Dans les plaques de faïence émaillée qui datent de ses
débuts, par exemple « les deux jeunes filles portant une ai-
guière », les silhouettes conservent leur netteté et cependant
les modelés apparaissent déjà significatifs. Puis les premières
figurines manifestent dans leur plénitude toutes ses qualités
plastiques.

Sa maîtrise s'affirme dans les statues et statuettes de ces dernières années — la figure demi-drapée de M. Octave Mirbeau, les lutteuses, la jeune fille assise de M. Vollard, la femme debout de M. Fayet, la femme accroupie du dernier Salon d'Automne ; — on y découvre d'étonnantes combinaisons de plans et de galbes, une entente parfaite de l'importance relative des volumes, un modelé gras et de l'ampleur en tout.

Dans l'élaboration de son œuvre, quel est son criterium, son guide? Ce n'est pas le caractère du type choisi, car il emprunte à plusieurs modèles, à des moulages et même à des photographies les éléments dissemblables dont il fera l'unité. Ce n'est pas le mouvement, car il le change au cours de son travail. C'est simplement le sens exquis, instinctif, irréfléchi de la forme. Nul ne compose comme Maillol un ensemble de chairs, la symétrie d'un torse et toutes ces sensuelles architectures où son imagination s'épanouit. Il lui faut toute liberté d'inventer son sujet, de façonner la matière selon son sûr instinct. Mais aussi pour discipliner l'abondance de ses dons, pour choisir entre mille éléments les plus aptes à le satisfaire, il sent comme les classiques le besoin d'une contrainte. Ce petit-fils des Égytiens, des Grecs et du délicieux Pradier, s'impose à lui-même des proportions fixes, des « canons » : d'après ses modèles habituels, il a précisé les mesures qu'il préfère, composé un type idéal auquel il ramène tout. J'observe qu'en se rapprochant systématiquement des formes les plus voisines de la sphère et du cylindre, il tend à réaliser le conseil de M. Ingres : « que les jambes soient comme des colonnes... » Et il emploie les moyens indiqués par le Maître : « Pour arriver à la belle forme, il faut modeler rond et sans détails intérieurs. » Car : « la belle forme ce sont des plans droits avec des rondeurs. » Et M. Ingres ajoutait : « Pourquoi ne fait-on pas du grand caractère? parce qu'au lieu d'une grande forme on en fait trois petites. » Admirable formule qui résume tout l'art de Maillol.

V. SENS DU RÉEL. — Ainsi nous avons démêlé quelles qualités il met en œuvre, et par quelle discipline il gouverne une imagination concrète et toute nourrie de réalité. Un tel art, en effet, serait académique si le goût de la réalité n'affleurait partout. Sous ses plus parfaites synthèses, il est aisé de découvrir l'émotion de la Nature. Ce grand classique est d'une sensibilité enfantine. Il n'est pas de spectacle si familier, si banal qu'il ne voie avec des yeux ravis et un cœur neuf. Il aime avec passion tous les objets. — Préfère-t-il vraiment ce qu'il voit à ce qu'il imagine? Question. Mais il a le don de fraîcheur à un degré presque inouï. Je l'ai vu s'extasier sur un caillou, sur un peu de terre, sur le poli d'une pièce métallurgique. Sa tendresse est immense, il reçoit le charme de tout.

Si sa curiosité d'artiste est si universelle, s'il se préoccupe si ardemment des matières à employer, des patines, s'il aime inventer des mélanges de terre à modeler, s'il recueille en se promenant dans la campagne des plantes pour en extraire des teintures, c'est qu'en effet rien de la nature ne le laisse indifférent. C'est par tous les sens qu'il est réaliste.

VI. SENSUALITÉ DE MAILLOL. — C'est aussi le secret de la sensualité plus grecque que chrétienne, c'est-à-dire plus sexuelle, où son art se complaît. Les nuques bombées, les cuisses grasses, les rondes épaules, la douceur des ventres, les seins gonflés, son ciseau s'attarde à détailler tous les charmes du corps féminin. L'Antiquité, qui n'aimait pas les femmes, nous a laissé peu de figures aussi séduisantes. Aucun romantisme, aucune littérature ne vient compliquer la vision jeune qu'il a de ses beaux corps aptes à l'amour, sans pudeur comme sans passion, animaux de bestialité fine et savoureuse. Muses charnues et saines, que leurs attitudes nonchalantes rapprochent de la Terre mère, qui parfois se dressent sans mouvement dans l'éclat de leur nudité ; charnelles architectures qui seraient froides sans le frémissement d'épiderme, l'indécision du geste et la tendresse que leur confère l'exquise gaucherie de Maillol.

VII. GAUCHERIE DE MAILLOL. — Tout l'effort de sa sincérité se manifeste par de la gaucherie. J'appelle gaucherie cette sorte de maladroite affirmation par quoi se traduit, en dehors des formules admises, l'émotion personnelle d'un artiste. Ce ne sont pas seulement nos vieux maîtres, les Primitifs gothiques, mais les plus grands parmi les modernes qui nous ont donné l'exemple de cette *bienheureuse naïveté*[1]. M. Ingres, plutôt que de se

---

1. M. Ingres, cité par Amaury-Duval.

satisfaire des conventions académiques de l'École de David, se laissait accuser de gaucherie, et il osait dessiner la Thétis. Puvis de Chavannes à son tour réagissant contre la décadence de l'École d'Ingres, retrouvait l'ingénuité des Giottesques. Pour échapper à la déplorable facilité de l'art du second empire, Manet, Renoir, Degas, se contentèrent d'être sincères, méprisèrent la virtuosité : et la critique plaisanta leur ignorance des principes de l'art, de la couleur et du dessin !

Le cas de Maillol est plus singulier. Son art est, je l'ai montré, un art de formules, mais c'est son instinct qui les crée : il s'abstient de toute convention qu'il n'aura pas, si j'ose dire, vécue. Comprenons bien ceci : la liberté de ses sensations n'a de limites que celles de son goût classique mais elle est limitée ; et cependant elle éclate partout, à travers les formes les plus architectoniques, malgré les proportions et les symétries ; elle vivifie cette beauté canonique pourtant si parfaite qu'il invente : c'est le triomphe de l'instinct. Avec quelle naïveté il voit son sujet, avec quelle ingénuité il le sculpte ! Les audaces qu'il se permet avec la nature, les déformations dont il souligne un geste, une attitude, le rythme d'un beau corps, aucun tour de main ne les dissimule : on les voit bien, il n'entend rien nous cacher. Comme ses femmes, son art est nu et ingénu. Et comme elles aussi il a la rudesse paysanne, la fruste santé, et cette gêne que donne vis-à-vis d'une civilisation compliquée l'habitude de la franchise. Admirable nature ! il joint à la vertu d'un classique l'innocence d'un Primitif !

VIII. UN PRIMITIF CLASSIQUE. — Comme les Primitifs, il a le respect de son métier. Il ne tient nul compte des classifications des rhéteurs et il ne croit pas que l'inspiration suffise sans la docilité des mains. Il n'est pas dupe des vaines paroles. Il sait que l'art n'est pas une sorte de sacerdoce destiné à dégager et à proclamer les lois de « l'essentielle humanité ». Les dilettantes de ce temps qui vénèrent superstitieusement les moindres croquis d'un talent habile ne trouveront pas en Maillol un complice de leur snobisme.

Si persuadé qu'il soit de sa valeur, il n'entend pas se contenter ni nous contenter d'une esquisse. Il a l'ambition et l'honnêteté d'achever, de polir, de produire enfin l'objet d'art parfait. Il y passe le temps qu'il faut : il a la probité de l'artisan d'autrefois : il est patient. C'est une rareté à notre époque d'impressionnisme et d'improvisation que ce praticien qui dédaigne les effets de boulettes et de coups de pouce, qui ne se satisfait que lorsque son bois est bien net, sa terre lissée, et que le bronze a repris sous sa lime la plénitude des surfaces et l'aisance des modelés.

S'il a la patience des Primitifs, il a comme eux aussi un métier simple où tout procède de l'expérience des mains. L'industrie moderne et ses ressources expéditives n'abrègent en rien ses recherches : j'ose dire qu'il la méprise : il n'a pas non plus grande confiance dans les nouveautés de la science : il demande à la nature tous les moyens qu'elle lui peut directement donner et pour le reste il a recours aux traditions de métier.

C'est au hasard de ses promenades à Banyuls qu'il se confia pour découvrir les plus rares et les plus solides teintures : un vieil apothicaire guida ses herborisations, et pour apprêter ses matières colorantes il se servit de recettes d'empiriques. Et c'est ainsi qu'il obtint des laines teintes qu'il tient pour indélébiles, préférables, assure M. Meiergraefe[1], à celles de la Manufacture des Gobelins. Ajouterai-je qu'il emploie la même méthode dans la composition des terres et des émaux, dans le choix ou dans la fabrication de ses outils ?

Respectueux du Passé, docile à l'enseignement des Musées sans rien imiter d'aucune époque, les aimant toutes, cependant il n'archaïse pas exprès, il crée ou il renouvelle toutes ses formules. S'il approche parfois des Grecs du temps de Phidias, — et cela éclate dans une figure de grandeur naturelle à laquelle il travaille actuellement — ce n'est pas qu'il les comprenne par quelque application intellectuelle, par l'intermédiaire d'un raisonnement ou qu'il les copie, c'est qu'il sent directement comme eux et que leur perfection est sienne, véritablement conforme à son instinct. C'est un Primitif classique.

IX. EN QUEL SENS IL EST MAITRE DE SA DESTINÉE. — J'ai montré quelle place de choix occupe Aristide Maillol parmi les artistes novateurs de notre époque. Nulle tentation, nulle in-

1. Entwicklungs Geschichte des modernen Kunst.

fluence, à moins que ce ne soit. Dieu l'en garde ! l'enivrement du succès, ne saurait le détourner d'une voie si fortement tracée, et où il a donné déjà des œuvres d'une si rare perfection. Et cependant il évolue. Il est permis d'imaginer vers quels résultats tendent ses plus récents efforts.

Les premières plaques de terre cuite où il inscrivait à ses débuts de si heureuses silhouettes, ses figurines de bronze, surtout ses dernières statuettes, étaient déjà dans leurs proportions réduites des œuvres monumentales. Il convient désormais que les architectes l'associent à la décoration des Palais de l'avenir. Nul mieux que lui ne saurait conserver à la statuaire le rôle normal qui lui revient dans l'économie d'un édifice. Elles ajouteraient de la vie, mais une vie sereine, au décor rigide des lignes de pierre, sans détruire l'ampleur des ensembles, sans jamais l'exagération d'un geste ou l'insistance de l'expression.

Mais combien sont rares les architectures modernes dignes de tant de style et de mesure ? Je le vois plutôt embellissant les avenues d'un parc, et sous les lourdes verdures de quelque nouveau Versailles, dans le décor classique d'un jardin à la française, dressant de nobles et séduisantes figures, pour la joie des yeux et la paix de l'esprit.

CÉZANNE[1]

Il y a quelque chose de paradoxal dans la célébrité de Cézanne ; et il n'est guère plus facile de l'expliquer que d'expliquer Cézanne. Le cas Cézanne sépare irrémédiablement en deux camps ceux qui aiment la peinture, et ceux qui préfèrent à la peinture elle-même ses agréments accessoires, littéraires ou autres. Je sais hélas! qu'il est bien porté d'aimer la peinture. Les discussions sur ce sujet n'ont plus le sérieux passionné qu'elles avaient autrefois. Trop d'admirations sont suspectes. Le snobisme et la spéculation ont mêlé le public aux querelles des peintres, et il y prend parti selon la mode ou l'intérêt. C'est ainsi qu'on a pu réussir avec la complicité d'un public naturellement hostile mais habilement stylé par la critique et les marchands l'apothéose d'un grand artiste qui reste cependant pour ceux qui l'aiment le mieux un auteur difficile.

Je n'ai jamais entendu un admirateur de Cézanne me donner des raisons claires et précises de son admiration ; et cela est rare même chez les artistes, chez ceux qui sentent le plus directement l'art de Cézanne. J'ai entendu des mots — qualité, saveur, importance, intérêt, classicisme, beauté, style... Et par exemple, de Delacroix ou de Monet on peut en brèves formules émettre une opinion motivée, aisément intelligible. Mais être précis au sujet de Cézanne, quelle difficulté !

Le mystère dont s'est entouré toute sa vie le Maître d'Aix-en-Provence n'a pas peu contribué à augmenter l'obscurité des commentaires dont a, d'autre part, bénéficié sa renommée. C'était un timide, un indépendant, un solitaire. Exclusivement occupé de son art, perpétuellement inquiet et le plus souvent mal satisfait de lui-même, il échappa jusqu'à ses dernières

---

1. *L'Occident,* septembre 1907.

années à la curiosité publique. Ceux-là même qui se réclamaient de ses méthodes l'ont pour la plupart ignoré. L'auteur de ces pages avoue que vers 1890, à l'époque de ses premières visites dans la boutique de Tanguy, il considérait Cézanne comme un mythe, peut-être même comme le pseudonyme d'un artiste spécialisé dans d'autres recherches, et qu'il mettait en doute son existence. Il a eu depuis l'honneur de le voir à Aix : et les propos qu'il a recueillis, joints à ceux que M. E. Bernard a publiés dans *l'Occident*[1] serviront à jeter quelque lumière sur son esthétique.

Au moment de sa mort, les articles des journaux furent cependant sur deux points unanimes ; et d'où que vienne l'inspiration de ces articles, il est certain qu'on peut les tenir pour le reflet exact de l'opinion moyenne. Donc, les nécrologies admettaient d'abord l'influence de Cézanne sur une grande partie de la jeunesse ; ensuite, qu'il avait fait un effort vers le style. Ainsi il est entendu que Cézanne est une sorte de classique et que la jeunesse le tient pour un représentant du classicisme.

Le malheur est qu'il est difficile de dire sans trop d'obscurité ce qu'est le classicisme...

Lorsqu'à la campagne, après un long isolement, on entre dans un de ces tristes musées de province, dans une de ces nécropoles où le délabrement, l'abandon, l'odeur de moisi et le silence suppléent pour ainsi dire au recul du temps, on fait vite la différence des œuvres exposées en deux catégories : d'une part, les débris des vieux cabinets d'amateurs, et d'autre part les salles neuves où les commissions de la République ont entassé les piètres nouveautés achetées aux salons annuels selon le hasard des intrigues d'atelier ou des faveurs ministérielles. C'est alors qu'on est vraiment et ingénument sensible au contraste des anciens et des modernes : et qu'un vieux morceau d'un Bolonais ou d'un élève de Lebrun, à la fois puissant et synthétique paraît décidément supérieur aux sèches analyses et aux mièvres photographies en couleur de nos médaillés !

Imaginons dans ce milieu, pure hypothèse ! la présence d'un Cézanne. Ainsi nous le comprendrons mieux. Et d'abord nous

---

1. *L'Occident*, juillet 1904.

ne pourrons le placer dans les salles neuves, tant il détonnerait parmi les anecdotes et les fadeurs. Il le faudrait de toute nécessité réunir aux maîtres anciens dont il se rapproche à première vue par la noblesse, et par le style. Gauguin disait en pensant à Cézanne : Rien ne ressemble plus à une croûte qu'un chef-d'œuvre. Croûte ou chef-d'œuvre, nous ne pouvons le comprendre qu'en opposition avec la médiocrité de la peinture moderne. Et déjà nous apparaît un des caractères certains du classique, le Style, c'est-à-dire l'ordre par la synthèse. Au rebours de la peinture moderne, un Cézanne vaut par soi-même, par les qualités d'unité de composition, de couleur, et pour tout dire de peinture. Les faits-divers, les illustrations de roman-feuilleton ou d'épopée dont sont tapissés les murs du Musée où je l'imagine, ne cherchent à nous intéresser que par le sujet représenté. D'autres sont des études qui tendent à établir la virtuosité de l'artiste. Bonne ou mauvaise la toile de Cézanne est véritablement un *tableau*.

Supposons réunies, pour une autre expérience, celle-là moins chimérique, trois œuvres de même famille, trois nature-mortes, une de Manet, une de Gauguin, une de Cézanne. Nous démêlerons aussitôt l'objectivité de Manet : qu'il imite la nature « à travers un tempérament », qu'il traduit une sensation *artiste*. Gauguin est plus subjectif. C'est une interprétation décorative, hiératique même, de la nature. Devant le Cézanne nous songeons seulement à la peinture ; ni l'objet représenté ni la subjectivité de l'artiste ne retiennent notre attention. Nous ne décidons pas aussi vite si c'est une imitation ou une interprétation de la nature. Nous sentons que cet art-là est plus près de Chardin que de Manet et de Gauguin. Et si, au premier aspect, nous disons : c'est un tableau, et un tableau classique, le mot commence à prendre un sens très net, celui d'un équilibre, d'une conciliation entre l'objectif et le subjectif.

Au Musée de Berlin par exemple, l'effet produit par Cézanne est très significatif. Quelque goût qu'on ait pour la *Serre* de Manet, pour les *Enfants Bérard* de Renoir, ou pour d'admirables paysages de Monet et de Sisley, la présence des Cézanne fait qu'on les assimile, injustement d'ailleurs mais par la fatalité de contraste, à l'ensemble des productions modernes, et au contraire les tableaux de Cézanne comme des œuvres d'une autre époque, aussi raffinées mais plus robustes que les plus fortes productions de l'école impressionniste.

Ainsi nous définissons d'abord Cézanne en réaction contre la peinture moderne, en réaction contre l'impressionnisme.

Lorsqu'il débute, à travers l'influence de Delacroix, de Daumier, de Courbet. c'est déjà les vieux tableaux de musée, qui sont le guide de ses tâtonnements. Les révolutionnaires de son temps ne subissaient guère l'attraction des anciens. Lui les copie, et dans la maison de son père au Jas de Bouffan on voit avec surprise une grande interprétation de Lancret et un *Christ aux Limbes* d'après Navarete.

Il faut d'ailleurs faire la différence entre cette première manière inspirée des Espagnols et des Bolonais, comme les rudes portraits peints au couteau de la collection Pellerin ou la célèbre effigie d'Emperère ; — et les œuvres de la seconde manière, fraîche et nuancée. Aux deux époques, Cézanne joue le rôle de réactif, il précipite les éléments éphémères, accessoires et de pure sensibilité de l'art moderne et il transforme en harmonieuses et durables formules ceux de ces éléments qui satisfont ses affinités classiques. Dans la première époque on voit ce que deviennent pour lui Courbet, Delacroix, Daumier, Manet, et par quel travail spontané d'assimilation il développe dans le sens du style quelques-unes de leurs tendances classiques. Sans doute, il ne va point jusqu'à des réussites de beauté calme et de plénitude comme celles de Titien ; mais c'est par Gréco qu'il rejoint les Vénitiens. « Vous êtes le premier dans la décadence de votre art », écrivait Baudelaire à Manet. Telle est la débilité de l'art moderne que Cézanne semble nous apporter la santé et nous promettre une renaissance en nous proposant un idéal voisin de la décadence de Venise.

Instructive comparaison où je voudrais qu'on s'arrêtât, entre Cézanne et ce Gréco nerveux et un peu fou qui par un travail contraire introduisit dans la triomphante maturité de l'école vénitienne le système de dissonances et de déformations passionnées qui furent l'origne de la peinture espagnole. De cette fiévreuse vieillesse d'une grande époque naquit à son tour la robuste et saine méthode d'un Zurbaran, d'un Velasquez. Mais tandis que le Gréco se plut à des raffinements de naturalisme et d'imagination par lassitude sans doute de la perfection de Titien, Cézanne inscrivit sa sensibilité dans de rudes et rationnelles synthèses en réaction du naturalisme et du romantisme finissants.

Ce même conflit émouvant, cette combinaison du style et de la sensibilité se retrouve dans la seconde période de Cézanne, mais c'est alors l'impressionnisme de Monet et de Pissario qui en fournit les éléments, qui en provoque les réactions et la transformation classique. Les contrastes de teintes amenés par l'étude de la pleine lumière, les irisations d'arc-en-ciel de la nouvelle palette, il les discipline, il les organise avec la même rigueur que les oppositions de noir et de blanc de la période précédente. En même temps au modelé sommaire de ses premières figures il substitue le chromatisme raisonné des figures et des nature-mortes de cette seconde manière qu'on pourrait appeler sa manière fleurie.

L'impressionnisme — et j'entends par là beaucoup plus le mouvement général qui a changé depuis vingt ans l'aspect de la peinture moderne que l'art particulier d'un Monet ou d'un Renoir — l'impressionnisme était de tendance synthétique puisque son but était de traduire une sensation, d'objectiver un état d'âme ; mais ses moyens étaient analytiques puisque la couleur n'était pour lui que le résultat d'une infinité de contrastes ; c'est par la décomposition du prisme que les impressionnistes recomposaient la lumière. ils divisaient la couleur, ils multipliaient les reflets et les nuances ; enfin ils substituaient à autant de gris différents, autant de teintes. C'est là le vice fondamental de l'impressionnisme. Le *Fifre* de Manet en quatre tons est nécessairement plus synthétique que le plus délicieux Renoir où les jeux du soleil et de l'ombre engendrent la variété de nuances la plus étendue [1]. Or il y a dans un beau Cézanne autant de simplicité, d'austérité et de grandeur que dans Manet, et les nuances y conservent la fraîcheur et l'éclat qui

---

1. Il s'agit ici des Renoir d'autrefois ; on sait que ce grand artiste a dans ces dernières années développé et agrandi sa manière dans le sens de la synthèse et de la tradition.

fleurissent les toiles de Renoir. Quelques mois avant sa mort Cézanne nous disait : « J'ai voulu faire de l'impressionnisme quelque chose de solide et de durable comme l'art des Musées. » C'est pourquoi aussi il avait tant d'admiration pour les anciens Pissaro et surtout les premiers Monet — Monet étant d'ailleurs parmi les vivants le seul pour qui il manifestât une grande estime [1].

Ainsi, d'abord par un instinct de latin, par goût naturel, et plus tard en pleine conscience de son effort et de lui-même, il s'efforça de créer une sorte de classicisme de l'impressionnisme. En réaction perpétuelle contre l'art de son temps, sa forte individualité en tira l'aliment ou le prétexte de ses recherches de style : il y puisa les matériaux de son œuvre. A une époque où la sensibilité de l'artiste était tenue presque unanimement pour l'unique raison de l'œuvre d'art, et où l'improvisation — ce « vertige spirituel provenant de l'exaltation des sens [2] » — tendait à détruire en même temps les conventions surannées de l'académisme et les méthodes nécessaires, il arriva que l'art de Cézanne sut garder à la sensibilité son rôle essentiel tout en substituant la réflexion à l'empirisme. Et par exemple, au lieu de la notation chronométrique des phénomènes, il put conserver son émotion du moment, tout en fatiguant presque à l'excès, d'un travail calculé et voulu, ses études d'après nature. Il *composa* ses nature-mortes, variant à dessein les lignes et les masses, disposant les draperies selon des rythmes prémédités, évitant les accidents du hasard, cherchant la beauté plastique, mais sans rien perdre du véritable *motif* ; de ce motif initial qu'on saisit à nu dans ses ébauches et ses aquarelles, je veux dire cette délicate symphonie de nuances juxtaposées, que son œil découvrait d'abord mais que sa raison voulait aussitôt et spontanément appuyer sur le support logique d'une composition, d'un plan, d'une architecture.

Rien de moins artificiel, remarquons-le d'ailleurs, que cet effort vers une juste combinaison du style et de la sensibilité.

1. « Ah ! les jurés de 1867, c'étaient des cochons ! ils ont refusé le tableau de Monet ! » Je crois qu'il s'agit de *l'Été* qui appartient à l'artiste.
2. Gustave Geffroy.

Ce que d'autres ont cherché et parfois trouvé dans l'imitation
des anciens, la discipline que lui-même dans ses premières
œuvres demande aux grands artistes de son temps ou du passé,
il la découvre finalement en lui-même. Et c'est ici la caractéristique essentielle de Cézanne. Sa tournure d'esprit, son *génie*
ne lui permet pas de profiter directement des anciens : il se
trouve vis-à-vis d'eux dans une situation analogue à celle où
nous l'avons surpris en face de ses contemporains. Son originalité s'exalte au contact de ceux qu'il imite ou qu'il subit : de
là sa persistante gaucherie, sa bienheureuse naïveté, et de là
aussi les incroyables maladresses où l'oblige sa sincérité. Pour
lui, il n'est pas question de styliser une étude comme fait, en
somme, un Puvis de Chavannes. Il est si naturellement peintre
et si spontanément classique ! Si j'osais une comparaison avec
un autre art, je dirais que je trouve de Cézanne à Véronèse le
même rapport que du Mallarmé d'*Hérodiade* au Racine de
Bérénice. Avec des éléments nouveaux ou du moins renouvelés,
rajeunis, sans aucun emprunt au passé que les formes nécessaires (ici le moule de l'alexandrin et la tragédie, là la conception traditionnelle du tableau composé) ils retrouvent, le poète
et le peintre, le langage des Maîtres.

L'un et l'autre ont le scrupule de se conformer aux nécessités de leur art et de n'en pas dépasser les limites. Comme
l'écrivain a voulu devoir toute l'expression de son poème à ce
qui est, en dehors des idées et du sujet, le pur domaine de
la littérature : sonorité des mots, rythme des phrases, mobilité de la syntaxe, — le peintre a été peintre avant tout. La
peinture oscille éternellement entre l'invention et l'imitation.
Tantôt elle copie et tantôt elle imagine. Ce sont là ses
variations. Mais qu'elle produise la nature objective, ou
qu'elle traduise plus spécialement l'émotion de l'artiste, il faut
qu'elle soit un art de beauté concrète et que nos sens découvrent
dans l'objet d'art lui-même, abstraction faite du sujet représenté,
une satisfaction immédiate, un plaisir esthétique pur. La
peinture de Cézanne est à la lettre cet art essentiel dont la définition est laborieuse au critique, dont la réalisation semble
impossible. Il imite les objets sans nulle exactitude et il ne
nous intéresse à aucun sujet accessoire de sentiment ou de
pensée. Lorsqu'il imagine une esquisse il assemble des couleurs

et des formes en dehors de toute préoccupation littéraire : son effort est plus voisin de celui d'un tapissier persan que de celui d'un Delacroix transposant en harmonies colorées mais avec des intentions de lyrisme ou de drame une scène de la Bible ou de Shakespeare. Effort si l'on veut négatif, mais qui témoigne d'un instinct inouï de la peinture. Il est celui qui peint. Renoir me disait un jour : « Comment fait-il ? Il ne peut pas mettre deux touches de couleur sur une toile sans que ce soit très bien ». Peu importe le prétexte de cet échantillonnage, figures nues, invraisemblablement groupées dans un paysage inexistant, pommes dans une assiette de guingois sur un fond de tenture banale : c'est toujours une belle ligne, un bel équilibre, une suite luxueuse de sonorités et d'accords. Le don de fraîcheur, la spontanéité et la nouveauté de ses trouvailles ajoutent encore à l'intérêt de ses moindres pochades.

« Il est. dit Sérusier, le peintre pur. Son style est un style de peintre, sa poésie est de la poésie de peintre. L'utilité, le concept même de l'objet représenté disparaissent devant le charme de la forme colorée. D'une pomme d'un peintre vulgaire on dit : j'en mangerais. D'une pomme de Cézanne on dit : c'est beau ! On n'oserait pas la peler, on voudrait la copier. Voilà ce qui constitue le spiritualisme de Cézanne. Je ne dis pas, et avec intention, idéalisme, parce que la pomme idéale serait celle qui flatte les muqueuses et la pomme de Cézanne parle à l'esprit par le chemin des yeux.

« Une chose est à remarquer, ajoute encore Sérusier c'est l'absence de sujet. Dans sa première manière le sujet était quelconque. parfois puéril. Après son évolution le sujet disparaît, il n'y a qu'un *motif* » (c'est le mot dont usait Cézanne).

Et cela aussi est un enseignement précieux... N'a-t-on pas confondu tous les genres, mêlé la musique, la littérature, la peinture ! Cézanne ici encore réagit, il est un naïf artisan, un primitif qui remonte aux sources de son art, en respecte les données primordiales, les nécessités, s'en tient aux éléments fonciers, à ce qui constitue exclusivement l'art de peindre. Il veut ignorer tout le reste, et les raffinements suspects et les méthodes trompeuses. Devant le motif il se refuse à tout ce qui le pourrait distraire de la peinture, compromettre sa *petite sensation*. comme il disait en se servant de la phraséologie des esthéticiens de sa jeunesse ; il évite à la fois le trompe-l'œil et la littérature.

*
* *

Les réflexions précédentes nous permettent d'expliquer en quoi il se rattache au Symbolisme. Le Synthétisme. qui devint par le contact avec les poètes le Symbolisme. n'était pas à l'origine un mouvement mystique ou idéaliste. Il fut inauguré par des paysagistes, des nature-mortistes, pas du tout par des peintres de l'âme. Il impliquait cependant la croyance à une correspondance entre les formes extérieures et les états subjectifs. Au lieu d'évoquer nos états d'âme au moyen du sujet représenté, c'est l'œuvre elle-même qui devait transmettre la sensation initiale. en perpétuer l'émotion. Toute œuvre d'art est une transposition, un équivalent passionné. une caricature d'une sensation reçue ou plus généralement d'un fait psychologique.

« La nature, disait Cézanne, j'ai voulu la copier, je n'arrivais pas. Mais j'ai été content de moi lorsque j'ai découvert que le soleil, par exemple, ne se pouvait pas *reproduire*, mais qu'il fallait le *représenter* par autre chose... par de la couleur. » Voilà la définition du Symbolisme tel que nous l'entendions vers 1890. Les anciens de ce temps-là, Gauguin tout le premier, avaient une admiration sans borne pour Cézanne. J'ajoute qu'ils avaient parallèlement la plus grande estime pour Odilon Redon. Odilon Redon avait cherché lui aussi en dehors de la nature copiée et de la sensation, les équivalents plastiques de ses émotions et de ses rêves. Lui aussi essayait de rester peintre, exclusivement peintre tout en traduisant les rayons et les ombres de son imagination.

Si j'ai tenu à parler ici d'Odilon Redon ce n'est pas seulement pour rendre à cet artiste un hommage mérité et tenter d'acquitter envers lui la reconnaissance de toute une génération, mais nous tirerons de la comparaison de ces deux maîtres une précision de plus dans la définition de Cézanne. Oui Redon est à l'origine du Symbolisme, en tant qu'expression *plastique* de l'idéal ; et d'autre part l'exemple de Cézanne nous enseignait à transposer les données de la sensation en éléments d'œuvre

d'art. Le sujet de Redon est plus subjectif, le sujet de Cézanne
plus objectif, mais tous deux s'expriment au moyen d'une
méthode qui a pour but de créer un objet concret, à la fois
esthétique et représentatif d'une sensibilité. L'artiste, complexe
comme son époque, que nous essayons d'expliquer, a donc
trouvé dans cette méthode son équilibre, l'unité profonde de
ses efforts, la solution de ses antinomies. Le spectacle est
émouvant d'une toile de Cézanne, le plus souvent inachevée,
grattée au couteau, surchargée de faux traits à l'essence,
plusieurs fois repeinte, empâtée jusqu'au relief. On surprend
dans ce labeur la lutte pour le style et la passion de la nature ;
l'acquiescement à certaines formules classiques et la révolte
d'une sensibilité inédite : la raison et l'inexpérience, le besoin
d'harmonie et la fièvre de l'expression originale. Jamais il ne
subordonne son effort à ses moyens techniques, « car la chair,
dit St-Paul, a des désirs contraires à ceux de l'esprit et l'esprit
en a de contraires à ceux de la chair, ils sont opposés l'un à
l'autre, de telle sorte que vous ne faites pas ce que vous voulez. »
C'est l'éternelle lutte de la raison et de la sensibilité qui forme
les saints et les génies.

Convenons qu'elle donne lieu parfois, chez Cézanne, à des
résultats chaotiques. La spontanéité classique nous l'avons dé-
mêlée dans sa sensation même. Mais la réalisation ne va pas
sans lacunes. Contraint déjà par son besoin de synthèse à des
simplifications déconcertantes, il déforme encore par nécessité
d'expression, par scrupule de sincérité[1]. Voilà qui achève de
motiver le reproche de gaucherie souvent adressé à Cézanne,
et d'autre part explique cette pratique de naïveté et de mala-
dresse, commune à ses disciples et à ses imitateurs.

Certes la Tradition n'est pas une affaire de correction scolaire et de rhétorique comme le croient certains artistes qui sous
prétexte de continuer Léonard et Titien réussissent à nous

---

1. J'ai tenté de démontrer dans un article des *Arts de la Vie* (juillet 1904) que
la gaucherie des Primitifs consiste à peindre les objets d'après la connaissance
usuelle qu'ils en ont, au lieu de les peindre comme les Modernes d'après une idée
préconçue de pittoresque ou d'esthétique. Le pittoresque étant l'élément de nature
reconnu propre à la peinture, il va de soi que dès qu'un artiste s'écarte des formules
admises et qu'il peint avec une naïveté sincère, il encourt le reproche d'ignorance
et de gaucherie.

faire regretter Cabanel et Benjamin Constant. Mais il serait tout aussi puéril de faire gloire à Cézanne de ses négligences et de ses imperfections. Essayons d'échapper aux préjugés qu'engendrent le dreyfusisme et la neurasthénie ; ne soyons pas dupes de l'esprit de paradoxe, de désordre et de subtilité. Le fait est qu'on juge avec mépris une œuvre d'exécution patiente ; on n'admire plus que les ébauches et celles-là surtout dont l'invention sommaire et la facture rapide impliquent une sorte de nihilisme d'art : c'est la superstition de l'inachevé. Sans doute la pensée de Suarès est juste : « En temps de décadence, tout le monde est anarchiste et ceux qui le sont et ceux qui se vantent de ne pas l'être. Car chacun prend sa règle en soi... On aime l'ordre avec passion, mais c'est l'ordre qu'on veut faire, non pas l'ordre qu'on reçoit[1]. » Les œuvres des artistes d'autrefois restent pour nous un criterium certain : n'en cherchons pas d'autre. C'est parce que des critiques enthousiastes ont préféré Cézanne à Chardin et à Véronèse, qu'il convient de reconnaître en lui des lacunes, et d'avouer avec simplicité qu'il a subi le contre-coup du désordre de notre temps. Telle est d'ailleurs la puissance de son invention, la sincérité de son geste, que ses maladresses gênent peu, et qu'elles disparaissent le plus souvent dans l'harmonie générale. Avec des qualités aussi belles, Chardin et Véronèse ont eu la vertu et la science d'aller plus avant dans l'exécution de l'œuvre d'art. Ils se sont joués de difficultés pour nous insurmontables : leur souple fantaisie s'est accommodée des lois de perspective et d'anatomie que nous rejetons comme les pires entraves. Ils savaient tracer une ligne droite ou une courbe régulière au bout du pinceau. Regrettons l'ancien régime. Les mêmes secousses qui ont jadis renversé l'ordre français ont favorisé les influences romantiques, première origine de la décadence des métiers et de l'anarchie intellectuelle où nous nous débattons. Admirons donc qu'en un temps où selon le mot de Gustave Moreau, « tout ce qui est bien est raté » — Cézanne nous ait fait entrevoir la possibilité d'une Renaissance classique et donné des œuvres d'une telle supériorité de style.

---

1. André Suarès

* *

Ce qui étonne le plus dans l'œuvre de Cézanne, c'est assurément les recherches de forme ou plus exactement les déformations : c'est là qu'on surprend de la part de l'artiste le plus
d'hésitations et de repentirs. Le grand tableau des *Baigneuses*
laissé inachevé dans l'atelier d'Aix, est à ce point de vue typique. Repris un nombre incalculable de fois pendant de longues années, il a peu varié d'aspect ou de couleur, et même la
disposition des taches fut assez permanente. En revanche les
dimensions des figures furent plusieurs fois remaniées. Tantôt
elles atteignirent la grandeur nature, tantôt elles se rétrécirent
jusqu'à la demi-nature : les bras, les torses, les jambes furent
augmentés et diminués dans des proportions inimaginables.
C'est bien là l'élément variable de son œuvre ; le sens qu'il
avait de la forme ne comportait ni silhouette ni proportions
fixes.

Et d'abord il ne comprenait pas le dessin par la ligne et le
contour. Malgré l'exclamation recueillie par M. V. pendant les
séances de son portrait : « Jean Dominique est fort! », il est
certain qu'il n'aimait pas M. Ingres. Il disait : « Degas n'est pas
assez peintre, il n'a pas assez de ça ! » — et d'un geste nerveux,
il simulait le tour de main des décorateurs italiens. Il parlait
volontiers des caricaturistes, de Gavarni, de Forain, surtout de
Daumier. Il aimait l'exubérance du mouvement, la saillie des
musculatures, l'impétuosité de la main, la bravoure du coup
de crayon. Il dessinait d'après Puget. Il avait besoin d'aisance
et de véhémence dans l'exécution : il préférait sans nul doute
le chiqué des Bolonais à la concision d'Ingres.

Sur les murs du Jas de Bouffan, maintenant recouverts de
tentures, il a laissé des improvisations, des études peintes de
premier jet et qui paraissent enlevées en une séance. Cela fait
songer, malgré les belles qualités de la peinture aux fanfaronnades de Claude dans *l'Œuvre* et à ses déclamations sur le
« tempérament ». Quels sont à cette époque ses modèles de
prédilection? des gravures d'après les artistes du xvii° siècle,
espagnols ou italiens. Comme je lui demandais ce qui l'avait
amené de cette fougue d'exécution à la technique patiente de la

touche séparée. « c'est, me répondit-il, que je ne peux pas rendre ma sensation du premier coup ; alors, je remets de la couleur, *j'en remets comme je peux.* Mais lorsque je commence, je cherche toujours à peindre en pleine pâte comme Manet, *en donnant la forme avec le pinceau* ».

« Il n'y a pas de ligne, disait-il encore, il n'y a pas de modelé, il n'y a que des contrastes. Quand la couleur a sa richesse, la forme a sa plénitude » (cité par E. Bernard).

Ainsi dans sa perception vraiment concrète des objets, la forme n'est pas séparée de la couleur : elles se conditionnent l'une l'autre, elles sont indissolublement unies. Et d'autre part dans l'exécution, il veut les réaliser comme il les voit, par un même coup de pinceau. S'il n'y réussit pas c'est assurément par l'impuissance de métier dont il se plaignait ; mais c'est aussi et surtout par des scrupules de coloriste, comme nous le verrons tout à l'heure.

Toute sa faculté d'abstraction — et l'on voit ici à quel point le peintre l'emporte en lui sur le théoricien — toute sa faculté d'abstraction va jusqu'à ne distinguer de formes notables que « la sphère, le cône et le cylindre ». Toutes les formes se ramènent à celles-là seulement qu'il est capable de penser. La multiplicité de ses gammes de couleur les varie du reste à l'infini. Cependant il ne va pas jusqu'à la conception du cercle, du triangle, du parallélogramme : ce sont là des abstractions que son œil et son cerveau refusent à admettre. Les formes sont pour lui les volumes.

Dès lors tous les objets devraient valoir surtout par le relief, se situer par plans inégalement distants du spectateur dans la profondeur supposée du tableau. Nouvelle antinomie qui menace d'accidenter singulièrement « la surface plane recouverte de couleurs en un certain ordre assemblées ». Coloriste avant tout, Cézanne résolut cette antinomie par le chromatisme, c'est-à-dire par la transposition des valeurs de noir et de blanc en valeurs de couleurs.

« Je veux, me disait-il, en suivant sur son poing fermé le passage des lumières aux ombres — faire avec de la couleur ce qu'on fait en blanc et noir avec le tortillon. » Il remplace la lumière par la couleur. Cette ombre est une couleur, cette lumière, cette demi-teinte sont des couleurs. Le blanc de cette nappe est un bleu, un vert, un rose; ils se confondent dans les ombres avec les *localités* environnantes ; mais la crudité dans la lumière sera harmonieusement traduite par un bleu, un vert, un rose dissonant. Il substitue les contrastes de teintes aux contrastes de ton. Il démêle ainsi ce qu'il appelait les « confusions de sensations ». Dans toute la conversation dont je rapporte ici les bribes, il n'a pas une fois prononcé le mot : valeurs. Son système exclut certainement les rapports de valeurs au sens scolaire de ce mot.

Le volume trouve donc chez Cézanne son expression dans une gamme de teintes, dans une série de taches : ces taches se succèdent par contrastes ou analogies selon que la forme s'interrompt ou se continue. C'était ce qu'il lui plaisait d'appeler *moduler* plutôt que modeler. On connaît le résultat chatoyant et vigoureux tout ensemble de ce système : je ne décrirai pas la plénitude d'harmonie, la joie de lumière de ses tableaux. C'est de la soie, de la nacre et du velours. Chaque objet *modulé* manifeste son galbe par le plus ou le moins d'exaltation de la couleur. S'il est dans l'ombre, sa couleur participe des gammes du fond. Le fond est un tissu de tons sacrifiés destinés à accompagner le motif principal. Mais quel qu'en soit le prétexte, on y retrouve aussi le procédé des gammes chromatiques où les couleurs se contrastent ou s'enchevêtrent par tons et demi-tons. Toute la toile est une tapisserie ou chaque couleur *joue* séparément et confond cependant sa sonorité dans l'ensemble. L'aspect caractéristique des tableaux de Cézanne vient de cette juxtaposition, de cette mosaïque de tons séparés et légèrement fondus l'un dans l'autre. « Peindre, disait-il, c'est enregistrer ses sensations colorées » (cité par E. Bernard). Telles étaient les exigences de son œil qu'il lui fallait recourir à ce raffinement de technique pour conserver la qualité, la saveur de ses sensations, et contenter son besoin d'harmonie. Bachaumont en 1767 écrivait sur Chardin : « Sa manière de peindre est singulière. Il place ses couleurs l'une après l'autre, sans presque les mêler de façon que son ouvrage ressemble un peu à de la mosaïque ou pièce de rapport comme la tapisserie à l'aiguille qu'on appelle point carré. » Les fruits de Cézanne, ses figures inachevées sont le meilleur exemple de cette méthode de travail, renouvelée peut-être de Chardin : quelques touches carrées en

indiquent par de doux voisinages de teintes la forme arrondie ;
le contour ne vient qu'à la fin, comme un accent rageur, un
trait à l'essence, qui souligne et isole la forme déjà rendue sensible par le dégradé de la couleur.

Dans ce concours de nuances en vue d'un effet de grand
style, les plans perspectifs disparaissent, les valeurs (au sens
de l'Ecole des Beaux-Arts), les valeurs d'atmosphère s'at-
ténuent, sont équipollées. L'effet décoratif, l'équilibre de la
composition apparaissent d'autant mieux que la perspective
aérienne est extrêmement sacrifiée. La peinture vénitienne
avec un clair obscur plus enveloppant, présente souvent ce
bel aspect d'unité de plan[1]. Chose curieuse, c'est là ce qui a le
plus frappé les premiers symbolistes, Gauguin, Bernard,
Anquetin, ceux enfin qui furent les premiers à aimer et à imiter
Cézanne. Leur système de synthèse admettrait seulement la
teinte plate et un dur contour ; de là vient toute une série
d'œuvres décoratives dont il ne m'appartient pas de médire ;
mais combien les synthèses de Cézanne étaient plus synop-
tiques, plus concrètes et plus vivantes !

Synthétiser ce n'est pas nécessairement simplifier dans le
sens de supprimer certaines parties de l'objet : c'est simplifier
dans le sens de *rendre intelligible*. C'est, en somme, hiérar-
chiser : soumettre chaque tableau à un seul rythme, à une
dominante, sacrifier, subordonner, — généraliser. Il ne suffit
pas pour *styliser* un objet comme on dit à l'école de Grasset,
d'en faire une copie quelconque, puis d'en souligner d'un trait
épais le contour extérieur. La simplification ainsi obtenue n'est
pas la synthèse.

« La synthèse, dit Sérusier, consiste à faire rentrer toutes
les formes dans le petit nombre de formes que nous sommes
capables de penser, lignes droites, quelques angles, arcs de

---

1. On a découvert en 1905 à la Scuola di San Rocco un morceau de frise du
Tintoret qui, replié contre le mur lors de la mise en place, parce qu'il dépassait
la mesure, a conservé toute sa fraîcheur de coloris. Ce sont des pommes peintes en
vert pâle et rouge vif sur un fond de feuilles vert véronèse. *Tout y est couleur.*
On dirait un Cézanne. Peut-être manque-t-il le trait à la terre d'ombre qui l'aurait
finalement assombri, et peut-être aussi n'est-ce qu'une préparation à la détrempe.
Mais tel qu'il est, ce précieux morceau indique chez Tintoret un effort de chromatisme en tout semblable à celui que je viens d'expliquer chez Cézanne.

cercle et d'ellipse : sortis de là nous nous perdons dans l'océan des variétés. » C'est là sans doute une conception mathématique de l'art : elle ne manque pas de grandeur. Mais ce n'est pas, quoi qu'en dise Sérusier, la conception de Cézanne. Lui ne se perd pas dans l'océan des variétés : il sait élucider et condenser ses impressions : ses formules sont lumineuses, concises : jamais abstraites.

Et c'est encore un des points par où il rejoint les classiques : le juste équilibre entre la nature et le style, il ne le compromet d'aucune abstraction. Tout son labeur consiste à conserver sa sensation : mais cette sensation comporte l'identité de la couleur et de la forme ; mais sa sensibilité implique son style. C'est naturellement et instinctivement qu'il joint, dans son esprit, sinon toujours dans ses toiles, les grâces et tout l'éclat des coloristes modernes à la robustesse des maîtres anciens. Sans doute la réalisation ne va pas sans labeur — ni sans lacunes. Mais l'ordre qu'il invente est pour lui une nécessité d'expression.

Il est à la fois l'aboutissement de la tradition classique et le résultat de la grande crise de liberté et de lumière qui a rajeuni l'art moderne. C'est le Poussin de l'impressionnisme. Il a la finesse de perception d'un parisien et il est fastueux et abondant comme un décorateur italien. Il est ordonné comme un français et fiévreux comme un espagnol. C'est un Chardin de décadence, et parfois il dépasse Chardin. Il y a du Gréco en lui, et souvent il a la santé de Véronèse. Mais ce qu'il est, il l'est naturellement, et tous les scrupules de sa volonté, toute l'assiduité de son effort n'ont fait que servir et exalter ses dons naturels.

*
* *

On n'a voulu ici que *définir* l'œuvre du peintre : on n'a pas tenté d'en exprimer la poésie. Toute la magie des mots ne suffirait pas à traduire pour qui ne l'aurait pas eue, l'impression inoubliable que donne la vue d'un beau Cézanne. Le charme de Cézanne ne se décrit pas ; et l'on ne saurait non plus dire la noblesse de ses paysages, la fraîcheur de ses gammes de vert, la pureté et la profondeur de ses bleus, la délicatesse de ses carnations, l'éclat et le velouté de ses fruits. Peu d'artistes ont eu

une sensibilité aussi originale : — mais cela a été dit de tant
d'autres à notre époque qu'il vaut mieux n'y pas insister, c'est
le plus banal éloge qu'on puisse faire d'un artiste. — Il aimait
à parler avec une apparence de modestie de sa *petite sensation*.
de sa *petite sensibilité*. Il se plaignait que Gauguin la lui eût
prise, et qu'il l'eût « promenée dans tous les paquebots ». A la
vérité « son art est si naturel et si concret, si vivant et si spontané qu'il est difficile de s'inspirer de sa technique et de ses
méthodes sans emporter en même temps un peu du meilleur de
lui-même. » Pour Félibien, parlant des peintres, la sensation est :
l'Application des choses à l'esprit *ou* le Jugement que l'esprit
en porte. Les deux opérations, l'*Aspect* et le *Prospect* comme dit
Poussin, ne sont guère plus séparées chez Cézanne. Organiser
ses sensations[1] c'est une discipline du xviie siècle : c'est la
limitation préméditée de la réceptivité de l'artiste. Mais le véritable artiste est comme le vrai savant, « une nature enfantine
et sérieuse »[2]. Il accomplit ce miracle de conserver parmi
l'effort et les scrupules, toute sa fraîcheur et sa naïveté.

[1]. « Dans le peintre il y a deux choses . l'œil et le cerveau, tous deux doivent
s'entr'aider ; il faut travailler à leur développement mutuel ; à l'œil par la vision
sur nature, au cerveau par la logique des sensations organisées qui donne les
moyens d'expressions. » (Cité par E. Bernard, *loc. cit.*). Poussin écrivait à M. de
Chantelou : « *Mon naturel me contraint de chercher et aimer les choses bien ordonnées.* »

[2]. E. Renan.

DE GAUGUIN ET DE VAN GOGH AU CLASSICISME [1]

A mes chers élèves de l'Académie Ranson.

C'est de la boutique du père Tanguy, marchand de couleurs, rue Clauzel, et de l'auberge Gloanec à Pont-Aven qu'est sortie la grande bourrasque qui vers 1890 a renouvelé l'art français. A Pont-Aven, Gauguin réunissait quelques disciples, Chamaillard, Séguin, Filiger, Sérusier, le hollandais de Hahn : et c'était là cette « pesante école de matières rudimentaires, parmi les gros pichets de cidre » [2]. Chez Tanguy, un ancien de la Commune, un doux rêveur anarchiste. s'étalaient pour l'édification des plus jeunes, les productions révolutionnaires de Van Gogh, de Gauguin, d'Emile Bernard et de leurs émules, accrochées en désordre à côté des toiles du maître incontesté, de l'initiateur du nouveau mouvement, Paul Cézanne.

Bernard, Van Gogh, Anquetin. Toulouse-Lautrec étaient des révoltés de l'atelier Cormon ; nous fûmes, nous, Bonnard, Ibels, Ranson, Denis, autour de Sérusier les révoltés de l'atelier Julian. Sympathiques à tout ce qui nous paraissait nouveau et subversif, nous allions à ceux-là qui faisaient table rase non seulement de l'enseignement académique mais encore et surtout du naturalisme, romantique ou photographique, alors universellement admis comme la seule théorie digne d'une époque de science et de démocratie. Nous nous retrouvions aux premiers *Indépendants*. où déjà se faisait sentir l'influence de Seurat et de Signac.

Aux audaces des impressionnistes et des divisionnistes, les

---

1 *L'Occident*, mai 1909.
2. J.-E. Blanche.

nouveaux venus ajoutaient la gaucherie d'exécution et la simplification presque caricaturale de la forme : et c'était là le symbolisme ! Nous sommes maintenant blasés sur ce genre de hardiesses, et le public y est fait ; mais il les confondait alors avec celle des Incohérents et des cabarets de Montmartre. L'affiche et les petits journaux illustrés ont popularisé ces énormes fantaisies de dessin, ces exagérations du caractère, alors inédites et fort inconnues de l'antique Grévin, de Willette ou même de Chéret dont les inventions élégantes commençaient alors de fleurir sur les murs de Paris. Les synthèses des décorateurs japonais ne suffisaient pas à alimenter notre besoin de simplification. Idoles primitives ou extrême-orientales, calvaires bretons, images d'Epinal, figures de tapisseries et de vitraux. tout cela se mélangeait à des souvenirs de Daumier, au style gauchement poussinesque des Baigneuses de Cézanne, aux lourdes paysanneries de Pissarro. Qui a été témoin du mouvement de 1890 ne s'étonne plus : les efforts les plus saugrenus, les plus incompréhensibles de ceux qu'on appelle maintenant les « fauves » ne peuvent qu'éveiller dans notre mémoire le souvenir des extravagances de notre génération. Pour connaître l'émoi, le vertige de l'inattendu, il faut avoir vu le café Volpini à l'exposition de 1889. Là, dans un coin retiré de la grande Foire, loin des arts officiels et des chefs-d'œuvre accumulés aux Rétrospectives, étaient piteusement accrochés les premiers Gauguin, les Bernard, les Anquetin, etc., réunis pour la première fois. C'était à coup sûr une des curiosités les plus hilarantes de l'Exposition ; et c'en serait une aujourd'hui encore, malgré la différence du public, que les œuvres de Willumsen ou de Razetti exposées quelques années plus tard au pavillon de la Ville de Paris (Indépendants).   .

Les critiques nous reprochaient à cette époque de vouloir rebalbutier. En effet, nous retournions à l'enfance, nous faisions la bête, et c'était alors sans doute ce qu'il y avait de plus intelligent à faire. Notre art était un art de sauvages, de primitifs. Le mouvement de 1890 procédait à la fois d'un état d'extrême décadence et d'une fermentation de renouveau. C'était le moment où le nageur qui plonge touche le fond solide, et remonte.

Sans doute, la bourrasque de 1890 avait été préparée. Ces

artistes dont l'apparition fit scandale étaient des produits de leur temps et de leur milieu : il serait injuste de les isoler de leurs aînés les impressionnistes : en particulier il semble que l'influence de Camille Pissarro fut sur eux considérable. On ne saurait d'ailleurs leur reprocher d'avoir méconnu leurs prédécesseurs immédiats ; et ils ont manifesté dès leurs débuts la plus grande estime pour ceux qui les avaient mis dans la voie : non seulement Camille Pissarro et Cézanne. et Degas, et Odilon Redon. mais encore Puvis de Chavannes dont la gloire officielle aurait pu cependant déplaire à leur jeune intransigeance.

C'était donc l'aboutissement nécessaire — action et réaction tout ensemble — du grand mouvement impressionniste. On a tout dit sur ce sujet : l'absence de toute règle. la nullité de l'enseignement académique, le triomphe du naturalisme, l'influence des Japonais, avait déterminé l'éclosion joyeuse d'un art apparemment affranchi de toute contrainte. Des motifs nouveaux, le soleil et les éclairages artificiels et tout le pittoresque de la vie moderne avait été admis dans le domaine de l'art. La littérature mêlait aux vulgarités du réalisme finissant les raffinements du Symbolisme : la « tranche de vie » était servie toute crue : en même temps l'amour aristocratique du mot rare. de l'état d'âme inédit et de l'obscurité dans la poésie, exaspérait le lyrisme des jeunes écrivains. Ce que nous demandions à Cézanne, à Gauguin et à Van Gogh, ils le trouvaient chez Verlaine. chez Mallarmé, chez Laforgue : « De toute part, disait Albert Aurier dans l'article-manifeste de la *Revue Encyclopédique,* on revendique le droit au rêve, le droit aux pâturages de l'azur, le droit à l'envolement vers les étoiles niées de l'absolue vérité... La copie myope des anecdotes sociales, l'imitation imbécile des verrues de la nature, la plate observation, le trompe-l'œil, la gloire d'être aussi fidèlement, aussi banalement exact que le daguerréotype ne contente plus aucun peintre. aucun sculpteur digne de ce nom [1]. » Les musiciens, moins nihilistes que les peintres, mais comme eux préoccupés de plus de liberté individuelle et de plus d'expression, subissaient à la fois l'influence du romantisme wagnérien. du réalisme russe et

---

1. *Revue Encyclopédique,* 1892.

de la musique pure que leur révélaient César Franck, Bach et les Primitifs du xvie siècle.

Tout fermentait. Mais enfin il faut bien dire que dans les arts plastiques, l'idée d'art d'abord limitée à l'idée de copie, ne s'appuyait sur rien d'autre que sur le préjugé naturaliste du tempérament, ou mieux, de la sensation individuelle. Ils voient comme ça, disait la critique. Nous portions à son comble le mépris des conventions, sans autre parti pris que celui de nier : le droit de tout faire ne connaissait nulle restriction. C'est l'excès de cette anarchie qui amena comme réaction l'esprit de système et le goût des théories. Seurat fut le premier qui essaya de substituer à l'improvisation, plus ou moins fantaisiste, d'après la nature, une méthode de travail réfléchi. Il chercha à mettre de l'ordre, à créer la nouvelle doctrine que tout le monde attendait. Il eut le mérite de tenter la réglementation de l'impressionnisme. La hâte avec laquelle il tirait des conclusions techniques ou esthétiques de certaines théories de Chevreul ou de Charles Henry, ou de ses propres tentatives, a fait de son œuvre, trop tôt hélas ! interrompue, une expérience tronquée. Quelque admirable qu'ait été ce premier effort contre la liberté, c'est un fait que malgré l'intelligence, la persévérance et le talent du collaborateur de Seurat, Paul Signac, il n'a pas eu de répercussion profonde ; tandis que le synthétisme et tous les partis pris de Gauguin et de Van Gogh ont eu une influence considérable sur les jeunes peintres en France, en Allemagne et jusqu'aux extrémités de l'Europe.

*
* *

Van Gogh et Gauguin résument avec éclat cette époque de confusion et de renaissance. A côté de l'impressionnisme scientifique de Seurat, ils représentent la barbarie, la révolution et la fièvre — et finalement la sagesse. Leur effort au début échappe à toutes les classifications ; et leurs théories se différencient mal de l'ancien impressionnisme. L'art pour eux comme pour leurs prédécesseurs c'est le rendu d'une sensation, c'est l'exaltation de la sensibilité individuelle. Tous les éléments d'excès et de désordre provenant de l'impressionnisme, ils les exaspèrent d'abord et ce n'est que peu à peu qu'ils prennent conscience de leur rôle novateur, et qu'ils s'aperçoivent que leur synthétisme ou leur symbolisme est précisément l'antithèse de l'impressionnisme.

Leur œuvre a conquis son influence par son côté brutal et paradoxal. Nous en voyons la preuve dans les pays du Nord, Russie, Scandinavie, Finlande, où leur influence a précédé — et préparé — celle de Cézanne. Sans l'anarchisme destructeur et négateur de Gauguin et de Van Gogh, l'exemple de Cézanne, avec tout ce qu'il comporte de tradition et d'ordre, n'aurait pas été compris. Les éléments constructifs de leur œuvre ont été véhiculés par les éléments révolutionnaires. Cependant, pour l'observateur attentif, il était facile de démêler dès 1890 dans l'outrance des œuvres et les paradoxes des théories les prodromes d'une réaction classique.

Il suffirait de rappeler que nous revendiquions dès cette époque lointaine le titre de « néo-traditionnistes ». Mais cela importe peu auprès de ce qui s'est passé depuis. Le fait énorme c'est que depuis ce temps une évolution s'est faite en faveur de l'ordre, et même parmi ceux-là qui ont participé au mouvement de 1890, ou ceux qui se réclament de ce mouvement. Et par exemple, deux des plus audacieux, deux initiateurs du synthétisme — de ceux qui « brisèrent les vitres au risque de se couper les doigts[1] » — M. Anquetin et M. E. Bernard ont renié avec éclat leur première manière et se sont efforcés de présenter leur évolution récente comme un retour à la tradition des musées. D'autres, et j'en suis, qui avaient d'abord protesté contre les académies, viennent d'en fonder une : la volonté de communiquer un enseignement implique qu'ils se croient en possession d'une vérité assez générale pour être utilement transmise : et voilà qui est loin du farouche individualisme de 1890. Autour de ses aînés, la jeunesse est devenue résolument classique. On connaît l'engouement de la nouvelle génération pour le XVIIᵉ siècle, pour l'Italie, pour Ingres : Versailles est à la mode, Poussin porté aux nues ; Bach fait salle comble ; le romantisme est ridiculisé. En littérature, en politique, les jeunes gens ont la passion de l'ordre. Le retour à la tradition et à la discipline est aussi unanime que l'était dans

1. Gauguin.

notre jeunesse le culte du moi et l'esprit de révolte. Je citerai ce fait que dans le vocabulaire des critiques d'avant-garde le mot « classique » est le suprême éloge, et sert par conséquent à désigner les tendances « avancées ». L'impressionnisme est désormais considéré comme une époque « d'ignorance et de frénésie » à laquelle on oppose « un art plus noble, plus mesuré, mieux ordonné, plus cultivé ». (Il s'agit d'ailleurs de l'art de M. Braque)[1].

En somme le moment est venu où il a fallu choisir, comme dit Barrès, entre le traditionnalisme et le point de vue intellectuel. Syndicalistes ou monarchistes d'Action Française, également revenus des *nuées* libérales ou libertaires, s'efforcent de rester dans la logique des faits, de raisonner seulement sur des réalités : mais la théorie monarchiste, le nationalisme intégral, a entre autres avantages, celui de tenir compte aussi des expériences *réussies* du passé. Et nous autres peintres, si nous avons évolué vers le classicisme c'est que nous avions eu le bonheur de bien poser le double problème esthétique et psychologique de l'art. Nous avons substitué à l'idée de « la nature vue à travers un tempérament », la théorie de l'équivalence ou du symbole : nous affirmions que les émotions ou états d'âme provoqués par un spectacle quelconque, comportaient dans l'imagination de l'artiste des signes ou équivalents plastiques capables de reproduire ces émotions ou états d'âme sans qu'il soit besoin de fournir la *copie* du spectacle initial ; qu'à chaque état de notre sensibilité devait correspondre une harmonie objective capable de le traduire[2].

L'art n'est plus une sensation seulement visuelle que nous

<hr>

1. Préface du catalogue de Georges Braque par Guillaume Apollinaire, 1908.

2. J'ai déjà maintes fois donné cette définition du symbolisme. Elle est moins métaphysique que celle d'Aurier dans son manifeste déjà cité de 1892, mais celle d'Aurier n'a jamais été comprise des peintres. Méditons ce mot de Cézanne : « J'ai voulu copier la nature... je n'arrivais pas. J'ai été content de moi lorsque j'ai découvert que le soleil, par exemple (les objets ensoleillés) ne se pouvait pas reproduire mais qu'il fallait le représenter par autre chose que ce que je voyais, — par de la couleur... » L'émotion que dégage une œuvre belle est en tout semblable à l'émotion religieuse qui nous accable quand nous entrons dans une nef gothique : telle est la puissance des proportions, des couleurs et des formes concentrées par le génie qu'elles imposent fatalement au spectateur quelconque l'état d'âme qui les a créées.

recueillons, une photographie, si raffinée soit-elle, de la nature. Non, c'est une création de notre esprit dont la nature n'est que l'occasion. Au lieu de « travailler autour de l'œil, nous cherchions au centre mystérieux de la pensée », comme disait Gauguin. L'imagination redevient ainsi, selon le vœu de Baudelaire, la reine des facultés. Ainsi nous libérions notre sensibilité ; et l'art, au lieu d'être la *copie* devenait la *déformation subjective* de la nature.

Au point de vue objectif, la composition décorative, esthétique et rationnelle à laquelle les impressionnistes n'avaient pas pensé parce qu'elle contrariait leur goût de l'improvisation, devenait la contre-partie, le correctif nécessaire de la théorie des équivalents. Celle-ci autorisait en vue de l'expression toutes les transpositions même caricaturales, tous les excès de caractère : la *déformation objective* obligeait à son tour l'artiste à tout transposer en Beauté. En résumé, la synthèse expressive, le symbole d'une sensation, devait en être une transcription éloquente, et en même temps un objet composé pour le plaisir des yeux.

Intimement liées chez Cézanne, ces deux tendances se retrouvent à des états divers chez Van Gogh, chez Gauguin, chez Bernard, chez tous les vieux synthétistes. On correspond à leur pensée, on résume bien l'essentiel de leur théorie si on la réduit aux deux déformations. Mais tandis que la déformation décorative est la préoccupation la plus habituelle de Gauguin, c'est au contraire la déformation subjective qui donne à la peinture de Van Gogh son caractère et son lyrisme. Chez celui-là, sous de rustiques ou exotiques apparences on retrouve en même temps qu'une logique rigoureuse, des artifices de composition où survit, j'ose le dire, un peu de rhétorique italienne. L'autre au contraire qui nous vient du pays de Rembrandt est un romantique exaspéré : le pittoresque et le pathétique le touchent bien davantage que la beauté plastique et l'ordonnance. Ils représentent ainsi un instant exceptionnel du double mouvement classique et romantique. Cherchons auprès de ces deux maîtres de notre jeunesse quelques images concrètes pour illustrer un article trop abstrait et peut-être obscur.

Dans l'exécution fougueuse et saccadée de Van Gogh,

dans ses recherches d'éclat et ses violences de ton, je trouve tout ce qui séduit les jeunes tachistes, et la raison pourquoi ils se contentent de flaques de couleur pure ou de quelques zébrures. Ils admirent son attitude agressive en face de la nature, sa vision anormale, exaspérée, mais vraiment lyrique des choses : son scrupule de tout dire ce qu'il sent, l'insistance avec laquelle il affirme les mouvements les plus capricieux de sa sensibilité — et par quels moyens rudimentaires ! par un trait furieux, par le relief énorme d'un empâtement. Il y a chez lui cette mauvaise manière d'attaquer la toile que les derniers romantiques considéraient comme un signe de génie ; voyez la lourde charge que Zola a faite dans *l'Œuvre* de ce type de peintre. Chez ce mystique, ce raffiné, ce poète, l'influence niaise et triviale du naturalisme a laissé des traces, que j'aperçois encore dans la génération qui vient. Le mot de tempérament avec tout ce qu'il comporte de bestialité conserve son prestige. Van Gogh, enfin, a déterminé chez les jeunes une rechute de romantisme...

J'ai devant moi un beau portrait de Vincent par lui-même. Les yeux verts, la barbe et les cheveux rouges dans une face blême fièrement construite. Le fond où se voit une estampe japonaise compte peu. C'est une étude ; mais une étude réfléchie, préméditée. J'y vois les tares que je viens de signaler mais aussi une expression de vie et de vérité intense. Le tragique de ce visage synthétisé avec un rare bonheur par quelques traits énergiques et quelques tons plaqués, l'indication sommaire mais définitive de l'*essentiel* du sujet, l'émotion qui vibre dans cette ébauche d'un vrai peintre, tout cela fait de cette esquisse une œuvre du plus grand style.

Le portrait de Gauguin (au Christ jaune) que j'en rapproche à dessein n'a pas tant d'allure : mais il a davantage d'intérêt didactique, — et d'ailleurs il est fort inspiré de la technique de Cézanne. C'est d'abord une composition balancée : la distribution des ombres et des couleurs, le clair-obscur m'assurent que le peintre a pensé faire non une étude fragmentaire mais un tableau. Au lieu des angles durs qui soulignent les volontés de Van Gogh, il y a un nez, une oreille, des traits qui se courbent pour obéir aux nécessités de la composition et qui sont stylisés à la façon des décorateurs italiens.

C'est qu'ici nous sommes chez un décorateur : celui pour qui Aurier réclamait autrefois et si impérieusement, des murs ! Celui qui au Pouldu décorait la salle de l'auberge, sa gourde et ses sabots ! Celui qui à Tahiti malgré l'anxiété, la maladie, la misère, se souciait avant tout de l'ornementation de sa case. Les critiques italiens l'appellent le « Frescante ». Il aimait l'aspect mat de la fresque, et c'est pourquoi il préparait ses toiles avec d'épaisses couches de blanc à la colle. Cependant il ignorait les Quattrocentisti : et nous voyons qu'il avait comme eux l'usage de la teinte plate et du contour précis.

Son art tient davantage de la tapisserie et du vitrail que de la peinture à l'huile. Comme Cézanne et à travers Cézanne, il cherchait le style. Dans les pays de soleil tropical où il vécut, ce n'étaient pas les éclatants contrastes de la lumière qu'il traduisait, mais plutôt il profitait de la sérénité de l'atmosphère pour équivaloir les plans, égaliser les teintes, supprimer toute perspective aérienne. Il aplatissait les modelés de Cézanne. Ses tableaux sont des surfaces authentiquement planes où s'équilibrent des taches décoratives.

Remarquons encore l'invention de ses sujets, de ses motifs. Malgré sa volonté de faire *rustique* en Bretagne et *sauvage* à Tahiti, il met de la grâce en tout. Dans certaines figures de femmes de la dernière période, telle est la perfection et l'agrément de la forme que le mot de vénusté est le seul qui convienne.

Pas seulement de la vénusté et de la grâce, mais surtout de la raison. Gauguin, qui a mis tant de désordre et d'incohérence dans sa vie, n'en tolérait pas dans sa peinture. Il aimait la clarté, signe d'intelligence. La reconstruction d'art que Cézanne avait commencée avec les matériaux de l'impressionnisme, Gauguin l'a continuée avec moins de sensibilité et d'ampleur, mais avec plus de rigueur théorique. Il a rendu plus explicite la pensée de Cézanne. En la retrempant aux sources de l'art, en recherchant les premiers principes qu'il appelait les *lois éternelles du Beau*, il lui a donné une plus grande force. « La barbarie, a-t-il écrit, est pour moi un rajeunissement... Je me suis reculé bien loin, plus loin que les chevaux du Parthénon... jusqu'au dada de mon enfance, le bon cheval de bois. »

Nous sommes redevables aux barbares, aux primitifs de 1890, d'avoir remis en lumière quelques vérités essentielles. Ne plus *reproduire* la nature et la vie par des à peu près ou par des trompe-l'œil improvisés, mais au contraire reproduire nos émotions et nos rêves en les *représentant* par des formes et des couleurs harmonieuses, c'était là, je persiste à le croire, une position nouvelle — au moins pour notre temps — du problème de l'art ; et cette notion est encore féconde.

Encore une fois, elle est au fond des doctrines d'art de tous les âges, et il n'y a pas d'art véritable qui ne soit symboliste. Cela est cependant plus sensible dans l'architecture et aux époques où les arts plastiques destinés surtout à l'ornementation des murs, dépendent de l'architecture ; et c'est pourquoi les novateurs de 1890 ont voulu tout ignorer des époques savantes, et préféré les naïves vérités du sauvage à « l'acquis » des civilisés.

Les jeunes gens, ceux qui vont au classicisme, ne connaissent plus les théories de 1890. C'est pour eux que j'ai voulu une fois de plus les préciser. Ils font état des œuvres de notre génération, comme nous faisions de celle des impressionnistes. Ils suivent leur destinée dans un sens qui est le nôtre, celui de 1890, mais avec une mentalité différente. Ils sont moins théoriciens, ils croient davantage au pouvoir de l'instinct. Rien n'est à ce propos plus caractéristique que l'article publié dans la *Grande Revue* en décembre 1908 par M. H. Matisse, si on le compare, par exemple, à ce qu'écrivirent M. Signac, M. Émile Bernard, ou nous-même, ou bien encore aux lettres de Van Gogh et aux propos de Gauguin.

Cependant ils ont besoin comme nous de vérités non pas rudimentaires ou négatives, mais positives, constructives. L'individualisme philosophique, le culte du moi n'a pu donner qu'un excitant intellectuel aux hommes de notre génération : ils ont senti la nécessité d'une règle de vie plus ferme et après avoir erré à travers les nuées de la raison pure, ils reprennent maintenant contact avec des réalités solides, et des idéals collectifs. Nous avons suivi dans les arts, la même courbe. Mais trop de relativisme est resté au fond de notre belle théorie du symbole : la nouvelle génération nous renseigne sur la faiblesse de nos doctrines.

Nous avons discrédité l'idée d'école. Et quelques-uns reprennent cet argument facile que les écoles ne font pas les génies. Ils disent que tous les maîtres ont été des isolés, des révoltés. Je réponds qu'il n'y a pas d'exemple même parmi les modernes d'un seul génie qui n'appartienne malgré soi à une école, qui n'ait des procédés, une esthétique, une culture imposés par son milieu. Il faut bien qu'il soit en quelque manière le reflet de son époque. Les œuvres des génies, éternellement, universellement belles, contiennent cependant une part de contingence, qui les situe dans un temps, dans une école déterminée. Cela, on ne le nie pas. Mais, de même que dans l'histoire du costume, il y a des modes plus ou moins esthétiques, et que les unes et les autres ont été portées par de belles femmes, il faut admettre aussi l'inégale valeur des modes de peindre auxquelles s'ajustent les génies. La mode que suivit Titien est supérieure, je l'affirme, à celle dont un Delacroix dut se contenter.

L'idée d'école présuppose non seulement une technique mais une esthétique. A qui demanderons-nous un criterium de beauté, des règles de goût, et les principes supérieurs qui nous permettraient d'organiser nos forces d'invention, et d'atteindre notre idéal? Quelle discipline fondera sur notre capricieuse mobilité un art vraiment synthétique? Sous prétexte de synthèse, nous nous sommes souvent contentés, avouons-le, de généralisations hâtives : en devenant schématique notre art est resté fragmentaire, incomplet. Nous avons fait beaucoup d'esquisses et trop peu de tableaux. Nous ne savons pas finir, soit ; mais même chez les anciens nous préférons l'ébauche à l'œuvre faite. Qui mettra un terme à cette perpétuelle surenchère où nous incite l'attrait du nouveau et le goût de l'inachevé ?

Barrès, Mithouard, Maurras nous conseillent de chercher une règle dans le passé de notre race. A la vérité je ne vois pas que nous puissions tirer de la tradition nationale autre chose que des généralités aussi vagues que celles dont nous sortons. L'art des cathédrales et l'art de Versailles, la suite ininterrompue de chefs-d'œuvre qui va de Poussin à Corot, nous révèle tout ce que la tradition française comporte de clarté, de mesure, d'atticisme : ce que nous appelons le goût français. Mais cette sagesse, cette haute culture, la loyauté de nos vieux artisans et des maîtres du xviie siècle, quelles méthodes nous rendront aptes à en perpétuer le prestige ?

Pour moi, séduit par la perfection de la statuaire grecque et de la peinture italienne, lorsque j'emploie le mot de tradition, j'y fais entrer toutes les forces du passé et tout ce que nos Musées contiennent d'heureuses formules et d'exemples vénérables ; mais c'est toujours à la tradition gréco-latine que vont mes secrètes préférences. Là j'entrevois mes limites naturelles, la patrie de ma pensée.

Le rétrécissement qu'imposerait une telle conception à des esprits différents et aux *possibles* de l'art moderne, je l'aperçois et le réprouve : je ne veux pas d'une poétique qui renouvellerait l'insupportable académisme où ont sombré la plupart des écoles au xixe siècle. J'ai peur du goût classique. Notre art a-t-il assez de substance ? Nos esprits fatigués ne vont-ils pas lui imposer seulement le masque d'une perfection qu'il ne comporte pas : superposer à une matière neuve des formes abolies ? Le rôle actuel du goût classique est analogue à celui du goût italien au début du Grand Siècle : ce qui a vieilli chez Poussin, l'artificiel de ses clair-obscur, le théâtral de ses gestes, sont ce qu'il tenait du goût italien. N'allons pas demander au xviie siècle, aux Quattrocento, aux gothiques, autre chose que des principes généraux et une certaine tournure d'esprit ennemie de la virtuosité et du désordre.

Avant de nous mettre à l'œuvre, il nous faudrait — comme l'a dit Mithouard à propos de la réforme de Malherbe, [1] — convenir de quelque chose sur quoi les bons esprits soient tombés d'accord. Le retour aux traditions, aux vérités françaises, l'instinct national réveillé par l'indignation patriotique, le sens de l'Occident éclairent et stimulent les intelligences, mais ne suppléent ni à la décadence des traditions de métier, ni à l'absence d'une esthétique unanimement admise.

Ce qui fonde une renaissance, c'est moins la perfection des

---

1. Adrien Mithouard : *Traité de l'Occident* (librairie académique Perrin).

modèles qu'on se propose que la force et l'unité d'idéal d'une génération vigoureuse.

. .

Nous n'avons pas cette unité d'idéal. Cependant si la jeunesse arrive à rejeter les systèmes négatifs qui ont désorganisé l'art et l'esthétique — en même temps que la société et l'intelligence françaises. — elle trouvera dans notre doctrine synthétiste ou symboliste, dans notre interprétation rationnelle de Cézanne et de Gauguin, les éléments vraiment actuels d'une restauration classique. Les théories de 1890 auront fait mieux que de donner un attrait paradoxal à des vérités éternelles. Elles ont fait surgir de l'anarchie même un ordre nouveau. Nos méthodes simplistes avaient du moins l'avantage de s'adapter aux éléments neufs introduits par l'impressionnisme, et de les utiliser. Issues d'une mentalité décadente, elles ne nous proposent pas, loin dans le passé. un idéal irréalisable, mais en organisant les ressources fraîches de l'art moderne, *nos réalités*. elles nous ont permis de concilier l'exemple des Maîtres avec les exigences de notre sensibilité.

L'histoire de l'art, n'est qu'un perpétuel recommencement. Les mêmes principes de couleur qui font la richesse d'un Gauguin ou d'un Van Gogh ont été appliqués par Tintoret et Titien. La beauté des courbes, le style des lignes d'un Degas ou d'un Puvis de Chavannes se retrouvent au flanc des vases grecs et dans les fresques des Primitifs.

Nous ne connaissons qu'un petit nombre de vérités positives : du moins les lois entrevues, les certitudes acquises par nos libres expériences, nous pouvons les vérifier dans le passé ; et c'est ainsi que l'idée de tradition, d'abord informe et rudimentaire, tend à se développer et à s'enrichir.

Aussi bien, étant admis le symbolisme ou théorie des équivalents, nous pouvons définir le rôle de l'imitation dans les arts plastiques. C'est cette connaissance qui est le problème central de la peinture. L'école d'Overbeck, l'école d'Ingres, toutes les écoles académiques ont eu le culte de la beauté canonique objective, — et ainsi la question était mal posée. Mais la grande erreur des Académies du XIX° siècle c'est d'avoir enseigné une antinomie entre le style et la nature. Les Maîtres n'ont jamais distingué la réalité, en tant qu'élément d'art, et l'interprétation de la réalité. Leurs dessins, leurs études, d'après nature ont autant de style que leurs tableaux. Le mot idéal est trompeur : il date d'une époque d'art matérialiste. On ne stylise pas artificiellement, après coup, une copie stupide de la nature. « Faites ce que vous voudrez, pourvu que ce soit intelligent, » disait Gauguin. Même lorsqu'il copie, l'artiste véritable est poète. La technique, la matière, le but de son art l'avertissent assez de ne pas confondre l'*objet* qu'il crée avec le spectacle de nature qui en est l'occasion. Le point de vue symboliste veut que nous considérions l'œuvre d'art comme l'équivalent d'une sensation reçue : la nature peut donc n'être, pour l'artiste, qu'un état de sa propre subjectivité. Et ce que nous appelons la déformation subjective, c'est pratiquement le style.

Mais la nature n'est pas seulement le miroir où nous nous regardons nous-mêmes et où nous projetons les illusions de nos sens : c'est un objet sur lequel s'exerce comme sur l'objet d'art le jugement de notre raison. Toutes les belles œuvres comportent donc un certain équilibre entre la subjectivité et l'objectivité, — entre l'idéale nature révélée par nos sens d'artiste, et la réalité que notre raison connaît. Appliquées au corps humain, par exemple, les deux déformations, subjective et objective, auxquelles je réduis la notion de l'art, se limitent par le sentiment du vraisemblable et du possible. La connaissance du type humain permet à des déformateurs comme Michel-Ange, Ingres ou Degas de créer des types particuliers d'une logique tellement harmonieuse que nous nous persuadons aisément de leur réalité. « L'art de peindre, dit Cennino Cennini, consiste dans la fantaisie d'inventer des choses qu'on n'a pas vues en les faisant passer sous l'apparence du naturel, et, dans l'art de les définir avec la main de telle façon que ce qui n'est pas vrai ait l'air de l'être — *dando a dimostrare quello che non e, sia.* »

De là, de cette subordination de la nature à la sensibilité et à la raison humaines, découlent toutes les règles : les bonnes proportions, les mesures dont on peut, d'après l'École de Beuron, trouver les rapports numériques aussi bien chez les Japonais que chez les Égyptiens — proportions qui coïncident en effet avec notre besoin instinctif de symétrie, d'équilibre, de géométrie ; — les lois de composition, dont la principale est d'ordonner les détails dans l'ensemble en fonction de la pensée directrice de l'œuvre, et par exemple, de situer au centre objectif ce qui est le sujet central, c'est-à-dire l'émotion originale, motif et principe de l'œuvre. Qu'un Japonais par exemple compose une page vide dans un coin de laquelle passe un vol d'oiseaux, son sujet n'est pas le vol d'oiseaux, mais le grand ciel pâle que ses oiseaux ont traversé. Le désordre apparent, les gauches perspectives d'une desserte de Cézanne tendent à localiser au milieu de la composition le sujet de peinture, le devoir d'harmonie que Cézanne s'y est proposé ; — l'harmonie par les contrastes, loi fondamentale de la couleur ; — le respect de la matière ; — l'amour de la clarté et du définitif : — enfin la qualité du sentiment humain qui porte et soutient l'œuvre d'art.

Langage de l'homme, signe de l'idée, l'art ne peut pas ne pas être idéaliste. Toute confusion sur ce point est, espérons-le, définitivement écartée. Nous avons remis en honneur le rôle de l'intelligence et surtout de l'imagination dans le travail de l'artiste. Quel que soit l'entraînement du travail d'après nature, on ne doit plus oublier que l'art n'a de valeur supérieure qu'autant qu'il correspond aux plus généreuses comme aux plus mystérieuses tendances de l'âme humaine. Il n'y a pas d'exemple d'un grand artiste qui n'ait été en même temps un grand poète, ni d'une œuvre admirable dont le sujet soit seulement pittoresque. Les plus peintres des peintres, Rembrandt, Rubens ou Corot ne se sont pas contentés d'être d'étonnants techniciens : les œuvres qui les immortalisent sont, à proprement parler, et quel qu'en soit d'ailleurs le sujet littéraire, des œuvres religieuses.

Les productions de l'art moderne ne dépassent guère un petit cercle d'initiés. Ce sont de petites coteries qui en jouissent. Chaque espèce de sensibilité. chaque artiste, si incomplet soit-il, possède une catégorie d'admirateurs, son public.

Or l'œuvre d'art doit atteindre et remuer tous les hommes. Soit parce qu'ils expriment et résument toute une civilisation, soit parce qu'ils provoquent une culture nouvelle, les chefs-d'œuvre classiques ont un caractère d'universalité, d'absolu.

L'ordre de l'univers, l'Ordre divin que l'intelligence humaine manifeste en eux apparait le même à travers la variété des formules individuelles. Ces formules ne deviennent classiques qu'autant qu'elles expriment cet ordre avec plus d'éloquence et de clarté. « Un grand homme, dit André Gide. n'a qu'un souci : devenir le plus humain possible, disons mieux, devenir *banal*… et chose admirable, c'est ainsi qu'il devient le plus personnel. »

*   *

Nous n'avons pas cherché dans tout ce discours à éclairer l'énigme du génie. Nous tournons autour du miracle pour n'en définir que les approches et les aspects. L'évolution du Symbolisme au Classicisme que nous avons essayé de rendre évidente et d'expliquer, ne tend pas a diminuer la spontanéité de l'artiste. Si nous souhaitons que la liberté de l'artiste connaisse des limites et que sa sensibilité se soumette au jugement de la raison, certes, nous espérons de ces entraves qu'elles augmenteront sa vertu, et que son génie comprimé par de justes règles acquerra plus de concentration. de force et de profondeur. Il est vrai que nous sommes las de l'état d'esprit individualiste, dont le propre est de rejeter toute tradition, tout enseignement. toute discipline, et de considérer l'artiste comme une sorte de demidieu, à qui son caprice tient lieu de règles ; il est vrai que cette erreur, la nôtre à l'origine, nous est devenue insupportable. Cependant nous persistons à considérer, du point de vue symboliste, l'œuvre d'art comme une traduction générale d'émotions individuelles. L'ordre nouveau que nous entrevoyons et que les expériences et les théories de 1890 ont fait naître, nous l'avons vu, de l'anarchie elle-même, s'appuie donc sur un régime de subordination des facultés à la base duquel se trouve toujours la sensation : il procède de la sensibilité particulière à la raison générale. On ne saurait chercher le motif de l'œuvre d'art ailleurs que dans l'intuition individuelle, dans l'aperception spontanée d'un rapport, d'une équivalence entre tels états d'âme et tels signes plastiques qui les doivent traduire avec nécessité. La nouveauté consiste à penser que cette sorte de Symbolisme, loin d'être incompatible avec la méthode classique peut en renouveler l'efficacité et en obtenir d'admirables développements. Et ce n'est pas le moindre avantage de notre système que de fonder un art très objectif, un langage très général et très plastique, enfin un art classique, sur ce qu'il y a de plus subjectif et de plus subtil dans l'âme humaine, sur les mouvements les plus mystérieux de notre vie intérieure.

TABLE DES MATIÈRES